Reinhard Fuhr / Martina Gremmler-Fuhr

DIALOGISCHE BERATUNG

Die Autoren:

Dr. Reinhard Fuhr: Lehrerstudium; Dozent im Ausland, Gymnasiallehrer und Didaktischer Leiter einer Gesamtschule. Seit 1975 Dozent am Pädagogischen Seminar der Universität Göttingen für die Schwerpunkte Beratung und Didaktik. Promotion in Pädagogik (Didaktik der Weiterbildung). Aus- und Fortbildung in Gestaltpsychotherapie, Supervision und Gruppenpädagogik. Ausbildungstrainer, Berater und Supervisor.
Buch- und Zeitschriftenveröffentlichungen im Bereich humanistischer Pädagogik, ganzheitlichen Lernens und Gestalttherapie.

Martina Gremmler-Fuhr, M.A. (Pädagogik): Ausbildung in psychosozialer Beratung. Mehrjährige Mitarbeit an Forschungs- und Praxisprojekten zu »Bewußtseinsprozessen und Lernen«. Weiterbildung in Organisationsberatung sowie in Tanz als ästhetische Bildung. Freiberuflich tätig als Verlagslektorin und pädagogische Beraterin für Persönlichkeitsentwicklung in sozialen, pädagogischen und therapeutischen Arbeitsfeldern in Deutschland und im deutschsprachigen Ausland.

Gemeinsame Buchveröffentlichung: **Faszination Lernen.** Transformative Lernprozesse im Grenzbereich von Pädagogik und Psychotherapie. (EHP) Köln 1988

Reinhard Fuhr / Martina Gremmler-Fuhr

DIALOGISCHE BERATUNG

— Person, Beziehung, Ganzheit —

Edition Humanistische Psychologie
— 1991 —

© 1991 Edition Humanistische Psychologie im
Internationalen Institut zur Förderung der
Humanistischen Psychologie,
Spichernstraße 2, 5000 Köln 41

Lektorat: Klaus Eckhardt

Herausgeber: Anna und Milan Sreckovic

Die Deutsche Bibliothek — CIP-Einheitsaufnahme

Fuhr, Reinhard: Dialogische Beratung: Person, Beziehung, Ganzheit /
Reinhard Fuhr; Martina Gremmler-Fuhr. — Köln: Ed. Humanistische
Psychologie.
ISBN 3-926176-30-X

Alle Rechte vorbehalten

Umschlagentwurf: Robert de Zoete

Vertrieb: Moll & Eckhardt
Zülpicher Straße 174, 5000 Köln 41

Satz: R. Birkhölzer Electronic Publishing, Köln

Gesamtherstellung: Agentur U. Himmels, Heinsberg

ISBN 3-926176-30-X

Inhaltsverzeichnis   Seite

Vorwort   9

Einführung   13
    Das Anliegen dialogischer Beratung   13
    Dialog und Macht   14
    Der Geltungsbereich dialogischer Beratung 16
    Die Wurzeln dialogischer Beratung   17
    Beratung und Therapie   18

I. Teil
PERSONALES, DIALOGISCHES UND GANZHEITLICHES DENKEN UND ERLEBEN

1. Kapitel: Dialogische Beratung - eine persönliche Herausforderung 27
    Die Ambivalenz des dialogischen Beraters   27
    Lernbereiche für dialogische Beratung   31

2. Kapitel: Grundeinstellungen: Eros und Sorge   35
    Eros   35
    Sorge/(Care)   41
    Sorge und Autonomie   43

3. Kapitel: Personales Selbstverständnis   47
    Personale Entwicklung   47
    Individuum, Kollektiv, Person   50
    Die Entdeckung der Person   55
    Selbstausdruck   58

4. Kapitel: Ganzheitliche Erkenntnisweise   63
    Wahrnehmen und Interpretieren   63
    Interpretation als persönlicher Akt der Sinngebung 65
    Exkurs: Über Konsens und Eigensinn   68
    Erkennen, was ist   70
    Polaritäten im Erkenntnisprozeß   71
    Bewußtes und unbewußtes Denken   72
    Erkenntnis als schöpferischer Prozeß   75
    Bewußtseinsschritte zur ganzheitlichen Erkenntnis 76

Kompetenzen einer ganzheitlichen Erkenntnisweise	79
Konsequenzen ganzheitlicher Erkenntnisweise für Persönlichkeitsentwicklung	82

5. Kapitel: Dialogisches Beziehungsverständnis — 87
- Existentielle Bestätigung — 87
- Begegnung und Dialog — 89
- Zentrierung und Durchlässigkeit — 92
- Von der Schwierigkeit existentieller Bestätigung — 93
- Von der Ungeduld der Dialogpartner — 96
- Begegnung als Risiko - Angst und Scham — 98
- Kontakt und Beziehung — 102

II. Teil
DAS DIALOGISCHE BERATUNGSKONZEPT

6. Kapitel: Das Grundmodell — 109
- Schlüsselbegriffe — 110
- Person — 111
- Beziehung — 114
- Ganzheit — 115

7. Kapitel: Dialogische Prinzipien — 123
- Merkmale des Dialogischen — 123
- Die Haltung des Beraters — 127

III. Teil
DIE GESTALTUNG DES DIALOGS

8. Kapitel: Das Setting für dialogische Beratung — 135
- Äußere Voraussetzungen — 135
- Experte oder professioneller Freund — 137
- Die Ausgangslage: Einander fremde Welten — 143
- Die Aufgabe des Beraters — 145

9. Kapitel: Strukturen des Beratungsgesprächs — 149
- Phasenmodelle — 150
- Orientierung — 152
- Commitment — 153

Bedeutung	153
Resümee	153

10. Kapitel: Erste Gesprächsphase: Orientierung 155
   Gesprächsbeginn 155
   Aufspüren des Standorts 157
   Durchlässigkeit und Zentrierung 159
   Lernbereitschaft 161

11. Kapitel: Zweite Gesprächsphase: Commitment 165
   Hemmnisse und Schwierigkeiten 167
   Existentielle Bestätigung 173
   Methodische Hilfen bei der Rekonstruktion von Wirklichkeit 178

12. Kapitel: Dritte Gesprächsphase: Bedeutung 185
   Mitverantwortung und Bewußtseinserweiterung 185
   Bedeutungsklärung durch Muster 191
   Muster-Beispiele 193
   Methodische Hilfen bei der Bedeutungsklärung 215

13. Kapitel: Vierte Gesprächsphase: Resümee 225
   Integration und Eigenwilligkeit 225
   Sorgen 226
   Alternativen entwickeln 230
   Gestalten schließen 236

14. Kapitel: Strukturen längerfristiger Beratungsprozesse 239
   Dynamik des Gesprächsverlaufs 240
   Beziehungsdynamik zwischen Berater und Klient 245
   Persönliche Entwicklungsdynamik des Klienten 252

15. Kapitel: Ansätze einer personalen Diagnostik 257
   Diagnostik als gemeinsame Hypothesenbildung 257
   Diagnostische Prozesse 258
   Diagnostische Kategorien und Dimensionen 260
   Diagnostische Kategorien und Dimensionen für Einzelklienten 264
   Diagnostische Kategorien und Dimensionen für Gruppen 271
   Entwicklung und Stillstand 275

Literaturverzeichnis 277
Personen- und Sachregister 283

Vorwort

Orientierung und Sinnfindung werden in unserer historischen Situation immer komplexer und schwieriger; die Alltagsberatung durch Partner, Freunde, Bekannte und Kollegen bietet oft keine ausreichende Hilfe bei der Bewältigung von Schwierigkeiten und Krisen im Erwachsenenalter. Überdies haben wir mit unserem heutigen professionellen Wissen vielleicht die Möglichkeit, solche krisenhaften Erfahrungen etwas konstruktiver zu nutzen, als es den Generationen vor uns vergönnt war.

In diesem Buch unternehmen wir den Versuch, einen Beratungsansatz zu beschreiben, der diese Herausforderungen aufgreift. Dabei geht es vor allem um Aspekte der Persönlichkeitsentwicklung sowie um ganzheitliches Erleben und Denken. Das Abenteuer, sich im Dialog gegenseitig in seiner einzigartigen Existenz zu sehen und gesehen zu werden, steht im Zentrum des Bemühens und macht die spezielle Qualität dieses Ansatzes aus.

Dialogische Beratung ist ein eigenständiges Konzept. Der Ansatz bietet aber sicherlich auch Ergänzungen für diejenigen Psychotherapiekonzepte an, die sich in erster Linie als Heilverfahren verstehen, oder für Beratungsansätze, die der Bewältigung von Problemen und Schwierigkeiten im persönlichen und zwischenmenschlichen Bereich sowie im Bereich von Organisationen und Institutionen dienen.

Wir haben uns entschieden, von einem Beratungs- und nicht von einem Therapieansatz zu sprechen, weil wir uns vorwiegend auf die personale Entwicklung der Persönlichkeit jenseits der »frühen und neurotischen Störungen« konzentrieren. In der dialogischen Beratung gewinnen die Beziehung zu den Klienten, ihre zentralen Themen und die Interventionsweisen eigenständige Qualitäten gegenüber Therapieprozessen im naturwissenschaftlich-medizinischen Sinne.

Trotzdem möchten wir nicht nur Beratern in verschiedenen Praxisbereichen, sondern auch Therapeuten Anregungen für ihre Arbeit geben, da innerhalb von therapeutischen Prozessen immer wieder Aspekte und Themen bedeutsam werden, die eher als Bildung denn als Heilung zu kennzeichnen sind und daher einen pädagogisch-beraterischen Zugang in unserem Sinn erfordern.

Obwohl es sich hier um ein Fachbuch handelt, spiegelt sich in den Texten auch ein Stück unserer jeweiligen persönlichen Geschichte in der Auseinandersetzung mit unseren eigenen professionellen Anliegen sowie mit den Ansprüchen und Regeln der therapeutischen und beraterischen Zunft wider. So wurde die Gestalttherapie zu einer wichtigen persönlichen und theoretisch überzeugenden Ausgangsbasis unserer Erfahrungen und Überlegungen. Diese Ausgangsbasis erfuhr dann jedoch eine Bereicherung und teilweise auch eine Neuorientierung durch Ansätze existentieller therapeutischer und philosophischer Ausrichtung und durch Erkenntnisse der Selbstorganisationstheorien sowie einiger Theorien über Bewußtseinsentwicklung.

Dennoch wäre die Frage berechtigt, warum wir unseren Ansatz nicht aus Respekt vor denjenigen Lehrerinnen und Lehrern der Gestalttherapie, an deren Einfluß - sei es durch ihre Schriften oder in persönlichen Begegnungen - wir uns dankbar erinnern und uns ihnen gegenüber verpflichtet fühlen (insbesondere Paul Goodman, Fritz Perls, Laura Perls, Miriam und Erving Polster, Edwin C. Nevis, Hunter Beaumont, Heik Portele sowie Anna und Milan Sreckovic), als Gestalt-Ansatz bezeichnen. Wir haben den übergreifenderen Schlüsselbegriff »Dialog« gewählt, um eine Orientierung deutlich zu machen, die auch anderen Ansätzen der psychotherapeutischen, beraterischen und pädagogischen Tradition Rechnung trägt wie z.B. der existentiellen Psychotherapie eines Rollo May oder Irvin Yalom oder der kontextuellen Therapie eines Boszormenyi-Nagy sowie den pädagogischen Konzepten von Paulo Freire oder Ruth C. Cohn. Diesen Ansätzen gemäß gehen wir davon aus, daß das Verstehen der Gestaltbildungsprozesse im Person-Umwelt-Feld nach der Gestalttherapietheorie eine zwar notwendige aber nicht hinreichende Bedingung für ein Verständnis von Dialog darstellt.

Beim Entwickeln des Konzepts »Dialogischer Beratung« während der letzten fünf Jahre und beim Schreiben dieses Buches mußten wir mit vielen Zweifeln umgehen lernen: ob wir nicht »Eulen nach Athen tragen«, da einige Berater und Therapeuten immer wieder behaupten, das, was wir in unserem Konzept herauszuarbeiten versuchen, schon längst zu praktizieren und wir ihnen somit nichts Neues sagen könnten; oder ob unsere Vorstellungen von einem Dialog und von ganzheitlichem Denken in der Beratung in einer von hierarchischen Strukturen, Sachzwängen und zerstörerischem

Fortschrittsdenken beherrschten Welt nicht utopisch und illusionär seien und wir unseren Ansprüchen auch selbst nicht immer gerecht werden könnten. Bei der Auseinandersetzung mit diesen und anderen Zweifeln haben wir immer wieder Unterstützung für unser Vorhaben erfahren, vor allem von Klienten in unterschiedlichen Arbeitszusammenhängen, Fortbildungsteilnehmern und Studenten sowie von befreundeten Therapeuten und Beratern verschiedener Ausrichtung.

Wertvolle Hinweise beim Abfassen des Manuskripts erhielten wir schließlich von Ferdinand Buer (Privatdozent und Psychodramaleiter in Münster und Göttingen), Heik Portele (Professor für Hochschuldidaktik in Hamburg), Matthias Wesseler (Referent für wissenschaftliche Weiterbildung in Witzenhausen/Kassel) sowie Milan Sreckovic (Gestalt-Ausbildungstrainer und Verleger in Köln). Ihnen allen gilt unser besonderer Dank für ihre Anregungen und Ermutigung, auch wenn es ihnen (glücklicherweise) nicht gelungen ist, unsere Zweifel zu zerstreuen; aber sie haben uns herausgefordert, diese Zweifel zu akzeptieren, mit ihnen umgehen zu lernen und unsere Vorstellungen immer wieder zu überprüfen und weiterzuentwickeln.

Im ersten Teil des Buches setzen wir uns in essayistischer Form mit Ideen, Erfahrungen und Begriffen auseinander, die die Grundlagen für unser Verständnis dialogischer Prozesse und ganzheitlichen Denkens bilden und versuchen, damit wesentliche Lernbereiche für den Berater aufzuschlüsseln. Im zweiten Teil entwickeln wir ein Modell sowie Prinzipien für die Praxis dialogischer Beratung, der dritte Teil enthält Anregungen zur Gestaltung des Dialogs sowie Reflexionen über die Praxis.

Im Verlauf des Entwerfens der Texte und der gegenseitigen Überarbeitung der Manuskriptteile wurde uns sehr deutlich, wie unterschiedlich wir denken und schreiben. Wir haben uns bemüht, die Unterschiede nicht zu nivellieren, auch gelegentliche Widersprüche nicht auszuräumen und uns in unseren Darstellungen dennoch immer wieder aufeinander zu beziehen. Für uns war auch diese Zusammenarbeit ein durchaus nicht immer konfliktfreier, aber sehr anregender Dialog. Wir hoffen, daß etwas von dieser Spannung und dem bereichernden Erleben durch den Text hindurchscheint.

Martina Gremmler-Fuhr Reinhard Fuhr

Ein technischer Hinweis: Wir haben darauf verzichtet, durchgängig in diesem Buch die »Wir-Form« zu verwenden, da viele Erfahrungen, auf die wir zurückgreifen, solche sind, die wir jeweils einzeln gemacht haben.

Einführung

Das Anliegen dialogischer Beratung

Das Anliegen dialogischer Beratung ist, im Gespräch mit Klienten[1] Entdeckungsreisen in die Vielfalt, Widersprüchlichkeit und kreativen Möglichkeiten unserer Existenz zu unternehmen. Bei solchen Entdeckungsreisen sollen die Klienten angeleitet und unterstützt werden, das Verständnis ihrer selbst als Personen in ihrer Wechselbeziehung zur Umwelt zu erweitern. Dadurch können sie ihre kreativen Möglichkeiten entdecken, Beziehungen in bereichernderer Weise zu gestalten und sich in den Wirren von Werthaltungen sowie in lebensgeschichtlichen, gesellschaftlichen und ökologischen Entwicklungen leichter zu orientieren. Unsere Hoffnung und Erfahrung ist, daß dialogische Beratung dazu beitragen kann, daß wir Formen der Lebensgestaltung und des Selbstausdrucks entwickeln, die verantwortlicher uns selbst und anderen sowie unseren Lebensgrundlagen gegenüber sind.

Auch wenn die Anliegen des Klienten im Mittelpunkt des Dialogs stehen, ist der Berater[2] an dem Entdeckungsprozeß ebenso als Person beteiligt wie der Klient. Letztlich geht es für beide darum, die Entfremdungen und Orientierungsschwierigkeiten in einer ständig komplexer und undurchschaubarer werdenden Welt sowie Zweifel an der Sinnhaftigkeit des eigenen Lebens und Handelns immer wieder ein Stück weit zu überwinden, um unserem Leben neue Perspektiven zu geben und mehr Ganzheit wahrnehmen und leben zu können. Dabei spielt das Bemühen eine Rolle, die emotionalen, intuitiven und rationalen Kräfte in der Wechselbeziehung zwischen Person und Umfeld in kreativer Weise wirksam werden zu lassen. Bewußtes und nicht-bewußtes Geschehen fließen zusammen und finden ihren angemessenen Selbstausdruck.

Ganzheitliches Denken, Entfaltung der kreativen Möglichkeiten, bereichernde Beziehungen und Sinnorientierung sind nicht gerade unbescheidene Anliegen, die wir mit der dialogischen Beratung unterstützen wollen; wir verstehen diese Anliegen allerdings als Orientierungen auf einem nie endenden Weg. An diesen Orientierungen soll jedoch deutlich werden, daß es in der dialogischen Beratung nicht in erster Linie um Verhaltensänderung und die Beseitigung von Schwierigkeiten und Störungen wie z.B. einer Krankheit, einer Phobie oder Sucht, eines Konflikts oder eines Entscheidungsdilemmas geht. Für Aufgaben dieser Art gibt es mehrere, gut ausformulierte und bewährte Beratungskonzepte und -verfahren. Die Überwindung von Schwierigkeiten und Störungen können sich in der Folge eines dialogischen Beratungsprozesses einstellen; dann sind es wünschenswerte Nebenwirkungen eines grundlegenderen und langfristigeren Wandels, auf den es uns ankommt.

Trotz dieser Konzentration auf Persönlichkeitsentwicklung und Wandel ist das Anliegen dialogischer Beratung widersprüchlich. Einerseits geht es darum, dem Klienten zu helfen, in der Alltagswelt zurechtzukommen und in seiner beruflichen Tätigkeit (wieder) funktionsfähig zu werden, andererseits ist eben das, was als normal gilt, in Frage zu stellen und aufzubrechen; denn die Einschränkungen unseres Potentials, die Unzufriedenheiten mit und das Leiden an uns selbst und der Welt, in der wir leben, sind auch die Folgen unserer Anpassung an Normalität. Ein erfüllteres, sinnvolleres und verantwortungsvolleres Leben läßt sich weder innerhalb der Normalität noch außerhalb dieser führen, sondern genau im Grenzbereich zwischen Normalität und Eigensinn, zwischen Zivilisation und Wildnis, also letztlich in der Marginalität - es ist ein *Leben an der Grenze*, wie es Laura Perls ausdrückt (Perls, L. 1988).

Dialog und Macht

Wer sich auf dialogisches Denken und Erleben einläßt, stößt bei sich und anderen unweigerlich auf das Phänomen der Macht. Macht ist ein sehr schillernder Begriff. Mit Macht kann ganz allgemein Wirkung und Einfluß einer Person oder Gruppe gemeint sein. Wenn dialogische Beratung dazu dient, die kreativen Potentiale von Personen zu aktivieren, damit diese über mehr Gestaltungskraft verfügen, dann unterstützt sie deren Einfluß und Wirkung. Macht dient aber auch der Durchsetzung von Interessen. Diese können mehr oder weniger legitim sein, und die Mittel der Durchsetzung können sich gegen andere Menschen und die Natur richten oder diese respektieren. Macht, die sich gegen andere wendet, ist Herrschaft. Diese ist unvereinbar mit dialogischen Prinzipien.

Gleichwohl müssen wir davon ausgehen, daß wir im Rahmen der Beratung allen Aspekten von Macht begegnen - sowohl kreativer Gestaltungskraft und respektvoller Durchsetzung legitimer Interessen, als auch in der Form von Herrschaft. Hinzu kommt, daß Macht in all ihren Facetten nicht nur in der Problematik der Klienten auftritt, sondern auch in der Beziehung zwischen Berater und Klient bzw. zwischen beratender Institution und Klientel. Wie können wir also in dialogischer Beratung verantwortungsvoll mit dem Phänomen der Macht (im Sinne von Herrschaft) umgehen lernen?

Wie Bradford Keeney in Anschluß an Gregory Bateson deutlich macht, ist Macht als Metapher für zwischenmenschliche Wechselbeziehungen ein untaugliches Konzept. Macht ist ein Begriff, der in ein physikalisches Verständnis des Universums paßt, nicht jedoch in ein geistiges (Keeney 1987, 162). Macht ist kein Beziehungsbegriff. Hierin liegt ein erster Widerspruch zwischen dem Anliegen dialogischer Beratung und dem verbreiteten Verständnis von Macht. So sagt man beispielsweise, der Berater habe Macht, der Klient sei der Unterlegene (oder umgekehrt), als ob es sich um Eigenschaften von Personen handele; es sind jedoch Merkmale einer Beziehung.

Ein erster Schritt des dialogisch orientierten Umgangs mit dem psychologischen und gesellschaftlichen Phänomen der Macht (im Sinne von Herrschaft) besteht also darin, Macht als Beziehungsbegriff zu verstehen, d.h. als einen Begriff, der bestimmte Formen von Wechselbeziehungen *zwischen* Personen und Gruppen bezeichnet. Wir sprechen daher im folgenden immer von »Machtdynamiken« und meinen damit Kommunikationsprozesse und Beziehungen, die solchen Mustern folgen wie »Ich oder Du«, »Sieg oder Niederlage«, »Kampf oder Flucht«, »Dominanz oder Unterwerfung«. Claude Steiner, ein Transaktionsanalytiker, hat solche weitverbreiteten Machtdynamiken beispielsweise ausführlich beschrieben, Heik Portele erweiterte sie und stellte sie in den Zusammenhang systemischen und konstruktivistischen Denkens (Steiner 1986, Portele 1989, 196 ff).

Ein weiterer Schritt kann darin bestehen, daß wir zusammen mit den Gesprächspartnern versuchen, uns solcher Machtdynamiken zwischen uns bewußt zu werden, um prüfen zu können, ob dies für uns die einzig verfügbare und befriedigende Möglichkeit des Umgangs miteinander ist. Dieser Versuch kann schließlich in einen Dialog münden.

Das Bewußtmachen unserer Tendenzen, Menschen zu belehren, zu verändern, zu kontrollieren, zu manipulieren und zu beherrschen bzw. uns zu unterwerfen, uns zu fügen oder die Verantwortung für uns selbst an andere zu delegieren, kann jedoch sehr bedrohlich sein. Deshalb stoßen wir immer wieder an die Grenzen des Dialogischen. Es erweist sich dann sehr rasch, daß Dialog keine »Gegenmacht« darstellt, die die Wirksamkeit von Machtdynamiken außer Kraft setzen könnte; wir würden uns mit einer solchen Absicht nämlich selbst wieder in Machtdynamiken verfangen. In diesem Fall geht es darum, sich als Person zu schützen, sich zu behaupten (nicht gegen den anderen, sondern gegenüber den Dominanz-, Kontroll-, Besitzansprüchen usw. des anderen) und - wenn es denn nicht anders geht - mit den Mitteln, die erfahrungsgemäß Machtdynamiken auslösen und unterstützen (wie z.B. Lob und Tadel, Anordnungen oder Bestrafungen) zumindest bewußt und verantwortungsvoll umzugehen.

Ein weiterer Schritt schließlich könnte darin bestehen, daß wir immer wieder den Versuch unternehmen, Machtdynamiken, die uns und den anderen bewußt werden, in respektvolle Durchsetzung legitimer Interessen und in gestalterische Kräfte umzuwandeln. Diese (sicher begrenzten) Möglichkeiten aufzuzeigen, die unsere Grundeinstellungen, unser Beziehungsverständnis, unsere Denkmuster und Handlungsweisen berühren, ist u.a. ein wichtiges Anliegen dieses Buches.

Der Geltungsbereich dialogischer Beratung

Das Konzept dialogischer Beratung ist *grundlegend und methodenübergreifend*. Dialogische Beratung läßt sich unseres Erachtens dennoch nicht als zu verallgemeinerndes Konzept mit festen Regeln und Methoden für jedwede Beratungspraxis formulieren. Die Persönlichkeit des Beraters, sein besonderer Stil, seine methodische »Schule«, seine speziellen Kompetenzen und sein Wissen spielen eine ebenso wichtige Rolle wie die institutionellen Rahmenbedingungen und politischen Voraussetzungen seiner Tätigkeit und die Erwartungen und Bedürfnisse seiner Klienten. Insofern kann ein Konzept dialogischer Beratung seinen Ausdruck nur in vielfältigen und unterschiedlichen Praxiskonzeptionen und persönlichen Stilen finden. Allerdings werden wir einige Bedingungen sowie bestimmte Einstellungen und Verhaltensweisen des Beraters benennen, die dialogischen Prinzipien widersprechen; solche Vorgaben markieren einen Rahmen, innerhalb dessen sich die Vielfalt, Kreativität und Besonderheit der Beteiligten entfalten kann.

Das vorrangige Praxisfeld, in dem wir den Ansatz zu verwirklichen suchen und dem wir viele Erkenntnisse zu verdanken haben, ist die Beratung von Erwachsenen für Persönlichkeitsentwicklung, die Beratung und Supervision von Praktikern in sozialen Aufgabenfeldern (Lehrer, Weiterbildner, Entwicklungshelfer, Sozialpädagogen und Therapeuten), Beratung von Entwicklungshilfeprojekten sowie die Konfliktberatung von Paaren und Teams.

Die Wurzeln dialogischer Beratung

Dialogischer Beratung geht es darum, in der Begegnung zwischen Berater und Klient das auszulösen und zu unterstützen, was wir zusammenfassend als *transformative Lernprozesse im Bereich der Persönlichkeitsentwicklung, der Gestaltung von Beziehungen sowie des ganzheitlichen Denkens* bezeichnen.

Aber wie lassen sich diese Prozesse im Rahmen eines Beratungskonzepts darstellen? Im Zentrum unserer Überlegungen steht der Dialog zwischen Berater und Klient. Es würde sich daher anbieten, diejenige Konzeption zur Grundlage eines dialogischen Beratungskonzepts zu wählen, die sich am ausdrücklichsten und engagiertesten des menschlichen Kontaktgeschehens angenommen hat, die Gestalttherapie und ihre theoretische Grundlage. Tatsächlich ist der Kontaktzyklus aus der Gestalttherapietheorie - wie schon Edwin Nevis für den Bereich der Organisationsberatung zeigte (Nevis 1988) - ein sehr erklärungskräftiges Modell für die Darstellung des aktuellen Beratungsgeschehens, und wir werden bei unseren Erklärungsversuchen immer wieder darauf zurückgreifen. Andere Grundkonzepte der Gestalttherapietheorie, wie die Formen der Kontaktunterbrechungen (Konfluenz, Introjektion, Projektion, Retroflektion und Deflektion bzw. Egotismus) wurden von ihren Begründern Fritz und Laura Perls sowie Paul Goodman und deren Nachfolgern für die Darstellung von neurotischen und teilweise auch von psychotischen, narzißtischen oder Borderline-Persönlichkeitsstörungen in Weiterentwicklung der und Abgrenzung zur Psychoanalyse entwickelt, und sie haben sich für die therapeutische Arbeit als angemessen und sehr fruchtbar erwiesen. Für das Grundanliegen dialogischer Beratung sind diese Konzepte jedoch nicht erklärungskräftig genug. Bei wichtigen Gegenstandsbereichen dialogischer Beratung wie beispielsweise der Analyse und Gestaltung übergreifender zwischenmenschlicher Beziehungen oder inhaltlicher Probleme aus Alltag und Beruf bedarf es zusätzlicher Erklärungsansätze.

So ermöglichen uns Ken Wilbers evolutions- und entwicklungstheoretische Arbeiten die Einordnung dialogischer Beratung in einen übergreifenden Zusammenhang der Bewußtseins- und Persönlichkeitsentwicklung. Die Arbeit von Theodore Roszak, *Mensch und Erde auf dem Weg zur Einheit* (Roszak 1986) öffnete uns die Augen für die gesellschaftlich-historische Bedeutung des Personalen, einem wesentlichen Moment in der dialogischen Beratung. Welche Rolle die Bestätigung der Person, das Akzeptieren der Andersartigkeit sowie die Sorge für die Entfaltungsmöglichkeiten der kreativen Potentiale des anderen und der liebevolle Wille des Beraters spielen, machten uns auf vielfältige Weise existentialistische und humanistische Philosophen und Psychotherapeuten wie Martin Buber, Rollo May, Maurice Friedman und Richard Hycner deutlich. Mit den Grundfragen der menschlichen Existenz konfrontierte uns vor allem Irvin Yalom in seinem Hauptwerk *Existentielle Psychotherapie* (dessen Übersetzung ins Deutsche wir besorgen durften). Bei dem Familientherapeuten Boszormenyi-Nagy schließlich fanden wir überzeugende Belege dafür, welche Bedeutung dem ethischen Anliegen dialogischer Beratung über die Grenzen aktueller zwischenmenschlicher Beziehungen hinweg zukommt.

Dies sind sehr verschiedenartige Ansätze und Theorien, auf die wir bei unserer Suche nach einem Verständnis dialogischer Prozesse in Therapie und Beratung stießen. Viele Erkenntnisse der genannten Autoren wurden für uns dadurch relevant, daß wir sie an uns selbst praktisch erlebt und oft genug auch erlitten haben. Wir haben diese Erkenntnisse in vielen Beratungssituationen in der Praxis erprobt und unsere Erfahrungen damit über mehrere Jahre hinweg dokumentiert und unseren Ansatz immer wieder modifiziert. Die so unterschiedlichen und manchmal unvereinbar erscheinenden Wurzeln unseres Ansatzes haben sich im Laufe der Zeit zu einer Einheit zusammengefügt, die letztlich von dem *einen* Anliegen getragen ist: Möglichkeiten aufzuzeigen, wie die verantwortliche Sorge (care) und der liebevolle Wille (eros) des Menschen zur Entfaltung der Persönlichkeit in Verantwortung für die Mitmenschen, die nachfolgende Generation und die Umwelt beitragen können.

Beratung und Therapie

Beratung ist zwar etwas anderes als Therapie, aber niemand konnte diesen Unterschied bisher überzeugend definieren. Versuche einer allgemeingültigen theoretischen Abgrenzung der Beratung zur Therapie führen also nicht weiter. Aus praktischen Gründen scheint uns eine Unterscheidung dennoch sinnvoll zu sein, weil die Einstellungen der Beratungsklienten, die erforderlichen Kompetenzen der Berater und die Anwendungsfelder von Beratung andere sind als bei Therapie. Da sich die Beratungskonzepte untereinander ebenso unterscheiden wie Therapieansätze, halten wir es nicht für zweckmäßig, Beratung allgemein von der Therapie abzugrenzen. Wir werden statt dessen unser spezielles Verständnis von Beratung gegenüber Therapie einzugrenzen versuchen. Diese Eingrenzung ist nicht gleichbedeutend mit einer Distanzierung. Im Gegenteil: Beratung kann von Therapie ebenso profitieren wie Therapie von Beratung, und in der Praxis wird es je nach dem Kontext, dem jeweiligen Ansatz und dem Stil des Beraters oder Therapeuten mehr oder weniger große Überschneidungen zwischen therapeutischen und beraterischen Prozessen geben.

(Dialogische) Beratung setzt auf der personalen Stufe der Persönlichkeitsentwicklung an: Im Laufe unseres gesamten Lebens werden wir immer wieder vor Entwicklungs- und Reifungsaufgaben gestellt. Als erste Aufgabe gilt allgemein die Ablösung aus der mütterlichen Symbiose. In mehreren Stufen der Trennung und Integration bilden sich ein physisches Selbst, ein emotional-sexuelles Selbst und ein geistiges Selbst heraus. In diesem Bereich der Entwicklung - die wir in Anlehnung an die Theorie Ken Wilbers als präpersonal bezeichnen - geht es um das eigene Überleben, die Befriedigung körperlicher Bedürfnisse und Impulse sowie um die Aneignung der Umwelt (Wilber 1988). Es gibt aber auch jenseits der Entwicklungsaufgaben des präpersonalen Bereichs, der meist der frühen oder späten Kindheit zugeordnet wird, weitere Entwicklungsherausforderungen. So geht es im personalen Bereich um eine verantwortliche und aktive Teilhabe am Lebensprozeß und am sozialen Geschehen, um einen Platz im sozialen Gefüge, um ein differenziertes Selbstverständnis und um die kreative, sinnerfüllte und verantwortungsbewußte persönliche Lebensgestaltung. Im transpersonalen Bereich schließlich geht es darum, das Selbst zu transzendieren und eine Verbindung zum Ökologischen und Kosmischen zu finden.
Diese Reihenfolge vom Präpersonalen über das Personale zum Transpersonalen ist nicht als eine aufsteigende Hierarchie, sondern als wiederkehrender Zyklus zu verstehen, den wir immer wieder im Laufe unseres Lebens unter sich verändernden Perspektiven durchlaufen können.
Während viele Therapierichtungen nun hauptsächlich an den Entwicklungsproblemen des präpersonalen Bereichs ansetzen (also an »autistische,

narzißtische, psychotische und neurotische Störungen«), und von dort aus in die anderen Bereiche vordringen können, setzt dialogische Beratung auf der *personalen* Ebene an. Themen, die das Zurechtfinden in vielfältigen Rollen in Familie und Gesellschaft und das Ausfüllen derselben sowie die Gestaltung dauerhafter Beziehungen betreffen, Probleme der Identitätsfindung sowie existentielle Grundfragen stehen in der dialogischen Beratung im Vordergrund. Von dort aus kann dialogische Beratung in den präpersonalen Bereich einerseits und in den transpersonalen Bereich andererseits vorstoßen. Dies geschieht jeweils vor dem Hintergrund eines Dialogs zwischen weitgehend als selbstverantwortlich und autonom verstandenen Personen.

Der dialogische Berater geht also davon aus, daß der Klient sich seiner Handlungsweisen als erwachsene Person weitgehend bewußt ist oder sich deren ohne allzu große Schwierigkeiten bewußt werden kann und in den meisten Lebenssituationen Verantwortung für sich übernimmt. Der dialogische Berater übernimmt normalerweise in der Beratung also keine Verantwortung für den Klienten, wohl aber für seine eigenen Einstellungen und Handlungsweisen gegenüber dem Klienten. Dialogische Beratung stößt demzufolge dort an die Grenze zur Therapie, wo die Verantwortungsübernahme nicht oder nur fragmentarisch durch den Klienten erfolgen kann, wenn er sich beispielsweise autonomen Körperreaktion oder ihn überschwemmenden Gefühlen hilflos ausgeliefert fühlt, ein gering ausgebildetes Schuld- und Verantwortungsbewußtsein entwickelt hat und in alltäglichen Situationen nicht ohne fremde psychologische oder pädagogische Unterstützung leben kann.

Das (dialogische) Beratungsgeschehen bewegt sich seiner Form nach dicht an Alltäglichkeit: Was alltäglich ist, gilt als normal, und was normal ist, bestimmen nun einmal die Erwachsenen. Normalität wird von einer Sichtweise aus definiert, die wir dem personalen Bereich zurechnen, wie stark diese Sichtweise auch durch unbewältigte Probleme aus dem präpersonalen Bereich eingefärbt oder gar verzerrt und wie sehr das Alltägliche aus distanzierterer Perspektive auch ver-rückt sein mag. An diesen Vorstellungen von Normalität gemessen ist das dialogische Beratungsgeschehen in seinen Erscheinungsformen recht alltäglich, auch wenn wir diese Art der Alltäglichkeit nicht allzu häufig erleben: Intensive Gespräche, sokratische Dialoge, das engagierte Erforschen von Verwirrungen und Widersprüchen, das gemeinsame Phantasieren und Philosophieren, die Entwicklung und Prüfung von Visionen, Handlungs- und Lebensperspektiven in einer relativ gelassenen, entspannten und dennoch konzentrierten Atmosphäre. Zwar unterscheiden sich in der Beratung Rollenverteilungen und Funktionen der Beteiligten, Intensität und entspannte Konzentration graduell vom Alltagsgeschehen, aber die Nähe dazu ist doch deutlich spürbar.

Die relative Normalität ist unser Ausgangspunkt für die Reise ins Bewußtsein von Berater und Klient. Auf dieser Reise werden gerade das Normale, die einschränkenden Mythen und Gewohnheiten bewußt gemacht und in Frage gestellt. Auf diese Weise können die Erfahrungen im Beratungsgespräch zum Ausgangspunkt für den Bruch mit der Normalität werden. Der Klient kann in die Lage versetzt werden, seine die kreativen Potentiale einkerkernden Normen und Glaubenssätze zu zerstören und seine Schöpfungskraft zur Entfaltung zu bringen. Dabei können auch Phantasie-Experimente und Spiel zur Anwendung gelangen, nicht jedoch Methoden, die gezielt andere Bewußtseinszustände herbeiführen wie Hypnose, Hyperventilation oder spezielle Körperarbeit.

Die Erfahrungen in dialogischer Beratung können von den direkt Betroffenen als sehr aufwühlend empfunden werden, obwohl das Geschehen von außen betrachtet recht unspektakulär anmutet.

(Dialogische) Beratung ist themenzentriert: Das Anliegen des Klienten bildet in der Beratung den Vordergrund, der aktuelle Kontaktprozeß den Hintergrund. Beratung geht vom Thema oder Anliegen des Klienten aus und bezieht sich auch immer wieder darauf. Dabei kann der aktuelle Kontaktprozeß zwischen Berater und Klient immer wieder einmal in den Vordergrund treten: Das, was Berater und Klient bei sich und dem anderen im aktuellen Kontaktgeschehen dann wahrnehmen und verstehen, wird herangezogen, um die Inhalte des Gesprächs zu untermauern oder in Frage zu stellen, und auch, um der personalen Bedeutung eines bestimmten inhaltlichen Sachverhalts auf die Spur zu kommen. Auf diese Weise können die aktuellen körperlichen, emotionalen und kognitiven Reaktionsweisen mit der Thematik des Gesprächs verknüpft werden.

Der dialogische Berater rekonstruiert zusammen mit dem Klienten sein Anliegen oder Problem aus lebensgeschichtlichen, institutionellen, kulturellen oder existentiellen Perspektiven. Daher ist es hilfreich, wenn der Berater auch über ein gewisses Grundwissen über das Feld verfügt, in dem das Problem entsteht. Andererseits sollte ihn dieses Wissen nicht daran hindern, einen ihm vertrauten Zusammenhang mit dem neugierigen Blick für Erstmaligkeit zu betrachten.

Gemeinsames Anliegen und unterschiedliche Aufgaben: In der Praxis von Beratung und Therapie gibt es Überschneidungen, so daß man bei unserem Verständnis von Beratung vielleicht nicht immer unterscheiden kann, ob es sich im konkreten Fall um Beratung oder Therapie handelt. Dennoch weisen wir der dialogischen Beratung besondere Aufgaben zu. Zwar haben Therapie und Beratung das gemeinsame Anliegen, Menschen bei der Bewältigung der Herausforderungen, die das Leben an uns stellt, Unterstützung und Anleitung zu geben. Aber dialogische Beratung setzt immer auf der personalen Ebene im Entwicklungsprozeß der Persönlichkeit an, wenn sie auch von dort aus in andere Bereiche vorstoßen kann. Diese Vorstöße sind deshalb möglich und auch oft notwendig, weil die Bewältigungsversuche von Herausforderungen auf der personalen Ebene (also Rollen- und Beziehungsprobleme, Identitätsprobleme und Auseinandersetzungen mit den »letzten Dingen« der menschlichen Existenz sowie mit den Wünschen und Visionen für ein erfüllteres Leben in der Zukunft) oft durch unbewältigte Entwicklungsaufgaben aus dem präpersonalen Bereich eingefärbt sind.

Wo die Bewältigungsversuche des Klienten nicht nur eingefärbt, sondern stark verfärbt sind, wo die Themen der personalen Ebene dauerhaft von unbewältigten Problemen aus der präpersonalen Phase überlagert sind, stößt dialogische Beratung ebenso an ihre Grenzen wie bei der gezielten und differenzierten Auseinandersetzung mit transpersonalen und spirituellen Entwicklungsproblemen.

Dialogische Beratung steht also nicht in Konkurrenz zur Therapie. Vielmehr stellt sie eine eigenständige Form der Unterstützung bei der Bewältigung von Lebensaufgaben dar, die nicht zu den Hauptaufgaben der Therapie im Sinne von Heilverfahren zählen, während die Therapie Aufgaben hat, die von der Beratung nur in rudimentärer Form bewältigt werden können. Beratung und Therapie können (und müssen) sich gegenseitig ergänzen und unterstützen. Dialogische Beratung ist dabei keineswegs eine leichtere Aufgabe als Therapie. Sie erfordert zuallererst die Bereitschaft des Beraters, sich selbst einem andauernden persönlichen Lernprozeß auszusetzen. Welcher Art die wichtigsten Lernbereiche für den dialogischen Berater sein könnten, wollen wir in den folgenden Kapiteln des 1. Teils darstellen, bevor wir uns im 2. und 3. Teil des Buches stärker der Praxis dialogischer Beratung zuwenden.

[1] Mit »Klient« kann eine Einzelperson, ein Paar, eine Familie, ein Team etc. gemeint sein. Den sachlich richtigen, aber sehr technisch klingenden Begriff »Klientensystem«, der gelegentlich benutzt wird, möchten wir vermeiden und sprechen von »sozialer Einheit«, wenn wir speziell auf Familien, Teams oder Gruppen hinweisen wollen.

[2] Die Begriffe »Berater«, »Therapeut«, »Klient« etc. und deren Pronomen verwenden wir als geschlechtsneutrale Formen. Sofern wir die Geschlechtszugehörigkeit der Person ausdrücken wollen, werden wir dies jeweils im Text kenntlich machen.

I. Teil

Personales, dialogisches und ganzheitliches Denken und Erleben

1. Kapitel

Dialogische Beratung - eine persönliche Herausforderung

Die Ambivalenz des dialogischen Beraters

Trotz der Fülle der Therapie- und Beratungskonzepte, die in den letzten Jahren entwickelt wurden, halten wir das, was sich hinter unserem Verständnis der dialogischen Beratung verbirgt, für wert, aufgeschrieben, gelehrt und genutzt zu werden. Diese Einschätzung geht auf sehr tiefgreifende persönliche Erfahrungen zurück, die ich im Verlauf eigener Lernprozesse während der letzten Jahre in den verschiedensten Kontexten machen mußte und durfte, angefangen von Herausforderungen im Alltag über Lernsituationen in Seminaren und Gruppen bis hin zu beraterischen und therapeutischen Situationen. Besonders einige unserer Erfahrungen in den beiden letzten Bereichen trugen erheblich dazu bei, diesen Ansatz dialogischer Beratung mit zu entwickeln. So lernten wir immer wieder Berater und Therapeuten kennen, die sich mit ihrem Know-how zur Verfügung stellten, die schwierige Situationen kompetent analysierten, die Anregungen und Tips zu deren Bewältigung gaben und die sich bemühten, neurotische Störungen mit ihren Klienten gründlich durchzuarbeiten, um so deren aktuell hemmende Auswirkungen zu mindern oder zu überwinden.

Ich weiß den Wert dieser Arbeit auch aufgrund eigener Erfahrungen in der Klientenrolle durchaus zu schätzen, und doch gab es da Momente, in denen ich alles andere benötigte als messerscharfe Analysen oder kompetente Begleitung beim therapeutischen Durcharbeiten meiner Probleme. In der eigenen Beratertätigkeit wurden mir zunehmend die Grenzen dieser weitverbreiteten Herangehens- und Umgangsweisen mit persönlichen Problemen bewußt. So beendete ich mitunter eine Beratungssitzung in dem Glauben, heute sei mir gemeinsam mit dem Klienten ein wesentlicher Schritt geglückt, um nur wenig später feststellen zu müssen, daß ich bei diesem vermeintlich gemeinsamen Schritt an meinem Klienten vorbeigegangen war. Ich war mir so sicher gewesen, auf einer wesentlichen und richtigen Spur zu sein, daß ich meinen Klienten vor lauter Begeisterung für die Schlüssigkeit meiner Einfälle »verpaßt« hatte. Und da begann mir etwas Folgenschweres zu dämmern: Meine Einfälle können noch so stichhaltig und treffend sein - wenn sie meinen Gegenüber nicht wirklich berühren, sind sie für ihn zu diesem Zeitpunkt irrelevant. Und dann ist es sinnlos, weiter auf meinen Ideen zu beharren, es sei denn, ich will nur recht haben und meinen Klienten überzeugen. Es reicht aber auch oft noch nicht aus, wenn ich mit dem Klienten intensive Erlebnisse in der Situation habe und wir gemeinsam zu einem tieferen Verständnis seiner Probleme gelangen. Denn selbst das kann sich ereignen, ohne daß es zu einer Begegnung von eigenständigen Personen kommt.

Seit mir diese Gefahr der Beratungsarbeit immer klarer wird, versuche ich, die Konsequenzen dieser Einsichten in mein Selbstverständnis als Beraterin und in mein Verständnis der Lernprozesse mit den Klienten zu integrieren. Eine der wesentlichsten Konsequenzen besteht darin, daß es nicht mehr ausschlaggebend ist und ausreicht, mehr über den anderen zu wissen und von ihm zu erspüren als dieser selbst, sondern daß es vor allem darauf ankommt, ob ich ihn so wahrnehmen kann, wo und wie er gerade ist, in seiner Präsenz, seiner gegenwärtigen Situation, seinen Schwierigkeiten, seinen Vorstellungen und unverwirklichten Bedürfnissen.

Es ist eine andauernde Herausforderung, beides miteinander in Einklang zu bringen: den Wunsch, der Klient möge in seiner Entwicklung weiterkommen, und die Notwendigkeit, ihn da zu lassen und zu akzeptieren, wo er sich gerade befindet. Ich verfolge also mit dem Klienten die Herkunft eines zutage tretenden Problems in seiner gegenwärtigen Lebenssituation, seiner Lebensgeschichte und kulturellen Herkunft oder in unserer Beziehung und gebe durchaus an bestimmten Stellen Anregungen und Anleitungen, wie er sich letztlich aus seinen Schwierigkeiten befreien könnte. Aber es ist mir auch möglich, darauf zu verzichten, wenn ich den Eindruck habe, daß ich damit an der Realität meines Klienten vorbeigehe. Gelingt es mir also, von meinen professionellen Kenntnissen, Ideen, Phantasien oder guten Absichten auch wieder zu lassen, dann habe ich die Möglichkeit, den anderen wieder mit einem unverbrauchten Blick und akzeptierenden Interesse aufzusuchen und dort wahrzunehmen, wo er ist. Wo diese Haltung fehlt, ist nur noch die Intention des Verändern-Wollens vorhanden und dominiert den Prozeß. Dieses Verändern-Wollen kann in einem Lernprozeß jedoch immer nur eine Seite der Botschaft sein, wenn man dem Klienten nicht nur helfen, sondern ihm auch begegnen will. Auch im Klienten gibt es ja diese beiden Stimmen: die eine, die die Sehnsucht beinhaltet, so wie er ist, wahrgenommen und akzeptiert zu werden, und die andere, die nach Veränderung ruft; auch er will anders sein, er leidet und will nichts lieber, als daß sein Leiden oder seine Schwierigkeiten vorübergehen. Aber nach einiger Zeit fällt Berater und Klient vielleicht auf, daß sie auf diese Weise kein Stückchen vorankommen: Immer wieder trifft man von den verschiedensten Seiten auf den gleichen Punkt, vor dem es kein Entrinnen und von dem aus es auch kein Weiterkommen zu geben scheint. Was ich als Betroffene in dieser Situation brauche, ist eine Unterstützung für die andere Stimme in mir, die mich zögern läßt und mich da hält, wo ich feststecke. Das ist für beide, sowohl für den Betroffenen als auch für den Begleitenden, nicht leicht auszuhalten: dieses Wollen-aber-noch-nicht-Können in seiner Ambivalenz zuzulassen und sich ihm auszusetzen. Es ist nicht mehr allein damit getan, daß man großartige Einfälle hat, wie das persönliche Drama zu lösen sei und vielleicht ein bißchen pusht oder gar behauptet: »Nicht können heißt, nicht wollen!«

Heilend im Sinne persönlichen Wachsens wirkt unsere Zusammenarbeit erst, wenn sowohl das verzweifelte Bemühen als auch das Scheitern des Betroffenen gleichermaßen wahrgenommen und nachvollzogen wird.

Die Herausforderung für den Berater besteht darin, der Versuchung zu widerstehen, in einer solchen Situation nur auf seine fachliche Kompetenz zurückzugreifen und dabei die menschlichen Kompetenzen zu vergessen. Wo nur fachliche Kompetenz ist, können bestenfalls geniale Treffer gelandet werden, die ohne das Element der Begegnung letztlich »tragische Verpasser« bleiben. Dem anderen wird etwas verpaßt, und gerade dadurch verpaßt man sich. Die menschliche Kompetenz, von der das professionelle Handeln des Beraters getragen und beeinflußt sein muß, sehe ich vor allem in seiner Fähigkeit, den anderen da zu sehen, wo er ist, ohne auf den Wunsch nach Veränderung zu verzichten. Die Qualität des Gesprächs, die daraus entstehen kann, nenne ich dialogisch. Damit sind Anforderungen an einen dialogischen Berater verbunden, die wir noch im einzelnen erläutern werden. Sie betreffen grundlegende persönliche Einstellungen und Haltungen sich selbst als Berater und den Klienten gegenüber, bestimmte Denkweisen und ein spezifisches Verständnis von Beziehung.

Ist das Dialogische erlernbar?
Das Dialogische ist zunächst einmal eine innere Haltung und Einstellung, aus der heraus ich mich verhalte. Das Dialogische stellt somit den Hintergrund für mein gesamtes Dasein in der Welt dar und wirkt sich daher nicht nur in der professionellen Beratungssituation aus. Aber für die professionelle Situation gilt in besonderer Weise, daß ich beispielsweise die Auswahl und den Einsatz meiner Beratungsmethoden an dieser Grundhaltung orientiere. Die Art und Weise, wie ich professionelles Instrumentarium und Methodenrepertoire erlernen kann, unterscheidet sich dabei sehr deutlich von derjenigen, wie ich zu einer dialogischen Grundhaltung finde. Denn diese dialogische Grundhaltung muß mehr sein, als lediglich ein Instrument der Einwirkung auf den Klienten; sie darf nicht zur bloßen Technik werden, sonst wird sie bestenfalls unwirksam, schlimmstenfalls jedoch schädlich. Daher kann sie auch nicht wie eine Technik oder Methode erlernt werden. Vielmehr kann sich eine solche Haltung nur aus einem stimmigen, unbestechlichen personalen Interesse an Begegnung mit dem anderen Menschen entwickeln und an der Intention, sich ständig weiterzuentwickeln und zu lernen. Dazu wäre es notwendig, den anderen (den Klienten) als ganze Person in seiner Existenz zu respektieren und akzeptieren zu lernen. Dann kann mit ihm gemeinsam die für ihn stimmige Lernherausforderung formuliert werden.

Beim Lernen des Dialogischen geht es - anders als beim Erlernen einer Methode oder Technik - nicht in erster Linie um eine zielorientierte Aneignung von Einstellungen, Fähigkeiten und Fertigkeiten, sondern darum, daß latent vorhandene Bedürfnisse aktiviert und unserem Bewußtsein zugänglicher werden und »vergessene« Denkweisen neu belebt werden. Die Sehnsucht nach Begegnung ist nicht etwas, was wir neu erlernen müßten; es scheint vielmehr ein jedem Menschen innewohnender Drang zu sein, wie immer unbeholfen und erfolglos wir auch sein mögen, ihn zu verwirklichen (vgl. Buber 1983; Yalom 1989, 436; Hycner 1989, 141). Auch ist uns das ganzheitliche, vernetzte Denken nicht grundsätzlich fremd, sondern in seinen Grundformen aus einer Zeit vertraut, als es noch nicht durch lineares Denken in Ursache-Wirkungs-Zusammenhängen und Subjekt-Objekt-Spaltungen durch schulische und außerschulische Bildungsprozesse überlagert wurde.

Dialogische Beratung ist also kein starres Modell, das der Berater nur zu rezipieren bräuchte, sondern stellt Prinzipien und Qualitäten zur Verfügung, mit denen er sich wieder grundlegend auseinandersetzen muß, bis er mit Hilfe seiner ganzen Eigen-Sinnigkeit zu einer stimmigen Ausprägung dieser Qualitäten und Prinzipien findet. In diesem Sinne muß dialogische Beratung von jedem, der sie lernen will, neu entdeckt und gestaltet werden. Und das ist ein niemals abgeschlossener Prozeß - insbesondere für denjenigen, der sie lehrt und ausübt.

Lernbereiche für dialogische Beratung

Die Prinzipien und Qualitäten, mit denen man sich auseinandersetzen muß, wenn man das Dialogische in den Beratungsprozeß integrieren will, möchte ich in vier Lernbereiche untergliedern. Ausgangspunkt für jeden dieser vier Lernbereiche ist die *grundlegende Ambivalenz* des Beraters, die darin besteht, daß er den Klienten da sieht und respektiert, wo und wie er ist und ihn gleichzeitig in seiner Entwicklung unterstützt, also an einer Veränderung des So-Seins mitwirkt.

In einem ersten Lernbereich geht es um die *grundlegenden Einstellungen und Haltungen* des Beraters in Beziehung zu seinen Klienten. Die hier gestellte Frage heißt: »Mit welcher Haltung kann ich aus jener Grundambivalenz heraus auf den anderen zugehen?« Entsprechend der ambivalenten Ausgangslage kommen wir auch zu einer vielseitigen und oft widersprüchlich erscheinenden Haltung, die sowohl Qualitäten des Eros im Platonischen Sinn als auch von Sorge beinhaltet und bei all dem die Eigenständigkeit des Klienten wahrt und unterstützt (2. Kapitel).

Ein zweiter Lernbereich entfaltet sich aus der grundlegenden Ambivalenz des Beraters im Hinblick auf sein *Selbstverständnis*. Worin sieht er seine Aufgabe und seine Herausforderung als dialogischer Berater? Damit ist eine große Spannbreite angesprochen, die von seinem Menschenbild und seinen persönlichen Werten bis hin zur persönlichen Sinnfindung reicht. All das geschieht nicht nur aus der Perspektive eines professionellen Beraters, sondern geht auch sehr stark von der eigenen Bedürftigkeit als Mensch aus. Denn als dialogischer Berater muß ich die anfangs erwähnte Grundambivalenz nicht nur gegenüber meinem Klienten in einer konstruktiven Lernatmosphäre zum Ausdruck bringen können. Ich sehe mich auch selbst immer wieder dieser Ambivalenz ausgesetzt, so daß ich meine Bedürfnisse, von anderen gesehen und akzeptiert zu werden sowie mich weiterzuentwickeln und zu entfalten, ebenfalls in angemessener Weise berücksichtigen muß. Das heißt vor allem, daß ich diese eigenen Bedürfnisse nicht strikt von der professionellen Rolle abspalte, sondern in diese integriere und mir bewußt bin, daß ich ganz Mensch bin, wenn ich die Rolle des Beraters innehabe. Für die Begründung und Untersuchung dieses Selbstverständnisses greifen wir vor allem auf ein personalistisches Menschen- und Weltbild zurück. Kernstück dieses personalistischen Selbstverständnisses ist das Bedürfnis und das Recht auf Selbstentdeckung, auf Einzigartigkeit und auf Selbstausdruck (3. Kapitel).

Im dritten Lernbereich geht es um die Konsequenzen, die sich aus jener Grundambivalenz für unsere *Erkenntnis* ergeben. So erfordert das Wahrnehmen und Respektieren dessen, wo und wie der andere ist, daß man imstande ist, durch seine eigenen Bewertungen, Urteile und Deutungen hindurch auch immer wieder einen Zugang zu den ursprünglicheren Wahrnehmungen zu finden, um von dort aus zu angemessenen Bedeutungen für die jeweilige Situation zu gelangen. Die Fähigkeit, zwischen *Wahrnehmung und Interpretation* unterscheiden zu können, ist also eine wesentliche Voraussetzung für den Dialog; jedoch nicht nur diese Unterscheidung, sondern auch die Einsicht, daß Interpretationen *gewählt*, also als bewußte Entscheidung für eine Sichtweise unter vielen prinzipiell möglichen vollzogen werden können, wirken sich auf die Erkenntnisweise aus.

Eine andere Komponente, die die Erkenntnisweise beeinflußt, geht aus dem Prozeß des Dialogischen hervor: Dialog lebt von *Unterschieden*, denn wo alles identisch ist, ist Austausch sinnlos. Merkwürdigerweise verhalten wir uns jedoch selten so, daß wir gegenseitige Unterschiedlichkeiten für das Dialogische nutzen. Vielmehr sind Unterschiede oft ein Anlaß, sich zu bekämpfen, indem man beispielsweise den anderen mit aller Macht von der Richtigkeit der eigenen Auffassung überzeugen will, bis man glaubt, die Unterschiedlichkeit sei aufgehoben. Dieses Verhalten hat seine existentiell verwurzelten Gründe, die es jeweils schwer machen, Unterschiedlichkeit zu ertragen. Unterschiedlichkeit konfrontiert uns neben der Empfindung, einzigartig zu sein, immer auch mit unserer existentiellen Isolation. Für das Dialogische ist es jedoch wichtig zu lernen, Unterschiede zu erkennen und bestehen zu lassen. Im Zusammenhang mit der Erkenntnisweise führt uns dieser Gedanke auf die Spur der *Polaritäten:* Unterschiede machen sich nicht nur an verschiedenen Personen fest, die beispielsweise gegenteiliger Meinung sind. Auch innerhalb einer Person entstehen immer wieder Unterschiedlichkeiten, die sich bekämpfen. Wir sprechen dann von innerer Zerrissenheit, Widersprüchlichkeit oder Ambivalenz. Diese Ausdrücke sind alle mehr oder weniger negativ wertend, woran wieder deutlich wird, daß wir Eindeutigkeit - also das Fehlen von Unterschiedlichkeit - vorziehen.

Das Dialogische braucht die Fähigkeit, solche Uneindeutigkeit auszuhalten, statt sie zu überspringen. Es geht, die Pole kennenzulernen und zwischen diesen zu pendeln, bis sich schließlich eine Position entwickeln kann, in der die zuvor scheinbar nicht zu vereinbarenden Pole integriert sind. Und eine solche Toleranz gegenüber Polaritäten sowie das Pendeln zwischen gleichwertigen Polen ist eine enorme Herausforderung an unsere gewohnte Denkweise, die dazu neigt, sich endgültig für die eine Seite - und somit gegen die andere Seite - zu entscheiden, weil wir darin die einzig mögliche Lösung für den Konflikt zweier widerstreitender Tendenzen sehen (4. Kapitel).

Der vierte Lernbereich schließlich widmet sich den Konsequenzen, die jene Grundambivalenz für das *Beziehungsverständnis* hat. Dabei fließen die für die ersten drei Lernbereiche formulierten Herausforderungen insofern ein, als sie nun im Hinblick auf die daraus erwachsende Wechselbeziehung zwischen Personen betrachtet werden. Was bedeutet also
- eine von Eros und Sorge sowie von Respekt vor der Eigenständigkeit des anderen getragene Haltung,
- ein personalistisches Selbstverständnis,
- eine Denkweise, die Polaritäten wahrnehmen und kreativ nutzen kann für das Beziehungsverständnis?

Im Vordergrund dieses vierten Lernbereichs stehen also die Herausforderungen und Bedürfnisse, die sich aus der Selbstentdeckung, Selbsterfahrung und Erkenntnis der ersten drei Lernbereiche nun im sozialen Feld ergeben. Besondere Aufmerksamkeit widmen wir dabei der Bedeutung existentieller Bestätigung und der Unterstützung der Dialogfähigkeit sowie der Bedeutung von Begegnungsmomenten in der Beratungssituation (5. Kapitel).

Bereits diese kurze Skizzierung der vier Lernbereiche macht deutlich, daß die wichtigste Bedingung für die Befähigung, ein guter dialogischer Berater zu sein, darin besteht, daß er selbst ein *erfahrener Lerner* sein muß. Seine professionelle Kompetenz im herkömmlichen Sinn - so wichtig sie in vielen Situationen sein mag - ist demgegenüber zweitrangig. Natürlich gibt es im eigenen Lernprozeß des Beraters auch immer wieder Phasen der Ruhe und des Stillstands. Hört er jedoch auf zu lernen, sich selbst mit den Herausforderungen des Lebens immer wieder neu auseinanderzusetzen, sich in Frage zu stellen, ganzheitliche Prozesse, an denen er beteiligt ist, verstehen zu lernen, dann fällt er auch aus dem dialogischen Prozeß heraus. Möglicherweise kann er eine hohe Stufe professioneller Technologie erreichen, mit deren Hilfe er dazu beitragen kann, die Probleme anderer Menschen zu lösen und Pathologien zu heilen. Aber nur, wenn er auch selbst ein transformativ Lernender bleibt, kann er andere Menschen bei deren Persönlichkeitsentwicklung im Sinne dialogischen und ganzheitlichen Denkens begleiten und unterstützen.

In den folgenden Kapiteln will ich die vier Lernbereiche auffächern. Sie scheinen uns für den Eigenlernprozeß des Beraters von zentraler Bedeutung zu sein und bieten gleichzeitig die Grundlage für die Entwicklung eines Konzepts dialogischer Beratung, wie es in den darauf folgenden Teilen des Buches ausgeführt wird.

2. Kapitel

Grundeinstellungen: Eros und Sorge

Eros

Wenn Sokrates mit täuschender Schlichtheit bemerkt: »Die menschliche Natur wird nicht leicht einen besseren Helfer finden als Eros«, dann können wir seine Worte sowohl auf den Prozeß der Psychotherapie anwenden als auch auf den inneren Drang eines Menschen nach psychischer Gesundheit.

Rollo May

In seinem *Gastmahl* läßt Platon Sokrates im Kreise von Freunden eine Rede auf den Eros halten (Platon 1958). Er beruft sich dabei auf Diotima, eine Seherin aus Mantineia. Von dieser Frau ist an keiner anderen Stelle die Rede und es ist auch nichts weiter über sie bekannt als das, was Sokrates selbst hier über sie sagt. Er beschreibt sein Verhältnis zu ihr als das eines Bewunderers und Schülers.

Ich erwähne das deshalb, weil ich es sowohl bezeichnend finde, wie Sokrates zu seinem Wissen über Eros gelangt ist, als auch bemerkenswert, wie er, der große Gelehrte und Lehrer, sich selbst in diesem Vortrag immer wieder in der Rolle des Unwissenden und Schülers darstellt. Während in der deutschen Reclam-Ausgabe dazu eine Anmerkung lautet: »Das hier geschilderte Verhältnis des Sokrates zu Diotima ist natürlich eine Fiktion.« (Platon 1958, 69), hat sich Friedrich Schlegel in seiner Abhandlung »Über die Diotima« die Mühe gemacht herauszuarbeiten, was für eine Frau Diotima gewesen sein könnte (Schlegel 1982, 39-84).

Vielleicht gab es die von Sokrates erwähnte Diotima nicht als konkrete Person, aber es gab, wie Schlegel ausführt, Frauen im damaligen Griechenland, die aufgrund ihrer Bildung durchaus eine solche Rolle hätten einnehmen können. Es wäre also möglich, daß Sokrates neben konkreten erotischen Erfahrungen tatsächlich von einer Frau auch etwas über das Wesen des Dämons Eros gelernt hat. Aber selbst, wenn er die konkrete Existenz einer Lehrmeisterin lediglich vortäuscht und dies als Kunstgriff benutzt, ändert das wenig an dem Eindruck, den er damit hinterläßt: Sokrates gelangt in seiner Identität als Mann zu einem umfassenden Verständnis von Eros durch eine Frau bzw. indem er seine weibliche Seite personifiziert. Denn Eros greift mit seinem Bestreben, im Körper wie im Geiste zu zeugen und kreativ zu sein und mit der Sehnsucht nach dem Schönen und Guten sowie in seiner Grundqualität des Liebenden (nicht etwa des Geliebten oder Liebenswerten) auch sehr deutlich auf weibliche Qualitäten zurück. Das paßt zu seiner Eigenart als Dämon, einem Wesen, das immer dazwischensteht: Denn Eros ist weder gut noch schlecht, weder schön noch häßlich und auch weder eindeutig männlich noch eindeutig weiblich, sondern kraft seiner Identität immer etwas zwischen beiden Eigenschaften. Diesen Zwischen-Status erklärt wiederum Diotima dem Sokrates am Beispiel von Weisheit und Torheit:

> Oder hast du nicht bemerkt, daß es etwas in der Mitte zwischen Weisheit und Torheit gibt? - Was wäre das? - Wenn man das Richtige trifft mit seinen Ansichten, auch ohne daß man den Grund angeben kann, weißt du nicht, daß das weder Wissen ist - denn wie könnte etwas, was der Gründe entbehrt, Erkenntnis sein? - noch auch Torheit, denn wie wäre das, was das Richtige trifft, Unverstand? Also ist offenbar die richtige Vorstellung so etwas zwischen Einsicht und Unverstand. (Platon 1958, 70)

Mit diesem Zwischen-Status fällt dem Eros als Dämon die Funktion des Vermittlers zwischen verschiedenen Qualitäten zu. Als Dämon ist er nicht ganz Mensch und nicht ganz Gott, sondern er hat von beidem etwas und ist doch keines von beiden. So kommt ihm die Vermittlerfunktion zwischen Mensch und Gott oder Göttlichem zu oder, wie Platon es ausdrückt:»In der Mitte zwischen beiden stehend ist der Eros also die Ergänzung, so daß das All in sich verbunden ist.« (Platon 1958, 72)

Rollo May sieht in dieser Auffassung der Antike, Eros als Dämon zu sehen, den symbolischen Ausdruck einer grundlegenden Wahrheit menschlichen Erlebens,»nämlich daß Eros uns immer antreibt, uns selbst zu transzendieren.« (May 1988, 74) Eros wurde also einst in der Funktion gesehen,»das verbindende Element *par excellence*« zu sein,»die Brücke zwischen Sein und Werden« (ebd., 78). Darin ist sowohl das bereits angesprochene schöpferische Element enthalten als auch die Aussicht, eine Verbindung zwischen Getrenntem bis hin zur Transzendenz von Widersprüchen und Polaritäten zu ermöglichen.

Das Schöpferische wird im Rahmen des Konzepts dialogischer Beratung an verschiedenen Stellen immer wieder auftauchen. Es spielt beispielsweise eine wesentliche Rolle bei der Beschreibung dessen, was ein personales Selbstverständnis ausmacht; um seine Einzigartigkeit zu entdecken und zu seiner Aufgabe im Leben zu finden, braucht es das Schöpferische im Geist und in der Seele, die Sehnsucht nach Erfüllung. Auch die Idee der Transzendierung von Widersprüchlichem bzw. von Polaritäten wird unter anderem im vierten Kapitel wieder aufgegriffen, in dem es auch um erkenntnistheoretische Fragen geht. Diese Idee der Transzendierung von Polaritäten ist deshalb von zentraler Bedeutung für den dialogischen Ansatz, weil sie sowohl ein genaueres Verständnis dessen ermöglicht, was Bestätigung und Begegnung heißen kann (und was nicht!), als auch den notwendigen Hintergrund für das Erleben und Aushalten eigener Lernprozesse liefert. Denn in diesen Lernprozessen werden alle direkt am Prozeß Beteiligten innerpsychisch und interpersonal immer wieder mit dem Abgetrennt-Sein, der Dualität und der Unvereinbarkeit des Einerseits/Andererseits konfrontiert.

Wenn wir also dem althergebrachten Verständnis von Eros folgen, ist damit keineswegs nur der Trieb zur sexuellen Vereinigung gemeint. Im Gegensatz zum Sex, der uns von hinten schiebt, ist es vielmehr das »Wesen des Eros, daß er uns von vorne anzieht«, er steht also für unsere Sehnsüchte (May 1988, 72):

> Eros ist der Trieb zur Vereinigung mit dem, wo wir hingehören, Vereinigung mit unseren eigenen Möglichkeiten, Vereinigung mit signifikanten anderen Menschen in unserer Welt, in Beziehung zu denen wir unsere eigene Selbsterfüllung entdecken. Eros ist das Sehnen im Menschen, das ihn veranlaßt, sich dem Streben nach aréte dem edlen und guten Leben, zu widmen. (May 1988, 73)

Eros ist also auch die Sehnsucht nach einer vollständigeren Beziehung, nach optimaler Verwirklichung unserer Möglichkeiten, nach dem Guten und Schönen, die Sehnsucht nach Erkenntnis und Weisheit und auch das Bedürfnis, der Vielfalt und der Komplexität des sich ständig Wandelnden Ordnung und Form zu verleihen.

Allerdings haben wir heute leider kaum noch Zugang zu dieser erotischen Kraft, zumindest manifestiert sie sich selten in konstruktiver Weise. Eros ist vom »Schöpfer« und »Vermittler« zum »banalen Playboy« verkommen, reduziert auf bloßen Sex (May 1988, 93). May wirft die Frage auf, warum wir uns inzwischen dieser umfassenden Macht des Eros verschlossen haben und findet eine Antwort in der widersprüchlichen und uneindeutigen Identität des Eros. Wenn wir uns dem Eros in uns stellten, wären wir mit einem Dämon in uns konfrontiert, also mit dem Engel, aber gleichzeitig auch mit dem Teufel in uns. Und mit letzerem wollen wir als aufgeklärte, zivilisierte und ethisch entwickelte Wesen nichts zu tun haben. Die Folge davon ist, daß wir Eros kastriert haben, wie May es drastisch formuliert. Indem wir Eros auf Sex reduzieren, haben wir seine dämonische Macht auf einen winzigen - vergleichsweise ungefährlichen - Bereich beschränkt. Vielleicht geschieht dies in der naiven Hoffnung, auf diese Weise Schutz vor dem Dämonischen in uns zu finden. Aber das Gegenteil des Dämonischen, das wir durch diese Verleugnung bekommen, ist eben nicht, wie wir hofften, »rationale Sicherheit und stilles Glück, sondern die 'Rückkehr zum Unbelebten' - in Freuds Begriffen der Todestrieb. Der Antidämon ist die Apathie.« (May 1988, 119). Und damit wäre ein Zustand erreicht, der ein Lernen im Sinne von Persönlichkeitsentwicklung ausschließt. Denn ein solches Lernen benötigt die dämonische Energie, die sowohl schöpferisch als auch zerstörerisch ist und in dieser Polarität eine Einheit bildet.

An anderer Stelle haben wir die Dynamik des Wandels im Rahmen transformativer Lernprozesse beschrieben (Fuhr/Gremmler-Fuhr 1988, 145 f.). Das Spektrum der Dynamik reicht danach vom Pol »Erhalten« (des Überlieferten, Bewährten und Gewohnten) bis hin zum Pol »Zerstören«. Eine an den antiken Mythen orientierte Vorstellung von Eros kann als Metapher für die Dynamik von Wandlungsprozessen dienen, da auch Eros einen erhaltenden und einen zerstörenden Aspekt hat.

Mit dem Aufzeigen eines Spektrums, innerhalb dessen sich Wandlungsprozesse bewegen können, ist schon ein Pendeln zwischen den Polen angedeutet, wobei es nicht um Zerstören oder Erhalten geht, sondern um ein Sowohl-als-Auch in einer Einheit. So können wir uns jetzt mit Hilfe des platonischen Verständnisses von Eros als einem Dämon eine lebendigere Vorstellung von diesem Bewußtseinsprozeß machen.

Bei näherer Betrachtung von Eros als Symbolisierung wesentlicher Eigenschaften, Bedingungen und Prinzipien für ein Lernen im Sinne von Persönlichkeitsentwicklung bekommen wir noch weitere Hinweise für das, was sich später in ein Konzept dialogischer Beratung einbringen läßt.

Dazu ist es notwendig, den dämonischen Charakter von Eros noch etwas weiter aufzuschlüsseln. May sagt in *Liebe und Wille,* daß Eros die Triebkraft sei, die Zivilisationen erschaffe, und weiter, daß die erotischen Impulse einer Disziplinierung unterworfen werden könnten und sollten (May 1988, 95). Ich erwähnte bereits, daß unsere Tendenz, die Einheit der erotischen Qualitäten in gute und schlechte aufzuteilen, zur Folge hat, daß wir uns ihrer ursprünglichen und eigentlichen Triebkraft berauben. Statt der Verleugnung und Verdrängung der beängstigenden Teile schlägt May eine Disziplinierung vor. Diese »liefert uns Formen, in denen wir uns entfalten können und die uns vor unerträglicher Angst bewahren.« (May 1988, 95) In gewisser Weise liegt das Dämonische nach May sogar jenseits von Gut und Böse, da es sich auf die Macht der Natur bezieht und »seine Quelle ... dort [liegt], wo das Selbst in natürlichen Kräften wurzelt, die über das Selbst hinausgehen und die wir als Zugriff des Schicksals auf uns empfinden.« (ebd., 121)

Das Selbst ist also nicht der Boden, aus dem sich das Dämonische erhebt, sondern es entstammt dem »Seinsgrund« (ebd.). Dadurch erklärt sich auch die »Vermittlerfunktion« des Dämons Eros, über dessen Eigenschaften wir zur Kreativität gelangen und über den es uns möglich ist, eine Verbindung und einen Zugang zur Natur und Ganzheit herzustellen. Als (selbst-)bewußte Wesen sind wir zwar herausgefallen aus der All-Einheit, doch können wir immer wieder einmal Zugang zur Ganzheit erreichen: Wenn wir träumen, in Momenten der vollkommenen Hingabe an einen anderen Menschen oder eine Sache, in Momenten des Eintauchens in die Betrachtung eines Bildes, dem Lauschen einer Sinfonie oder auch in Momenten des eigenen alltagskünstlerischen, handwerklichen Selbstausdrucks bis hin zum Verrichten alltäglicher Routinearbeiten in einer Haltung loslassender Aufmerksamkeit, wie sie im Zen praktiziert wird. Am auffälligsten ist das Dämonische noch in der Kunst und bei Künstlern wiederzufinden, denn Kunst lebt sehr stark vom Dämonischen und kann sogar »als eigene Methode definiert werden, um mit den Tiefen des Dämonischen umzugehen.« (May 1988, 125) Doch gerade an Künstlern offenbart sich nicht selten die Gratwanderung zwischen Genie und Wahnsinn. Wenn May das Dämonische definiert als »jede natürliche Funktion, die die Macht hat, von der ganzen Person Besitz zu ergreifen« (ebd., 119) bzw. als den »Drang jedes Lebewesens, sich selbst zu behaupten und durchzusetzen, sich zu verewigen und zu vermehren« (ebd., 120), wir jedoch die konstruktive Seite des Eros nicht nutzen können, wenn wir uns nicht auch seiner zerstörerische Seite stellen wollen, wird deutlich, daß das Dämonische gesteuert bzw. kanalisiert werden muß. Wo uns das Bewußtsein (unserer selbst) aus dem Paradies der All-Einheit geworfen hat, wird es an dieser Stelle zu unserem Helfer. Denn das Dämonische kippt um ins Zerstörerische, wenn sich das Selbst ihm machtlos ausgeliefert fühlt, wenn das Dämonische das Selbst vollkommen beherrscht, das Selbst also von dem Dämonischen »besessen« ist. Dann gibt es keine Integrationsmöglichkeit gegenüber dem Dämonischen mehr, keine persönliche Instanz, die gegenüber sich selbst und der Umwelt entscheidet und Verantwortung für das Dämonische in sich übernehmen kann. Das Dämonische ist dann »unpersönlich« insofern, als es wie ein Drang ist, der uns zu blinder Selbstbehauptung treibt und dem wir uns völlig ausgeliefert fühlen (vgl. May 1988, 122). Das Dämonische wird also nicht bereits dadurch für uns zu einem Problem, daß es eine Macht der Natur darstellt, sondern dadurch, daß wir unser Selbst als eine Instanz mit Bewußtsein und Identität gewissermaßen aufgeben, so daß keine Integration möglich ist (denn dann gibt es letztlich keinen Ort für eine solche Integration).

Wenn das Dämonische dagegen integriert werden kann, dann wird es »persönlich« (ebd., 123). Das unpersönliche Dämonische persönlich zu machen heißt, sich gegen die Tendenz des Dämonischen, einen in die Anonymität zu treiben bzw. vom Selbst Besitz zu ergreifen, stellen zu können und somit zu mehr Individualität, Entscheidungsfreiheit zu kommen und zu einer integrierteren Persönlichkeit zu werden (ebd., 123, 159). Wenn diese Integration gelingt, dann kann das Dämonische als der Drang wirken, sich zu behaupten, Lust in Form von Sex zu empfinden, kreativ, formend und von Einfluß und interessiert am anderen zu sein. »Das Dämonische ist die elementare Kraft, durch die man vor dem Schrecken gerettet wird, einerseits nicht man selbst zu sein und andererseits, sich beziehungslos zu fühlen und keinen vitalen Drang zum anderen hin zu verspüren.« (ebd., 143) Hat das Dämonische dagegen vollkommen von uns Besitz ergriffen, dann kann die Konsequenz daraus sowohl in der Zerstörung der Einheit des Selbst als auch in der Zerstörung der Beziehung bestehen.

In einer angemessenen Form ist das Dämonische also auch eine wichtige Triebfeder für unser Beziehungsnetz. Das Interesse am anderen, ihm zu begegnen und Erfahrungen zu teilen, scheint tief in uns verwurzelt zu sein. Wir brauchen diesen »vitalen Drang« um uns in unserer Existenz zu bestätigen. Wir müssen uns immer wieder an und mit anderen vergewissern, daß wir noch da sind, daß wir noch zählen: wir brauchen Resonanz. Eine der gelungensten Formen von Resonanz ist der *Dialog*. Im Zusammenhang mit dem Dämonischen erwähnt May den Dialog bzw. den Wunsch zum Dialog als das »wichtigste Kriterium, das das Dämonische vor der Anarchie bewahrt« (May 1988, 152). Und im Zusammenhang mit Eros weist Sam Keen in seinem Buch *Die Lust an der Liebe* darauf hin, daß der Dialog von Sokrates als ein Instrument des Eros entdeckt worden ist (Keen 1984, 145).

Von Keen erfahren wir auch, welche Konsequenzen die Macht des Eros auf unsere Persönlichkeitsentwicklung im engeren Sinne hat. Von diesen Konsequenzen will ich in diesem Zusammenhang besonders die Überlegung Keens anführen, daß Eros uns zu »Gesetzlosen« macht (vgl. Keen 1984,.144 ff.). Mit gesetzlos meint Keen, daß sich das menschliche Bewußtsein, wenn es durch Eros angetrieben ist, ständig zu Größerem, Nie-Dagewesenen aufschwingen will und sich dabei notwendigerweise vom allgmein Üblichen losreißen und entfernen muß. Derjenige, der sich in dieser Weise durch den Eros leiten läßt, kommt nach Keen unweigerlich an den Punkt, wo er sich dafür entscheiden kann, »ein Individuum zu werden« bzw. - wie ich es später in Anlehnung an Theodore Roszak nennen werde - *eine Person* zu werden.

Einerseits ist dies ein Weg in die Einsamkeit, denn jeder muß seinen eigenen Weg hin zu einer personaleren Identität selbst finden und gehen. Andererseits stehen wir immer auch in Beziehung zu anderen Menschen und unserer Umgebung überhaupt, auf die wir einwirken und die auf uns einwirkt. Und schließlich kann es keinen Dialog geben, wenn es nicht wenigstens zwei Personen sind, die ihn führen, jede in ihrer Einzigartigkeit.

Im nächsten Kapitel werde ich an dieser Stelle anknüpfen und genauer zu umreißen versuchen, was Person und personale Identität für uns heißt, denn dahinter verbirgt sich ein Selbstverständnis, das für dialogische Beratung wesentlich ist.

Zuvor möchte ich jedoch noch einige Überlegungen im Zusammenhang mit Eros anfügen, die auf der psychologischen Ebene bedeutsam sind.

Sorge/(Care)

Nachdem ich dem vitalen Drang des Eros im Menschen bisher vor allem auf der physiologischen Ebene nachgegangen bin, wo er sich im leidenschaftlichen Begehren von Menschen und Dingen äußert, komme ich nun zu der notwendigen Ergänzung auf der psychologischen Ebene. Die seelische Entsprechung zu dem leidenschaftlichen Aspekt ist Sorge (May 1988, 287).

Sie gehört ursprünglich und unabdingbar zum Menschen, ja sie macht nach Heidegger den Menschen als Menschen aus (ebd., 287).

Aber was ist eigentlich Sorge? May definiert sie als einen Zustand, der dem der Gleichgültigkeit entgegengesetzt ist: wo man sich also für jemanden oder etwas interessiert und einsetzt oder wo einem jemand oder etwas wichtig ist. Damit ist Sorge in jedem Fall das Gegenstück zur Apathie (ebd., 289). Sie kann ihren Ausdruck finden als ein Sich-Sorgen-Machen um sich selbst und andere und erhält dann einen bedrückenden Beiklang. In Goethes Faust wird gegen Ende beschrieben, wie sich lediglich die Sorge als eine der vier grauen Weiber noch Zugang zu Faust verschaffen kann. Ebenso wie die anderen weiblichen Gestalten, die Mangel, Schuld und Not verkörpern, haftet der Sorge hier eine einengende, am Leben zehrende Qualität an:

> Sorge: Würde mich kein Ohr vernehmen,
> Müßt' es doch im Herzen dröhnen;
> In verwandelter Gestalt
> Üb' ich grimmige Gewalt.
> Auf den Pfaden, auf der Welle,
> Ewig ängstlicher Geselle,
> Stets gefunden, nie gesucht,
> So geschmeichelt wie verflucht. -
> Hast du die Sorge nie gekannt?
>
> (Goethe 1985, 11424-11432)

Auf diese letzte Frage konnte Faust solange mit »Nein« antworten, wie er sich ganz der Magie des Mephistopheles anvertraut hatte. Doch gerade jetzt, gegen Ende seines Lebens, widerruft er diese Entscheidung und wünscht, er könne sich der Natur allein, ohne Hilfe der Magie des Mephistopheles, stellen:

> Faust: Stünd' ich, Natur, vor dir ein Mann allein,
> Da wär's der Mühe wert, ein Mensch zu sein.
>
> (ebd., 11406-11407)

Und das würde, wie ihm die Sorge unmißverständlich klarmacht, die Auseinandersetzung mit ihr zur Folge haben. Solange Mephistopheles für Faust sorgte, war dieser aller Sorgen - der äußeren wie auch der inneren, existentiellen - enthoben. Alles war ihm möglich, selbst das Unglaublichste, und die Frage der eigenen Sterblichkeit beispielsweise tauchte nicht auf. Denn Sterblichkeit oder Endlichkeit treten erst im Zusammenhang mit Sorge auf, dann also, wenn echtes Interesse und Wille an die Stelle von Gleichgültigkeit treten (May 1988, 288).

Wenn Faust sich nun also ohne die magische Unterstützung des Mephistopheles der Natur allein stellen will, so bedeutet dies, mit der Sorge konfrontiert zu werden. Er weigert sich zwar, deren Macht anzuerkennen, wird dafür jedoch von der Sorge mit Blindheit gestraft.

Obwohl sie sich »mit Verwünschung« (11496) von ihm wendet, kann ich in dem Erblinden Fausts nicht ausschließlich eine Bestrafung sehen. Goethe läßt im weiteren Verlauf den erblindeten Faust Befehle an seine Knechte erteilen, damit sie mit der Errichtung eines Entwässerungskanals beginnen. Das daraufhin einsetzende Treiben unter dem Aufseher Mephistopheles hält Faust nun irrtümlicherweise für die Ausführung seiner Anordnung. Statt dessen läßt Mephistopheles die Knechte jedoch Fausts Grab schaufeln, wovon dieser aufgrund seiner Erblindung allerdings nichts bemerkt.

Fausts Erblindung ist ein Schlag gegen seine Stärke und Größe. Indem die Sorge ihn dadurch, daß sie ihn erblinden läßt, des Anblicks enthebt, die Vorbereitung seines eigenen Grabes mit anzusehen, schiebt sie die Konfrontation mit dem eigenen Tod weiter auf: Für den nach den letzten Dingen strebenden und begehrenden Faust einerseits ein schwerer Schlag, andererseits vielleicht auch ein Gnadenakt der Sorge, der ihrem gespaltenen Wesen entspricht: Nicht nur ein Sich-Sorgen-Machen, sondern auch ein Sorgen-Für und ein Sich-Kümmern.

Und gerade in dieser zweiten Qualität kommt der Sorge ein wichtiger Stellenwert bei der Arbeit mit Menschen zu. May beschreibt Sorge in diesem Zusammenhang als die Haltung, dem anderen (dem Klienten) etwas Gutes zu wünschen. Wo das fehlt, sei es schlecht bestellt um die Therapie und Beratung. Beide leben davon, daß der Therapeut oder Berater sich um den Klienten sorgt, auf ihn achtgibt, sich um ihn kümmert und im Rahmen seiner Möglichkeiten Anteil an seinem Leben nimmt (vgl. May 1988, 290).

Sorge und Autonomie

Vielen Problemen, mit denen sich Erwachsene in Therapie und Beratung auseinandersetzen, könnte die mangelnde Fähigkeit, auf sich selbst achtzugeben, zugrundeliegen. Es ist natürlich keine Lösung, diese Aufgabe an jemand anderen, einen Therapeuten, Berater, Freund oder Partner zu delegieren und ihm das mehr oder weniger zu entgelten. Andererseits gehört es zu meiner Mitverantwortung für den anderen (eigentlich in jeder Rolle), ihm meine Sorge um ihn zu zeigen, wenn ich den Eindruck habe, er tut sich und/oder anderen etwas an. Johnson spricht in seinem Buch *Der narzißtische Persönlichkeitsstil* bei einem solchen Verhalten von »Beeltern« und hebt besonders die Bedeutung hervor, die ein Beeltern für narzißtisch gestörte Klienten hat. Diese haben gewöhnlich Schwierigkeiten, sich selbst gegenüber eine sorgende Elternrolle einzunehmen. Wenn ihnen eine angemessene »Eltern-Haltung« entgegengebracht wird, so sind sie jedoch imstande, diese wahrzunehmen, worin der erste Schritt der Verinnerlichung einer Elternfunktion sich selbst gegenüber bestehen könnte (vgl. Johnson 1988, 129,166).

Wenn ich Interesse am anderen habe, wird es mir schwerfallen, Zeuge dessen zu sein, wie er mit sich selbst und/oder anderen unachtsam umgeht. Ich muß mich so weit mit ihm identifizieren können, daß ich erahnen kann, wann seine Situation oder Befindlichkeit seelische oder körperliche Schmerzen verursacht. Das Empfinden von Sorge geht dabei ursprünglich aus der Erfahrung eigener natürlicher Schmerzen hervor (vgl. May 1988, 287). Ich darf mich aber nicht in der Identifikation verlieren bzw. nicht vergessen, daß es der andere ist, der in einer für mein Empfinden schmerzlichen Situation ist, nicht ich selbst. Auf die Identifikation folgt also immer wieder eine Disidentifikation. Während ich in der Identifikation erahne, wie es sich für den anderen anfühlen könnte, so zu leben, kann ich ihm erst aus der disidentifizierten Haltung heraus meine Sorge in reifer Form mitteilen. Mit dieser reifen Form meine ich eine Mischung aus wirklichem Besorgt-Sein um den anderen und gleichzeitigem Vertrauen in ihn, womit ich seine Autonomie achte. Wir reagieren häufig gereizt, wenn diese Balance zwischen Sorge und dem Respekt vor der Autonomie des anderen nicht beachtet wird. Vielleicht erinnern wir uns beispielsweise auch daran, daß wir elterliche Sorge zu oft als einengend, bevormundend und hinderlich empfunden haben. »Ich mache mir Sorgen, wenn du ...« ist dann gleichbedeutend mit »Mach das nicht!« Seine Sorge einem eigenverantwortlichen Menschen gegenüber in einer ausbalancierten und reifen Form zu äußern, hieße, beiden Seiten Ausdruck zu verleihen, z.B.: »Ich mache mir Sorgen und ich will nicht, daß du das machst, (weil mir etwas an dir liegt), aber ich bin mir bewußt, daß ich dich nicht hindern kann und achte deine Entscheidung!« Eine solche Äußerung drückt Interesse am anderen und Sorge um ihn aus, ohne daß damit seine Autonomie - und damit ein Aspekt seiner Würde - angegriffen bzw. verletzt wird. Das zu realisieren, fällt uns nicht leicht. Einerseits wohl, weil wir dabei dem anderen gegenüber eine Haltung einnehmen müssen, die uns in sich selbst widersprüchlich erscheint: »Ich will bzw. will nicht, daß Du ...« und »Du wirst tun, was Du für richtig hältst!« Das konfrontiert uns immer wieder mit der Entweder-Oder-Haltung, bei der wir meinen, uns für eine Seite der Medaille entscheiden zu müssen. Ganz abgesehen davon kann dies vom Klienten auch leicht als Double-bind verstanden werden. (Auf die Herausforderung, statt einer Entweder-Oder-Haltung zu einer Sowohl-Als-Auch-Haltung zu kommen, werde ich im vierten Kapitel noch ausführlich eingehen.)

Die Schwierigkeit, eine solche Haltung einzunehmen, die die Sorge um den anderen und die Achtung vor seiner Autonomie in sich vereint, hat jedoch noch einen weiteren Aspekt: Wir haben normalerweise wenig Zutrauen in die Fähigkeit des anderen, sich *richtig* zu entscheiden - zumindest verhalten wir uns so! Daß man Kinder überfordert, wenn man ihnen zu früh zu viel Entscheidungsfreiheit läßt, ist zwar plausibel, aber auch hier stellt sich grundsätzlich die Frage: Wo ist die Grenze dessen, was man ihnen zutrauen kann? Das Schwierige im Umgang mit Kindern ist dabei, daß sich diese Grenze ständig in Richtung zu mehr Autonomie hin verschiebt, daß es sich also um eine bewegliche Grenze handelt und wir uns dieser Bewegung anpassen müssen. Entsprechend sollten sich Erwachsene u.a. gerade dadurch auszeichnen, daß ihnen Eigenverantwortung zugetraut werden kann. Doch gerade an diesem Zutrauen mangelt es oft. Wenn wir dem anderen die Entscheidungsfreiheit mal lassen können, dann nicht selten, weil wir mit unseren gut gemeinten Hinweisen nicht angekommen sind und uns angesichts dieses Scheiterns sagen, daß es »mich ja auch nichts angeht« und es »seine Sache« sei. Meistens können wir dem anderen seine Entscheidungsfreiheit nur lassen, wenn wir uns von ihm abwenden und nichts mit dieser Sache mehr zu tun haben wollen. (In Wirklichkeit beschäftigt uns eine solche Sache oftmals noch lange, aber wir geben es ungern zu.)

Wir sind sehr erfinderisch darin, uns gute Gründe dafür einfallen zu lassen, warum wir besser wissen, was für den anderen gut ist, als er selbst. In alltäglichen Beziehungen verhalten wir uns oft in diesem Sinne und tragen auf die Weise dazu bei, das Grundmuster fast aller pädagogischen Beziehungen zu reproduzieren.

Es liegt in der Natur der Sache, daß ich als Berater es auch mit Menschen in Krisensituationen zu tun habe. Und sofort wird die Frage wieder relevant, wieviel Eigenverantwortung ich einem bestimmten Menschen in einer bestimmten Situation zutrauen kann. Am brisantesten vielleicht wird diese Frage im Zusammenhang mit akut selbstmordgefährdeten Menschen. Es gehört inzwischen fast zum psychologischen Alltagswissen, daß niemand einen fest zum Selbstmord entschlossenen Menschen davon abbringen kann, sich umzubringen. Aber gerade gegenüber einem selbstmordgefährdeten Menschen kann es von ausschlaggebender Bedeutung sein, ob es mir gelingt, mein Interesse an diesem Menschen, mein Mitgefühl und Verständnis für ihn und meine Sorge auszudrücken, aber ihn damit nicht zu umklammern, sondern ihn gleichzeitig loslassen zu können, indem ich ihm seine (letzte?) Freiheit lasse und ihn mein Vertrauen in seine Fähigkeit, die für ihn richtige Entscheidung zu treffen, spüren lasse.

Damit bewegt sich Sorge immer an der Grenze der Autonomie des anderen (ist sie überschritten, nehme ich dem anderen zu viel ab) und der eigenen (ich tue dann letztlich alles nur noch für andere und verliere dadurch meine Eigenständigkeit und persönliche Identität). Mit einer angemessenen Sorge bin ich kein Retter des anderen, sondern ein Gegenüber für den anderen, indem ich diesen als Person ernstnehme und mit ihm in einen Dialog zu treten versuche.

3. Kapitel

Personales Selbstverständnis

Personale Entwicklung

Dialogische Beratung ist erst einmal nicht auf eine spezifische Klientel oder eine bestimmte Symptomatik zugeschnitten wie beispielsweise Sucht- oder Partnerberatung. Aus solchen Anwendungsfeldern und zielgruppenorientierten Angeboten hat sich das Alltagsverständnis von Beratung zu einem hochdifferenzierten Dienstleistungsbereich entwickelt, bei dem man für jedes Problem bei den entsprechenden Experten nach einer Lösung suchen kann: für Ehe-, Schul-, Gewichts-, Alkohol-, Drogen-, Schwangerschaftsprobleme ebenso wie für Finanz-, Unternehmens- und Verbraucherfragen (vgl. Schönig/Brunner 1990, 15).

Das »Fachwissen« eines dialogischen Beraters läßt sich nicht in erster Linie von den erforderlichen Fachkenntnissen her bestimmen. Seine wichtigsten Kompetenzen liegen weniger im abrufbaren Know-how zu speziellen Problemfeldern bei bestimmten Klienten, als vielmehr im Bereich der Persönlichkeitsentwicklung.

In Anlehnung an die evolutions- und entwicklungstheoretischen Arbeiten von Ken Wilber[1] sprechen wir dabei vom *personalen Bereich*, der für dialogische Beratung hauptsächlich maßgebend ist (Wilber 1988). Wilber unterscheidet drei Bereiche: den präpersonalen, den personalen und den transpersonalen Bereich. Jedem dieser Bereiche ordnet er spezifische Entwicklungsherausforderungen und Pathologien zu:

Es mag befremdlich erscheinen, von Pathologien auszugehen, wenn es darum geht, die Grundlagen für ein Beratungskonzept zu formulieren. bei dem es primär um Persönlichkeitsentwicklung geht. Der Begriff Pathologie setzt eine Unterscheidung zwischen krankhaften und gesunden Reaktionen eines Menschen voraus, wie sie naturwissenschaftlich-medizinische Modelle in einer sehr problematischen Weise vornehmen. Wilber geht jedoch davon aus, daß Pathologien im gesamten Prozeß der Persönlichkeitsentwicklung - also auch im Erwachsenenalter - entstehen können. Außerdem habe ich beim Studium von Wilbers Arbeiten den Eindruck gewonnen, daß »Pathologien« gleichbedeutend mit »Entwicklungsproblemen« verstanden werden, ganz gleich, ob sie von einzelnen Personen oder Gruppen in einer bestimmten Situation als »krankhaft« eingeordnet werden oder nicht. Der Einfachheit halber verwende ich daher bei der Beschreibung der *personalen Bereiche* vorläufig den Begriff Pathologie in diesem allgemeinen Sinn von Entwicklungsschwierigkeiten oder -störungen.

Zu den Pathologien des ersten, des präpersonalen Bereichs zählen verschiedene Psychosen, narzißtische Störungen und Borderline-Persönlichkeitsstörungen sowie Borderline- und Psychoneurosen.

Wilber zufolge hat es den Anschein, daß viele Theoretiker, die sich um die Beschreibung von Pathologien bemühen, ihre Aufzählung bereits an dieser Stelle beenden. Für viele schwere Störungen wie Schizophrenie und Hysterie scheinen wesentliche Ursachen zwar ausschließlich in den frühen Stadien der Entwicklung zu liegen, jedoch kann es auch jenseits des präpersonalen Bereichs noch zu massiven Pathologien kommen.

So ordnet Wilber nun die Pathologie von Rollenselbst und kognitivem Skript, Identitätsneurose sowie existentielle Pathologie dem *personalen Bereich* zu.

Während die Pathologien des präpersonalen Bereichs primär in die Hände eines Therapeuten gehören, bieten sich die Pathologien des personalen Bereichs für dialogische Beratung an. Deshalb werde ich die personalen Pathologien - wie sie Wilber charakterisiert - im folgenden etwas genauer betrachten.

Da ist zunächst die Pathologie von Rollenselbst und kognitivem Skript. Die zu dieser Stufe gehörige Basisstruktur, also diejenige Bewußtseinsstruktur, die auf dieser Stufe der Persönlichkeitsentwicklung zum ersten Mal auftritt, bezeichnet Wilber als *Regel-/Rollen-Geist*. Mit diesem Regel-/Rollen-Geist gelingt es erstmals in der Entwicklung, eine Rolle nicht nur nachzuahmen, sondern sie wirklich zu übernehmen. An dieser Stelle geht es darum, seine eigene Rolle unter anderen zu finden, es geht um Anpassung und Zugehörigkeit sowie darum, die Regeln zu verstehen, denen das Rollenverhalten folgt. Und es geht natürlich auch um die Angst, die auftritt, wenn man das nicht schafft.

Die nächste Unterkategorie einer personalen Pathologie ist die *Identitätsneurose*. Nach dem Auftauchen des Regel-/Rollen-Geistes auf der vorherigen Stufe geht es nun darum, sich von diesem Regel-/Rollen-Geist wieder freizumachen und für eigene Gewissensprinzipien einzustehen. An diesem Punkt gelingt es dem Selbst zum ersten Mal, für sich eine Zukunft zu entwerfen. Die Möglichkeit, diese eigene Zukunft zu gestalten, tritt ins Bewußtsein mit allen neuen Zielen, den neuen Möglichkeiten, auch den neuen Ängsten und Wünschen. Die Identitätsneurose bezeichnet die typische Pathologie auf dieser Stufe, die dann auftritt, wenn es nicht gelingt, sich von dem vorhergehenden Regel-/Rollen-Geist freizumachen. Wilber betont an dieser Stelle, daß »philosophische Probleme« typisch für diese Entwicklungsstufe sind, und daher die Behandlung auf dieser Stufe auch auf eine »philosophische Erziehung« als einen integralen und legitimen Bestandteil zurückgreifen muß.

Die dritte Unterkategorie des personalen Bereichs ist die *existentielle Pathologie*. Zwar kann eine Pathologie für den Betreffenden auf jeder Stufe eine existentielle Qualität haben. Aber bei dieser Unterkategorie des personalen Bereichs ist eine *Entwicklungsphase* gemeint, in der existentielle Themen in den Vordergrund treten. Die Hauptbelange dieser existentiellen Basisstruktur sind: personale Autonomie, Integration, Authentizität und Selbstverwirklichung (Wilber 1988, 127). Damit sind Themen angesprochen wie der Sinn des Lebens oder die eigene Sterblichkeit und Endlichkeit.

In diesen Pathologien des personalen Bereichs sind jene Themen enthalten, auf die sich dialogische Beratung im wesentlichen bezieht. Da dieses Spektrum jedoch wie alle Modelle für Persönlichkeitsentwicklung nicht trennscharf ist, erwähne ich nicht nur der Vollständigkeit halber die transpersonalen Pathologien, sondern auch deshalb, weil der Zugang über die personale Ebene durchaus Ausflüge in den präpersonalen wie auch in den transpersonalen Bereich einschließt.

Die drei Hauptebenen der Entwicklung und die entsprechenden Pathologien des transpersonalen Bereichs sind:
- psychische Störungen: alle auf niedriger Ebene liegenden spirituellen Krisen und Pathologien;

- subtile Störungen: die Differenzierung-Trennung-Transzendenz der vorhergehenden geistig-psychischen Dimension sowie die Identifikation-Integration-Konsolidierung des subtil-archetypischen Selbst und seiner Objektbeziehungen;
- kausale Störungen: Differenzierung (im Kausalen) und schließlich Integration (im Fundamentalen) des Formlosen oder Unmanifestierten (Wilber 1988, 132).

Im allgemeinen werden im transpersonalen Bereich Erfahrungen bzw. Zustände erlebt, die von einem Bewußtseins- und Identitätsgefühl begleitet sind, das über die übliche Wahrnehmung von Persönlichkeit und Ich hinausgeht (Wilber 1988a, 10). Walsh zufolge erkennt Wilber neben einer Gruppe, die sich an inzwischen überholtem mystischen Wissen festklammert, eine zweite Gruppe, die weiterhin allein das Rationale verherrlicht; schließlich drittens eine Minderheit, die »echte transrationale Transformation« versucht, »nicht indem man die Rationalität ablehnt, sondern indem man sie annimmt und durch intensive agogisch-gnostische Praxis darüber hinausgeht.« (ebd., 14)

Der personale Bereich der Persönlichkeitsentwicklung, wie ihn Wilber nach Auswertung der wichtigsten westlichen und östlichen Entwicklungstheorien sieht, findet seine Entsprechung in einer historischen und soziologischen Entwicklung, die der amerikanische Sozialwissenschaftler Theodore Roszak in eindrucksvoller Weise aufzeigt.

Individuum, Kollektiv, Person

Was unsere Zeit braucht und verlangt, ist nicht geschicktes Beamtentum und Betriebsamkeit, sondern Persönlichkeit, Gewissen, Verantwortlichkeit. An Intellekt, an 'Talent' ist Überfluß.

Hermann Hesse

Es ist die Berufung jeder Person, einmalig zu werden.

Sam Keen

Zu Beginn des zweiten Kapitels äußerte ich im Zusammenhang mit den Begriffen *Sorge* und *Autonomie* die Vermutung, der Grund für viele Probleme von Erwachsenen und deren Unzufriedenheiten mit ihren Lebenssituationen könne sein, daß wir nicht gelernt haben, angemessen für uns zu sorgen und auf uns achtzugeben. In meiner Arbeit mit Klienten komme ich früher oder später fast immer auch zu diesem zentralen Punkt. Nicht selten stellt sich dann bei näherer Betrachtung heraus, daß es tief verwurzelte Normen, Regeln und Mythen sind, die uns verbieten, uns selbst wichtig zu nehmen. In unserer Kultur gilt dies als asozial, unmoralisch und unchristlich. Sich wichtig zu nehmen ist gleichbedeutend mit Egoismus und hat einen unmoralischen Beigeschmack.

Roszak entlarvt diese Bewertung in seinem personalistischen Manifest *Mensch und Erde auf dem Weg zur Einheit* (Roszak 1986) als eine folgenschwere Verwechslung oder mangelnde Differenzierung zwischen dem Individuum/Individuellen und der Person/dem Persönlichen oder Personalen. In seiner Sichtweise als Historiker kommt er zu dem Schluß, daß die Bedeutung der Persönlichkeit über die Jahrhunderte hinweg vom Individuum hergeleitet wurde. Extremer Individualismus zog als Gegenreaktion extrem kollektivistische Ideologien nach sich, auf die wieder Individualistisches folgte. Aus der bürgerlichen Tradition des Individualismus schließlich haben wir gelernt, »alle Sorge um das Selbst als 'selbstsüchtig' zu betrachten; und Selbstsucht, ob wir sie nun als Sünde oder kostbares Recht erachten, ist seit Generationen der einzige moralische Inhalt des Selbst-Bewußtseins.« (Roszak 1986, 106)

Wie Roszak weiter ausführt, hat diese Auffassung nichts mit dem gemein, was Persönlichkeit heißen kann. Die Auffassung hat jedoch zur Folge, daß wir unser Recht auf Selbstentdeckung nur individualistisch realisieren: wir vertreten mit allen Mitteln unsere Eigeninteressen, immer argwöhnisch auf der Hut davor, nicht benachteiligt zu werden. Ein Charakteristikum des Individuums ist daher seine starke Leistungs- und Konkurrenzorientierung: möglichst immer besser, größer, schöner, schneller zu sein und mehr haben zu wollen als andere. Nach diesen Leistungsnormen mißt der Individualist alle(s) um sich herum - Menschen und Umwelt -, und er unterwirft sich auch selbst diesen Ansprüchen. Das ist zwar auch ein Sich-Wichtig-Nehmen, jedoch in einer pervertierten Form, die mit Persönlichkeitsbildung nichts mehr zu tun hat. Denn der Individualist gerät durch seine Art, sich wichtig zu nehmen, nur immer tiefer in den Strudel, noch mehr haben und noch besser sein zu wollen als vorher und als alle anderen. Damit versucht er seinen stets vorhandenen, aber mehr oder weniger spürbaren Hunger nach Selbstaufwertung zu stillen, jedoch ohne langfristigen Erfolg. Ein Gefühl von innerem Wert kann er auf diese Weise nicht erlangen - je stärker er es versucht, desto mehr entfernt er sich davon und desto stärker ist seine Person in den engen Mauern des Ego gefangen.

Anstatt die Bedürfnisse des Ego noch weiter anzuregen und zu befriedigen, werden im Prozeß der Selbstentdeckung die Bedürfnisse der Person geweckt (ebd., 110). Als Person mache ich von meinem Recht auf Selbstentdeckung in einer Weise Gebrauch, die im Gegensatz zum Individuum nicht außenorientiert, sondern innenorientiert ist. Als Person definiere ich mich durch mein Sein, nicht wie der Individualist durch sein Haben, der bei der Bestimmung seines Selbstwertes zudem stark abhängig von der Außenwelt ist. Individualismus ist »antipersonal und antisozial und entfremdet uns ebenso sehr von uns selbst wie von anderen.« (ebd., 106)

Ein weiteres Merkmal, mit dessen Hilfe zwischen Individuum und Person unterschieden werden kann, ist der jeweilige Umgang mit Einsamkeit: Für die Person ist Einsamkeit eine vertraute Selbstverständlichkeit, in der sie sich dem stellt, was ihr bleibt, nachdem alle Ablenkungen und Masken für einen Augenblick weggefallen sind. In diesen Momenten stellt man sich als Person seinen existentiellen Themen, die immer auch die bei Yalom ausführlich dargestellten »letzten Dinge« wie existentielle Isolation, Sinnlosigkeit, Freiheit und - vielleicht als massivste Konfrontation - die Auseinandersetzung mit dem eigenen Tod streifen.

Einsamkeit und Introspektion spielen bei der Selbstentdeckung eine zentrale Rolle. Sie liefern den Rahmen für eine Konfrontation mit dem eigenen Kern und sie bieten den nötigen Rückhalt gegenüber dem Äußeren, so daß es möglich wird, nach innen zu schauen. Von außen betrachtet erscheint das oft als passiv, unverantwortlich und narzißtisch oder als Rückzug von dem, was »wirkliche Welt« genannt wird (vgl. ebd., 110). Andererseits sind Menschen, die sich dem Prozeß der Selbstentdeckung aussetzen, auf eigenartige Weise bewegt - nicht sehr spektakulär, aber sie sind außerordentlich beharrlich in Bewegung; nicht aktiv im aktionistischen Sinne, im schnellen Tun, Umsetzen, Verändern und Lösen (eben nach den Leistungs- und Konkurrenzansprüchen), sondern in einer Art *mittlerem Modus* (wie es in der Literatur zur Theorie der Gestalttherapie genannt wird, beispielsweise bei Portele 1989, 13) zwischen Machen und Geschehenlassen (vgl. Kappert 1990) oder dem Wu-wei (vgl. z.B. Watts 1985, 192).

Während also für die Person zum Prozeß der Selbstentdeckung Phasen des Rückzugs in die Einsamkeit dazugehören, um sich rückhaltlos dem Forschen nach innen zu stellen, sucht das Individuum niemals Einsamkeit. Diese ist für das Individuum vollkommen ohne Sinn und zudem fast nicht auszuhalten. Dagegen sucht das Individuum, dem es ja primär um Ruhm und Erfolg geht, viel eher die Isolation. In der inneren Isolation von den anderen findet das Ego den Schutz und Abstand, den es braucht, um ein Identitätsgefühl zu haben. Äußerlich betrachtet erscheint das Individuum allerdings meist alles andere als isoliert. Roszak umschreibt dieses ambivalente Verhältnis folgendermaßen: »Das Ego sucht nach Möglichkeiten, inmitten der feindseligen anderen zu sein und zugleich sicheren Abstand von ihnen zu haben wie ein wehrhafter Turm auf dem Schlachtfeld.« (Roszak 1986, 109) Das Individuum kann nicht allein sein, erträgt keine Einsamkeit, es kann aber auch nicht mit anderen sein. Das ist es, was in diesem Zusammenhang *Isolation* bedeutet.

Dem Prozeß der Selbstentdeckung als Person stehen viele Schwierigkeiten entgegen. Ich deutete schon an, daß die Auseinandersetzung mit sich selbst im allgemeinen negativ bewertet wird. Irgendwie macht es ein schlechtes Gewissen, weil sie mit kaltem Egoismus und Berechnung gleichgesetzt wird. Ich habe unter Bezugnahme auf Roszak aufzuzeigen versucht, daß der Prozeß der Selbstentdeckung nicht gleichbedeutend ist mit Egoismus, Narzißmus oder dergleichen. Aber der feine und doch so bedeutende Unterschied, ob man eine Identität als *Individuum* oder als *Person* sucht, wird meistens übersehen. Jegliche Auseinandersetzung mit sich selbst gilt als unpolitisch, unmoralisch und selbstsüchtig. Als Konsequenz auf diese Kritik erscheint dann das andere Extrem als Lösung: statt Individualismus nun Kollektivismus. Das Kollektiv erscheint im Extrem als die bewahrende Instanz »sozialer Pflichterfüllung« und »egalitärer Konformität«, das »Individuum als Hort von Eigeninteresse und Konkurrenzkampf.« (ebd., 104) Für das, was eintritt, wenn diese beiden Systeme aufeinandertreffen, ist die Bundesrepublik seit dem Zusammenbruch der DDR ein eindrucksvolles historisches Beispiel: das Aufeinandertreffen von unverstandenen und unversöhnlichen Welten.
Ich teile jedoch Roszaks Auffassung, wenn er sagt, daß wir eine Identität finden können, »die über dem mörderischen Zusammenprall von Individuum und Kollektiv steht.« (ebd., 105) Und diese Identitätsvorstellung, an der wir uns orientieren können, ist die einer Person.

Der Weg zu einer personalen Identität ist jedoch, wie ich schon mehrfach andeutete, nicht leicht zu gehen. Das vielleicht Anstößigste an einer personalistischen Haltung besteht darin, daß sie nicht auf Schuld und Gewissensbissen aufbaut, sondern von Unschuld, dem Recht auf Selbstentdeckung und personaler Einmaligkeit sowie einem angemessenen Selbstwertgefühl ausgeht (ebd., 92-102). Und damit wird nicht nur das überschritten, was unsere zweitausendjährige christliche Moraltheologie lehrt, sondern es sprengt auch den allgemein akzeptierten Rahmen der Psychologie: Während die Psychoanalyse sich auf eine Weise der Selbstentdeckung widmet, die der antipersonalistischen Kritik standhält, sind alle humanistisch-psychologischen Ansätze allein dadurch anstößig, daß sie davon ausgehen, der Mensch sei im Kern gut - also ohne Sünde, ohne Schuld. Die Psychoanalyse bleibt dagegen, wie Roszak darlegt, der christlichen Auffassung von einer Ur-Schuld des Menschen verhaftet, einer Schuld, die wir uns nicht aktiv zuschulden haben kommen lassen, sondern die wir von Natur aus haben. Was uns dann bleibt, ist »gallige Aufrichtigkeit und verbissene Resignation« angesichts dessen, wie sündig, wertlos, unliebenswert und verachtungswürdig wir sind« (ebd., 96,99).

> »Wir finden Geschmack an unseren Gewissensbissen, bis wir schließlich unsere ganze Identität aus ihnen ableiten und uns nur noch das Eingeständnis bleibt: 'Zumindest weiche ich der elenden Vergeudung meines Lebens nicht aus und suche nicht nach Ausreden für den Schlamassel, in den ich mich selbst gebracht habe.' (...) Dieses Gefühl besudelter Kreatürlichkeit ist von einem verblaßten religiösen Erbe noch geblieben, nur fehlt jetzt jede Spur von Gnade, die es mildern könnte. Schließlich enden wir in dem Glauben, daß Sünde die Wirklichkeit des Selbst ist, und an die Scham, die aus dem Glauben hervorgeht, können wir noch die Hoffnung auf moralisches Handeln knüpfen.« (Roszak 1986, 99)

Natürlich sind *auch* Normen für eine angemessene Form der Selbstentdeckung notwendig. Aber muß es sich dabei um Normen handeln, die von außen gesetzt werden? Oder anders gefragt: Sind wir im Kern so antisozial und verantwortungslos, daß unser personaler Wille automatisch gegen alles andere bzw. alle anderen gerichtet ist? Das hieße letztlich, daß es keine personale Identität geben kann und daher eine Beschäftigung mit sich selbst zwangsläufig zu Individualismus und Konkurrenz führen muß. Roszak und den Vertretern humanistisch-psychologischer Konzepte zufolge könne wir jedoch davon ausgehen, daß es einen optimalen Punkt gibt, an dem die Selbstentdeckung im Einklang mit der Umwelt ist. Denn das Recht auf Selbstentdeckung beinhaltet, daß dies jedem Menschen zuzugestehen ist, und schon dadurch sind einer personalen Entfaltung auf Kosten anderer natürliche Grenzen gesetzt. Das heißt, eine Selbstentfaltung, die auf Kosten anderer geht, widerspricht einer personalen Grundhaltung. Die Reife einer personalen Grundhaltung zeigt sich demzufolge gerade in der Beziehung zu anderen Menschen.

Die Entdeckung der Person

Bevor ich inhaltlich auf die personalistische Orientierung eingehe, will ich unter Bezugnahme auf Roszaks ausführliche Darstellung kurz die Tradition umreißen, in der das personalistische Gedankengut steht.

Der Personalismus ist im Deutschen Universalwörterbuch u.a. definiert als eine »Richtung der modernen Philosophie, die den Menschen als eine in ständigen Erkenntnisprozessen stehende, handelnde, wertende, von der Umwelt beeinflußte und ihre Umwelt selbst beeinflussende Person sieht« und als eine »Richtung der Psychologie, die die erlebende und erlebnisfähige Person und deren Beziehung zu ihrer Umwelt in den Mittelpunkt ihrer Forschung stellt.« (Duden 1989) - Roszak verweist auf eine exotische und illustre Ahnenreihe, die ihn in seiner personalen Grundhaltung »mit jenem mystischen Anarchismus« eines Tolstoi und Buber, Whitman und Thoreau, Peter Maurin und Dorothy Day, Gustav Landauer und Paul Goodman verbinde (Roszak 1986, 118). All diesen ist eine jeweils eigen-sinnige Mischung aus Politik, Religiosität, Transzendenz und Kreativität eigen, die zugleich anarchistisch und mystisch ist. Was sie alle miteinander verbindet, ist nicht irgendeine Ideologie (und schon gar nicht dieselbe), sondern eine gemeinsame.

»Sensibilität für das Heilige, das Organische, das Personale. (...) Im Mittelpunkt der Natur: die menschliche Persönlichkeit mit ihrem einzigartigen Vorhaben der Selbsttranszendenz; im Mittelpunkt der Persönlichkeit: das Göttliche in uns allen.« (Roszak 1986, 119)

Im Bereich der Pädagogik lassen sich ebenfalls Wurzeln einer personalistischen Erziehung finden (vgl. Roszak, 178 ff.). Da sind zum einen die »freiheitlichen Pädagogen« wie Rousseau, Pestalozzi, Tolstoi, Dewey, Montessori, Neill, Goodman, Freire, Illich, die sich sehr kritisch mit der

Frage nach dem Recht zur Erziehung auseinandersetzen bzw. dieses Recht in Frage stellen. Neben dieser stark politisch engagierten Richtung ist in jüngerer Zeit aus dem zunehmenden Interesse an psychologischer und spiritueller Auseinandersetzung ein pädagogischer Stil entstanden, deren Vertreter Roszak als »affektive Erzieher« bezeichnet (ebd., 180). Die Väter und Mütter dieses pädagogischen Stils sind u.a. Wilhelm Reich (Bioenergetik), Abraham Maslow (Humanistische Psychologie), Fritz und Laura Perls (Gestalt-Therapie), Ida Rolf (Rolfing) und Moshe Feldenkrais.

Während den freiheitlichen Erziehern eher ein politisches Engagement gemein ist, verbindet die affektiven Erzieher ein gemeinsames Interesse an Persönlichkeitsentwicklung durch psychotherapeutische, psychophysische, künstlerische und spirituelle Wege.

Das personalistische Erziehungsideal wäre eine Integration aus freiheitlicher und affektiver Orientierung: Denn des einen Schwäche ist des anderen Stärke, und so sind beide unzulänglich ohne die andere Seite. Während also die freiheitlichen Pädagogen das Hauptübel in den Bedingungen sehen, die radikal geändert werden müßten, bevor sich der einzelne entfalten könne, vernachlässigen die affektiven Pädagogen die Rahmenbedingungen und laufen Gefahr, den einzelnen Menschen isoliert zu betrachten und gänzlich unpolitisch zu denken und zu handeln.

Ein spezifisch personales Element kommt allerdings in beiden Erziehungsstilen vor: das Recht des einzelnen, seine einzigartige Berufung zu entdecken (Roszak 1986, 185).

Bereits in der Unterscheidung von Individuum und Person klang eine positive Konnotation des Wortes Person an. In dem hier verwendeten Sinn hat Person nichts mit dem Gebrauch des Begriffes *personare* beispielsweise im Jungschen Sinne als *Tönen durch eine Maske* zu tun. Jung versteht unter *Persona* ein von der Rollenübernahme in der Gesellschaft auf diese Rollenidentität zusammengeschrumpftes Selbst, das gewissermaßen ständig hinter einer Maske verborgen ist. Wir gehen im Rahmen des dialogischen Ansatzes dagegen von einer Bedeutung des Wortes *Persona* aus, die nicht das »Tönen durch eine Maske«, sondern das *Tönen durch eine Maske hindurch* meint. Trotz der Masken, mit denen wir unsere Rollen in der Gesellschaft spielen, meinen wir, kann etwas von unserer Persönlichkeit durch die Maske hindurchscheinen oder in der Maske selbst zum Ausdruck kommen. Persona in diesem Sinne steht eher für den persönlichen und einzigartigen Kern eines Menschen; jedenfalls nicht für eine übernommene, von außen aufgesetzte Identität, die als Maske vor dem wahren Gesicht getragen wird.

Im Verlauf dieses Kapitels gab es bereits die eine oder andere Andeutung zu den inhaltlichen Aspekten einer personalistischen Orientierung. Da war beispielsweise immer wieder die Rede von einem Recht auf Selbstentdekkung, von Einzigartigkeit und Eigensinnigkeit, es fielen Worte wie mystisch, anarchistisch, politisch, religiös, transzendent, und es gab Andeutungen, daß es ein mitunter unbequemer, beschwerlicher Weg sei, den man begehe, zu dem auch Einsamkeit und andere existentielle Konfrontationen ganz natürlich dazugehören.

Das *Recht auf Selbstentdeckung*, wie Roszak es in seinem personalistischen Manifest nennt und propagiert, schließt viele der gerade aufgezählten Charakteristika als Aspekte oder Konsequenzen ein. Es ergibt beispielsweise wenig Sinn, ein solches Recht auf Selbstentdeckung in Anspruch zu nehmen und anderen zugestehen zu wollen, wenn dahinter nicht eine bestimmte personalistische Grundüberzeugung steht: die Überzeugung, daß jeder Mensch sein ganz spezielles Zusammenspiel nicht nur genetischer Merkmale und Gegebenheiten, sondern auch einer einzigartigen Lebensgeschichte mit all den damit verbundenen Erfahrungen, Erinnerungen, Gefühlen, Ideen, Gedanken, Träumen aufweist. Beides zusammen ergibt eben dann diese, diesem Menschen einzige Kombination von Potentialen, Begabungen und Kompetenzen. *Einzig(artig)* nicht unbedingt im Sinne von *großartig*, sondern als Ausdruck eines einzigen dieser Art, von dem es kein identisches Duplikat gibt. In diesem ursprünglichen Sinn ist jeder Mensch einzigartig. Diese persönliche Einzigartigkeit bei sich zu entdecken, bei anderen zu respektieren oder gar zu fördern, heißt, das Recht auf Selbstentdeckung wahrzunehmen.

Auch in seiner unverfälschten Form bleibt der personalistische Ansatz mit seinem Recht auf Selbstentdeckung (das nicht neu ist, sondern beispielsweise bereits von den Vertretern sowohl des freiheitlichen als auch des affektiven Erziehungsstils vehement gefordert wurde) ein Stein des Anstoßes. Zu sehr haben wir den moralischen Imperativ »Wo-kämen-wir-denn-da-hin-wenn-das-jeder-täte« verinnerlicht und als Waffe gegen unsere Entfaltungstendenzen eingesetzt. Als ob Entfaltung nur auf Kosten anderer geschehen könnte. Daß man im Überschwang eines persönlichen Entfaltungswunsches Gefahr laufen kann, die Grenzen anderer zu überschreiten, muß nicht zur Konsequenz haben, daß man sein Bedürfnis nach Selbstausdruck völlig aufgibt. Die menschliche und für das Angebot an freiwerdenden Potentialen günstigere Konsequenz hieße vielmehr zu lernen, die Selbsterkenntnis und den jeweiligen Selbstausdruck seiner Einzigartigkeit in den Austausch mit anderen einzubringen.

Selbstausdruck

Das, was wir im Prozeß der Selbstentdeckung finden, wollen wir auch ausdrücken. Alexander Lowen, Arzt, Psychotherapeut und Schüler Wilhelm Reichs hat der Frage nach der Bedeutung des Selbstausdrucks einen hohen Stellenwert beigemessen (vgl. Lowen 1979, 112-138). Das Bedürfnis nach Selbstausdruck ist Lowen zufolge als eine Konsequenz der zunehmenden Vielseitigkeit und höheren Organisation von Strukturen in der Evolution entstanden, die das Empfinden für Individualität (im Sinne von persönlicher Einzigartigkeit oder Besonderheit) ansteigen ließ und dieser eben auch Ausdruck verleihen wollte. Wo dieses Bedürfnis durch äußere Bedingungen frustriert wird, sind selbstzerstörerische Neigungen das Ergebnis. Lowen spricht dabei von *neurotischen Formen des Selbstausdrucks*, die als Erfolgsstreben und als Machtgelüste in Erscheinung treten. Was Lowen hier als neurotische Formen des Selbstausdrucks bezeichnet, grenzte Roszak mit seiner Unterscheidung zwischen Individualismus und Personalismus voneinander ab. Dabei entspricht Roszaks Auffassung von Individualismus im Prinzip dem, was bei Lowen neurotische Formen des Selbstausdrucks sind.

Nach einem Verweis auf eine Studie des Biologen Adolf Portmann, der ein Vertreter der Auffassung ist, daß der Stellenwert des Bedürfnisses nach Selbstausdruck (das auch Tiere haben!) nur geringfügig hinter dem Überlebensbedürfnis anzusiedeln ist, trifft Lowen schließlich eine interessante Unterscheidung zwischen

- Selbstausdruck auf körperlicher Ebene (befriedigt ein körperliches Bedürfnis nach schöpferischem Handeln) und
- Selbstausdruck auf der Ebene des Ichs (liefert Ich-Befriedigung, hauptsächlich in Form von Wissenserwerb und dem Beherrschen von Fähigkeiten; vgl. Lowen 1979, 114).

Beiden Formen ist gemeinsam, daß ihnen etwas Schöpferisches anhaftet und sie zu Lust und Befriedigung führen; es besteht also ein enger Zusammenhang zwischen Selbstausdruck, Kreativität und Lust.

Im Prinzip können bei der Realisierung eines jedes Vorhabens beide Elemente der Befriedigung gemeinsam auftreten: die körperliche Befriedigung durch die Lust am Tätigsein sowie Ich-Befriedigung durch das Bewußtsein, etwas geleistet zu haben. Wir betonen allerdings heutzutage häufig die Ebene des Ichs, was Lowens Meinung nach zu einer selbstgefälligen Haltung führen kann, die uns von unserer eigenen Natur abspaltet.

Man wird »Ich-befangen« oder »Ich-bezogen«, ein »Egotist«, der das Ich mit dem Selbst verwechselt und nur noch seinem Ich dient in dem Glauben, das sei für ihn als ganze Person gut (ebd., 114 f.).

Auch Lowen plädiert also für das Recht auf Selbstentdeckung und betont besonders den Aspekt des damit verbundenen Rechtes auf Selbstausdruck - und dies im vollen Bewußtsein dessen, daß es auch beim Selbstausdruck (wie überall) zu »neurotischen Formen« kommen kann. Anhand der starken Überbetonung der Ich-Befriedigungen gegenüber den Formen körperlicher Befriedigung verdeutlicht er die mangelnde Differenzierung zwischen dem, was bei Roszak Individuum und was Person genannt wird: Das Individuum im Sinne Roszaks ist »Ich-bezogen«. Damit trägt es weder für sich noch für seine Umwelt Sorge. Als Reaktion auf solche Ich-Bezogenheit kommt daher von außen die Forderung nach Ich-Aufgabe und Wir-Bezogenheit (was in Roszaks Terminologie dem Kollektivismus entspricht). Da jedoch zwischen Ich und Selbst nicht unterschieden wird, ist mit der Forderung nach Ich-Aufgabe auch jeglicher Selbstausdruck nicht erlaubt. Gesunder Selbstausdruck braucht Selbst-Bezogenheit im personalistischen Sinn: bei dem, was ich an meine Umwelt abgebe (also wie ich mich ausdrücke), muß ich auf mein Selbst bezogen sein. Diese Form von Selbst-Bezogenheit wird jedoch in unseren Bildungsinstitutionen kaum gefördert (vgl. Rumpf 1987).

In der Überbetonung der Ich-Befriedigung liegt laut Lowen eine der Ursachen für neurotische Formen des Selbstausdrucks. Eine Möglichkeit, daran etwas zu ändern, sieht er in einer stärkeren Betonung der körperlichen Befriedigung. Seiner Meinung nach ist es dem Selbst nicht zuträglich, das Ich über die Maßen zu betonen, wohingegen ein Verstärken des körperlichen Selbst das Fundament bzw. die gesamte Persönlichkeitsstruktur verbessern würde. Denn im Gegensatz zur Ich-Befriedigung kann eine Betonung des körperlichen Bedürfnisses nach schöpferischem Handeln kaum derartig negative Konsequenzen nach sich ziehen; vielmehr unterstützt schöpferisches Handeln und Selbstausdruck auf körperlicher Ebene die Entwicklung eines Ich-Bewußtseins zu einem Selbst-Bewußtsein. Viele körperorientierte Therapieansätze versuchen in diesem Sinne, am Fundament unseres Seins anzusetzen. Andere Zugänge sind beispielsweise über die Grauzone zwischen Psychologie und Kunst möglich. So beeindruckt es mich immer wieder, welch ganzheitliche Lernprozesse beispielsweise durch Erfahrungen mit Tanztraining, Tanzimprovisation, Tanztheater und Körper-Wahrnehmungssensibilisierungen ausgelöst werden können. Sie ermöglichen einen Zugang zu uns selbst, der »absichtslos« geschieht und nicht durch die Barrieren der Sprache verstellt ist (s.a. Kappert 1990).

Indem ich mich im kreativen Selbstausdruck erfahre, komme ich in Kontakt mit meinem Selbstwertgefühl, ich bekomme das Grundgefühl, von Bedeutung zu sein, Relevanz zu haben - also all das, was das Gegenteil innerer Leere darstellt. Und ich komme in Kontakt mit den Energien, die da in mir verborgen ruhen und darauf warten, Ausdruck zu finden. Dieser Ausdruck ist dann ein Selbst-Ausdruck der Person, er ist einzigartig in seiner Form, orientiert sich nicht an vorgegebenen Regeln und entspricht genau der Befindlichkeit und den Möglichkeiten einer Person zu einem bestimmten Zeitpunkt.

Solch eine Überzeugung gilt als anarchistisch. Das ist sie auch, jedoch nicht, weil sie sich »gegen das Gesetz«, sondern »außerhalb und jenseits des Gesetzes« stellt (Keen 1984, 147). Keen bezeichnet daher in seinem Buch *Die Lust an der Liebe* jene Menschen, die nach Autonomie und Selbstbestimmung streben, als »Gesetzlose«, für die eher die persönliche Erfahrung des eigenen Urteilen-Könnens ausschlaggebend ist, als den Normen einer Gruppe zu folgen. Und nicht zuletzt dieses Auf-Sich-Selbst-Hören macht das Anarchistische eines Menschen aus, der den Weg der Selbstentdeckung und des Selbstausdrucks einschlägt.

Es versteht sich von selbst, daß ein solcher Weg der Selbstentdeckung und des Selbstausdrucks sein Ziel nie erreichen kann. Dieser Prozeß ist nicht mit irgendeiner Erkenntnis, Einsicht oder gar Erleuchtung abgeschlossen. Niemals hat die Person, die sich um Entdeckung und Ausdruck ihres Selbst bemüht, eine der vielen Stufen der Entwicklung mit ihren spezifisch persönlichen Ausprägungen und Deformationen so durchgearbeitet, daß sie für immer überwunden sind. Die jeweiligen personalen Lebensthemen und spezifischen Verletzungen bleiben präsent, letztere zumindest als Narben. Sie werden immer ein Teil unserer Persönlichkeit sein, doch können sie sich nach und nach weniger störend im Gesamtspektrum unseres Seins auswirken.

Selbstentdeckung und Selbstausdruck stehen in einem wechselseitigen Spannungsverhältnis: Einer Phase der Selbstäußerung, des aktiven Gestaltens, folgt wiederum eine Phase der Selbstbesinnung und Einkehr. Dabei ist der Selbstausdruck nicht reine Aktivität, sondern enthält Momente der Besinnung. Auch die Innenschau ist keine reine Passivität:

> Niemals ist man tätiger, als wenn man dem äußeren Anschein nach nichts tut, niemals ist man weniger allein, als wenn man in der Einsamkeit mit sich allein ist (Hannah Arendt; in Keen 1984, 151).

In diesem Zitat drückt sich eine Widersprüchlichkeit und Ambivalenz aus, die für die personalistische Grundhaltung kennzeichnend ist. Ihr entspricht eine Erkenntnisweise, die mit Widersprüchen und Ambivalenzen auf eine Art umgeht, die unserem linearen »wissenschaftlichen« Denken fremd und suspekt ist. Diesen meist als »zyklisch« oder »ganzheitlich« bezeichneten Denk- und Erkenntnisweisen, zu denen dialogische Beratung herausfordert, widme ich mich im folgenden Kapitel.

---

[1] Ken Wilber ist sich der Problematik solcher hierarchischer Entwicklungs- und Pathologiemodelle durchaus bewußt. Zusätzlich zu den von ihm genannten Warnungen, daß es in der Praxis keine solchen reinen Fälle gibt und kulturelle Unterschiede und genetische Prädispositionen eine Rolle spielen, kommt noch eine weitere Gefahr hinzu: Solch ein Stufenmodell könnte so verstanden werden, als sei die Persönlichkeitsentwicklung ein linearer Prozeß. Viel plausibler scheint uns, daß es sowohl einen Entwicklungsfortschritt in der Persönlichkeitsentwicklung gibt als auch eine ständige Wiederkehr der persönlich bedeutsamen Lebensthemen und Herausforderungen. Die angemessene Metapher für den Entwicklungsprozeß ähnelt daher eher einer Spirale als einer aufsteigenden Linie (vgl. auch Wilber 1988, 117).

4. Kapitel

Ganzheitliche Erkenntnisweise[1]

Nachdem ich im vorherigen Kapitel die Merkmale und Qualitäten dessen umrissen habe, was ich unter Person und personaler Identität verstehe, werde ich nun einige Konsequenzen einer solchen inneren Einstellung für die Erkenntnisweise aufzeigen. Es geht also im folgenden um die Frage, wie ein personales Selbstverständnis auf die Art und Weise einwirkt, wie man in der Welt ist. Konkreter formuliert heißt dies: »Wie nehme ich als Person mich und meine Umwelt wahr?« und »Wie gehe ich als Person mit diesen Wahrnehmungen um?«

Es ist mir sehr wichtig, zwischen diesen beiden Fragen deutlich zu trennen. Also zunächst der Frage nach der Wahrnehmung als solcher nachzugehen, und erst in einem zweiten Schritt der Frage nach der Umgehensweise mit dieser Wahrnehmung. Denn während die erste Frage eine phänomenologische, nicht wertende Qualität hat, kommt mit der zweiten Frage die Notwendigkeit des Deutens und auch des Bewertens einer Wahrnehmung hinzu. Diesen Unterschied und seine Folgen will ich im folgenden verdeutlichen.

Wahrnehmen und Interpretieren[2]

Aus der Vielfalt der Reize in und um uns dringt etwas hervor, hebt sich vom Rest ab und bindet unsere Aufmerksamkeit. Wir nehmen etwas wahr.

Um was es sich auch immer bei diesem Etwas handelt, ob ich wahrnehme, daß mein Magen knurrt oder daß mein Herz bis zum Hals schlägt - diese erste, ursprüngliche Information ist ein sehr flüchtiger Gast. Kaum, daß er auftaucht und sich dem Bewußtsein stellt, wird etwas mit ihm angestellt, das ihn verändert: Man sucht nach seiner Bedeutung und entscheidet über seine

Relevanz und Existenzberechtigung - er wird also interpretiert: Beispielsweise 'Magen knurrt - aha, ich habe Hunger, habe ja auch seit Stunden nichts gegessen, also esse ich mal was; - Herzklopfen ...? Damit kann ich überhaupt nichts anfangen, ist doch alles okay, ich bin doch weder aufgeregt noch ängstlich, also weg damit, Fehlinformation!'

Etwa so läuft es ab, wenn es mir einmal gelingt, den Prozeß meines Umgangs mit meinen Wahrnehmungen (am leichtesten noch in der Reflexion) ins Zentrum des Bewußtseins zu stellen.

Meine Wahrnehmungen scheinen sich demnach einer Prüfung unterziehen zu müssen, von deren Ergebnis es abhängt, ob sie verwertbar sind oder nicht. Wenn eine Wahrnehmung also für bedeutsam befunden wird, weil sie auf Anhieb gedeutet und interpretiert werden kann, eine andere dagegen als »Fehlinformation« disqualifiziert wird, müßte man dann nicht daraus schließen, daß es »richtige« und »falsche« Wahrnehmungen gibt? Also solche mit und andere ohne Bedeutung? Und hieße das auch, daß eine bestimmte Wahrnehmung immer die gleiche Bedeutung hat und sie diese automatisch mitliefert?

Wohl kaum. Wahrnehmungen sind Wahrnehmungen, sie kümmern sich nicht um richtig oder falsch, sie sind einfach. Oder mit Goethes Worten: »Die Sinne trügen nicht, das Urtheil trügt« und »Denken ist interessanter als Wissen, aber nicht als Anschauen.« (Goethe 1982, 1193, 1150).

Wahrnehmungen haben auch keine Bedeutung an sich, aber sie verlangen nach einer Bedeutung, und wir sind es, die ihnen eine solche geben müssen. Bei manchen Wahrnehmungen fällt es uns leichter, eine Bedeutung zu finden, andere bleiben uns ein Rätsel, oder wir *wollen* ihnen einfach keine Aufmerksamkeit schenken. Wir tun sie als unbedeutend ab, weil es im Moment vielleicht Bedeutsameres gibt, oder aber die Bedeutung, die wir ihnen geben könnten, so unbequem wäre, daß wir sie lieber ignorieren. Je stärker uns eine Wahrnehmung beispielsweise an unsere existentielle Situation als Person heranführt, desto größer wird unsere Anstrengung, sie zu ignorieren, ihr mit Nichtachtung zu begegnen, um uns vor ihr zu schützen. Denn eine Konfrontation mit sich selbst in seiner gegenwärtig existierenden Seinsweise birgt letztlich immer so gefährliche Themen wie: Sinn unseres Lebens, Endlichkeit unseres Lebens, unsere Isolation und unsere Freiheit - Themen, die wir nicht auslöschen können, selbst wenn wir es versuchen, die wir aber auch nicht direkt anzugehen in der Lage sind. Diese Themen enthalten so viel Zündstoff, daß wir uns ihnen nur in wohldosierten Schritten, jeder in seinem eigenen Tempo, nähern können.

Interpretation als persönlicher Akt der Sinngebung

Das Wahrnehmen einer Wahrnehmung kann der Anfang eines ganzheitlichen Erkenntnisprozesses sein, vorausgesetzt wir greifen nicht sofort auf vertraute Interpretations-Automatismen zurück. Normalerweise sind wir uns unserer »reinen« Wahrnehmung[3] kaum mehr bewußt. Das, was uns bewußt ist oder wessen wir uns mit einiger Anstrengung bewußt werden können, sind meistens die Interpretationen von Wahrnehmungen, die wir fälschlicherweise für die Wahrnehmung selbst halten. Diese vielleicht zunächst spitzfindig erscheinende Unterscheidung - das Wahrnehmen einer Wahrnehmung und das Wahrnehmen einer Interpretation - bekommt bei näherer Betrachtung hohe Brisanz: Wenn ich mir einer Wahrnehmung bewußt werde, habe ich die Freiheit, ihr eine gegenwärtig für mich stimmige Bedeutung zu geben. Dieser Prozeß einer Interpretation ist ein bewußter Akt des Bedeutung- oder Sinn-Gebens, als deren Urheber ich mich erleben kann. Wo ich mich hingegen nicht mehr dem ursprünglichen Bedeutungs-Vakuum einer Wahrnehmung aussetze, erlebe ich mich nicht als denjenigen, der eine Bedeutung gibt. Statt dessen erscheint mir die Bedeutung (oder Interpretation) als gegeben, immanent in dem, was ich für Wahrnehmung halte, und ist damit unabhängig von mir oder jenseits meines Einflußbereichs entstanden.

Das Wahrnehmen einer Wahrnehmung birgt also die Freiheit und die Herausforderung, mich als Person ernst, wichtig oder wahr-zu-nehmen und mich als Urheber (also mit Einfluß und Verantwortung) der Bedeutung meiner Wahrnehmungen zu erleben.

Diese Freiheit kann ambivalente Gefühle auslösen. Sie ist gleichermaßen Chance und Fluch. Chance insofern, als sie die Freiheit eröffnet, immer wieder neue, aktuell sinngebende Bedeutungen aus der Vielfalt möglicher Interpretationen zu konstruieren. Und das ermöglicht Veränderung, Abweichung oder Wandel, da ich jeweils die Wahl habe, mich gegen das Vertraute, die üblichen, allgemein gültigen, für mehrere geltenden Interpretationsschemata und für eine personale, meiner persönlichen Situation und meinem Hintergrund angemessene Bedeutung zu entscheiden.

Aber genau das wird durchaus nicht nur als angenehm erlebt, denn es konfrontiert uns auch damit, daß es letzlich keine sicheren äußeren Kriterien gibt, die von unserer Subjektivität unabhängig sind und die eine Interpretation objektiv richtig oder falsch sein lassen. Das Kriterium der Entscheidung für eine subjektive Interpretation ist vielmehr, ob diese Interpretation in meiner gegenwärtigen Situation stimmig erscheint. Aber was ist eine stimmige Interpretation?

Innerhalb des Prozesses der Selbstentdeckung ist die Bedeutung einer Wahrnehmung dann stimmig, wenn sich die Person in ihrer gegenwärtig möglichen Ganzheit (in ihrem ganzheitlichen Erleben und in ihrem gegenwärtigen - aus der Lebensgeschichte gewachsenen - So-Sein) darin aufgehoben fühlt, sich davon gemeint fühlt. Eine solche selbstentdeckte Bedeutung ermöglicht ein hohes Maß an Identifikation und kann die Qualität von (Selbst-)Bestätigung der Person als Ganzheit haben. Eine derartige, durch subjektives Deuten einer Wahrnehmung gewonnene Interpretation ist keine objektive Realität, die allein durch logische Kausalverknüpfung zwangsläufig entsteht. Sie ist die persönliche Realität des einzelnen, die sich aus dem Zusammenspiel von Rationalem und Irrationalem oder objektiven und subjektiven Phänomenen ergibt. Eine auf diese Weise konstruierte Interpretation ist der Versuch, der Wahrnehmung einen für die Person (erstens in ihrer Ganzheit, zweitens in dieser Situation und drittens vor dem Hintergrund ihrer Lebensgeschichte) stimmigen Sinn zu geben. Dieser ist die Antwort auf die Frage: Was bedeutet diese Wahrnehmung im Augenblick für mich?

Es ist ein aufregendes Abenteuer, damit zu beginnen, seine Wahrnehmungen als eigen-sinnige Informationen ernst zu nehmen und ihnen persönliche Bedeutungen zu geben. Damit gewinnen wir an Autonomie und Freiheit: Wir greifen nicht mehr unreflektiert auf gängige, vorgegebene Interpretationsschablonen zurück, sondern lassen uns auf einen Suchprozeß ein, in welchem unsere einzige Orientierung darin besteht, uns als ganze Person (mit unseren Wahrnehmungen, Gefühlen, Interpretationen, Phantasien und Gedanken) ernst zu nehmen. Und *Ernstnehmen* heißt hier nicht etwa individualistisches oder gar narzißtisches Wichtignehmen: Nur ich zähle! Ernstnehmen heißt nur: Ich zähle! Denn wie sonst, wenn nicht dadurch, daß ich mich ernst nehme, kann ich in einer widersprüchlichen und immer komplexer werdenden Welt Orientierung finden? Und wie sonst könnte ich meine ureigensten Begabungen, Neigungen und Fähigkeiten jenseits dessen kennenlernen, was mir an genormten Fähigkeiten abverlangt und bescheinigt wird? Warum sonst, wenn nicht dadurch, daß ich mich wichtig nehme, sollte ich Verantwortung für mein Verhalten und Handeln übernehmen? Und schließlich, zwischen wem sonst, wenn nicht zwischen Menschen, die sich (selbst und einander) wichtig nehmen, soll eigentlich Begegnung stattfinden? - Aber dazu mehr im fünften Kapitel.

Selbstverständlich ist das Aufspüren subjektiver Bedeutungen das Ergebnis eines Wechselprozesses dessen, was aus dem Umfeld auf die Person einwirkt und wie es von dieser interpretiert wird. Die Person existiert ja nicht isoliert vom Umfeld, so wie auch das Umfeld nicht isoliert von der Person existiert, sondern sie stehen in einer Beziehung von Wechselwirkungen: Das Umfeld beeinflußt die Person, die wiederum das Umfeld beeinflußt. Wenn ich nur einseitig bemerke, wie ich vom Umfeld oder »den Bedingungen« beeinflußt werde, fühle ich mich diesen hilflos ausgeliefert. Wenn ich jedoch ebenfalls bemerke, daß ich mein Umfeld auf eine bestimmte Weise interpretiere, kann ich mir meines Einflusses auf das Umfeld wieder bewußt werden und Verantwortung dafür übernehmen. Und je mehr mir bewußt wird, wie ich mein Umfeld interpretiere, meine Realität konstruiere, desto mehr erkenne ich auch, wer ich bin: Ich gebe mir die Möglichkeit, zu einer personalen Identität zu finden. Für das, was ich aus dieser personalen Identität heraus entscheide und in Verhalten und Handeln umsetze, bin ich immer (mit-)verantwortlich. Ich kann die Folgen meines Verhaltens nicht mehr nur den anderen Menschen oder irgendwelchen Bedingungen zuschreiben. »Wenn's schiefgeht, sind immer die anderen schuld«, das läuft nicht mehr. *Ich* stelle mich mit meinen personalen Realitätskonstruktionen der Umwelt, ohne daß ich mich, wenn es brenzlig wird, hinter anderen verstecken oder aus dem Staub machen kann.

Interpretieren ist ein kognitiver Vorgang, der uns vom unmittelbaren Erleben und Handeln, vom Eingebundensein in einem organismischen Prozeß abspaltet. Unser selbstreflexives Bewußtsein ermöglicht es uns, unseren Wahrnehmungen und Erfahrungen Bedeutungen zu geben, und auf diese Weise unsere eigenen Realitäten zu konstruieren. Dadurch gewinnen wir die Freiheit, unseren Gewohnheiten nicht zwangsweise folgen zu müssen, bezahlen dafür aber gleichzeitig mit der Entfremdung von der Ganzheit. Das gilt nicht nur für unsere intrapersonale Ganzheit (Körper-Seele-Geist-Einheit), sondern natürlich auch für alle uns umgebenden Ganzheiten, von denen wir in unserer intrapersonalen Ganzheit lediglich ein Teil sind. Wenn ich sage, daß wir diese Entfremdung als Tatsache grundsätzlich akzeptieren müssen, heißt das jedoch nicht, daß damit jeglicher Zugang zu Ganzheitlichkeit unmöglich wäre. Das klingt zunächst wie ein unvereinbarer Widerspruch. Wenn ich z.B. all das, was ich hier zum Ausdruck bringe, widerspruchsloser und damit eindeutiger sagen könnte, würde ich es tun; aber je mehr Gedanken ich mir über Ganzheitlichkeit und ganzheitliche Erkenntnisweisen mache, desto mehr Klarheit und gleichzeitig auch Unklarheit entsteht in mir. Immer stimmt also auch das Gegenteil von dem, was ich ausdrücke, je nachdem, von welcher Perspektive aus ich es betrachte. Insofern kann es auf die Frage, ob wir uns nun damit abfinden müssen, daß Ganzheitlichkeit für uns verloren ist oder nicht, kein klares Ja oder Nein als Antwort geben, sondern vielmehr ein Sowohl-als-Auch: Ganzheitlichkeit ist verloren, und doch können wir immer wieder einen Zugang zu ihr finden.

Wenn es mir in diesem Text nur ansatzweise gelingt, eindeutig zu sein, obwohl ich mich sehr darum bemühe, ist dies bei diesem Thema nicht zufällig. Dadurch daß ich aufhöre, meine Eindeutigkeit gegen meine Uneindeutigkeit auszuspielen, sie also nicht den Entweder-Du-oder-Ich-Kampf in mir ausfechten lasse, kann es mir vielleicht eher gelingen, mich einer ganzheitlichen Sichtweise anzunähern.

Exkurs: Über Konsens und Eigensinn

Die Erziehungswissenschaftlerin und Friedensforscherin Marianne Gronemeyer ist im Zusammenhang mit dem Versuch, »Konturen eines nichterzieherischen Gesprächs« aufzuzeigen, ebenfalls auf das Phänomen der Uneindeutigkeit gestoßen. Zunächst beschreibt sie als die herkömmliche Absicht eines (erzieherischen) Gesprächs den Konsens, der neben vielen anderen unhinterfragt wünschenswerten Eigenschaften beispielsweise Unentschiedenes entscheidbar macht und dadurch Handlungsfähigkeit ermöglicht. Wo hingegen kein Konsens erreicht wird, ist die Handlungsfähigkeit zumindest stark eingeschränkt. Neben der Handlungsfähigkeit stiftet Konsens nach Gronemeyer u.a. ein Gefühl von Wahrheit bzw. das Bewußtsein von der Richtigkeit einer Auffassung (also Legitimation). Konsens läßt ein Gefühl von sozialer Zugehörigkeit entstehen und ist durch seine quantitative Eigenschaft (viele sind der gleichen Meinung!) eine Größe, die sich der herrschenden Macht entgegenstellen kann. All das macht den Konsens zu einem wünschenswerten Ziel der Kommunikation. Gronemeyer stellt jedoch diesen Wunsch nach dem Konsens in Frage, sie äußert Zweifel an der Berechtigung des Monopols des Konsenses. Zunächst stellt sie fest, daß der Konsens das Besondere, die Andersartigkeit, den Eigensinn, die Unentschiedenheit und Sperrigkeit untergräbt - alles Eigenschaften, die wesentlich zu einer personalen Grundhaltung gehören und gefördert werden sollten, wie ich im vorhergehenden Kapitel dargelegt habe. Auch für Gronemeyer stellen diese Eigenschaften nichts dar, was nicht wünschenswert wäre. Außerdem entlarvt sie den Konsens an sich als Illusion, indem sie deutlich macht, daß zwei Menschen niemals ein bis ins Letzte identisches Verständnis von einem Sachverhalt haben können und sich im Grunde daher stets fremd bleiben. Eine weitere, wenig wünschenswerte Eigenschaft des Konsenses ist nach Gronemeyer seine Ergebnisorientierung, wodurch der Prozeß oder Weg entwertet wird. Entscheidend ist nunmehr nur, ob Konsens erreicht wird - auf welche Weise ein Gespräch abläuft, spielt dagegen kaum eine Rolle. Auch in dieser Eigenschaft widerspricht der Konsens einer personalen Grundorientierung, in der es in erster Linie darum geht, seine Sache entsprechend seiner gegenwärtigen Möglichkeiten zu gestalten; das absolute Ergebnis und die objektive Leistung sind dabei von sekundärer Bedeutung.

Statt Konsens ist hier eher Dialog gefragt. Nach Gronemeyer weist Dialog, wie sie einem Gespräch zwischen Martin Buber und Carl Rogers entnimmt, zwei wesentliche Merkmale auf: Dialog lebt gewissermaßen von Überraschungen; und Dialog betont die Andersartigkeit. Wo jedoch der Prozeß dem Ziel geopfert wird, Zustimmung zu erreichen - also bei Konsensabsicht -, sind Überraschungen Störfaktoren, die vermieden werden sollten. Beim Dialog dagegen geht es, wie Gronemeyer anhand von Buber herausstellt, nicht um Konsens, sondern um Genauigkeit - und dieses Interesse ist durchaus vereinbar mit Überraschungen.

Als dritte und letzte Auswirkung des Konsenses weist Gronemeyer darauf hin, daß er Vielfalt vernichtet. Dies hat ebenfalls unmittelbare Konsequenzen für den Dialog, als dessen zweites Merkmal Gronemeyer das Betonen von Andersartigkeit (was wiederum ein Charakteristikum des personalen Ansatzes ist) erwähnt. Konsens kann jedoch keine Andersartigkeit zulassen, denn das gefährdet seine Existenz. Konsens ist Klarheit, und das heißt Eindeutigkeit - daneben kann es nichts Zweites, Gleichwertiges geben. Für den Dialog dagegen sind gerade Andersartigkeit, Mehrdeutigkeit, Ambivalentes, Phantastisches und Witziges wichtige Elemente.

Insgesamt kommt Gronemeyer zu einem Plädoyer für den Dialog. Ich möchte mich an dieser Stelle darauf beschränken, Gronemeyers Gedanken zu der Einstellung wiederzugeben, die eine dialogische Grundhaltung ausmacht und wie sich diese von einer Konsensabsicht unterscheidet.

Für eine eher dialogische Grundhaltung bedarf es des Respekts gegenüber Andersartigkeit. Das Ziel - sofern man das ein Ziel nennen kann - besteht im Herausarbeiten von Differenzen und darin, der Eigensinnigkeit Ausdruck zu verleihen. Dies erfordert bei den Beteiligten große Sorgfalt und die Kompetenz, genau hinhören zu können, so daß die spezifische Unterschiedlichkeit erkannt wird.

Ein solches Gespräch verläuft auch in Form und Stil anders als ein von einer Konsensabsicht bestimmtes Gespräch. Im Gegensatz zu diesem ist es nicht kämpferisch orientiert, sondern sucht das Besondere und Widersprüchliche nebeneinander bestehen zu lassen.

Und schließlich ist es eine wesentliche Voraussetzung für eine dialogische Grundhaltung, dem anderen ein »genuines Interesse« entgegenbringen zu können, womit nicht gemeint ist »Verstehen-Wollen, eher das Gegenteil: Fremdheit aushalten können.« (Gronemeyer 1985, 16). Und als Vorstufen eines solchen genuinen Interesses kommt Gronemeyer zu den Eigenschaften der *Neugierde* und des *Staunens*. Auch diese beiden Eigenschaften spielen, wie ich später erläutern werde, eine wesentliche Rolle bei einer dialogischen, ganzheitlichen Erkenntnisweise.

Erkennen, was ist

Vor diesem Exkurs zu Konsens und Eigensinn wies ich auf die Schwierigkeit hin, klare und eindeutige Aussagen über eine ganzheitlichere Erkenntnisweise zu machen. Die hier dargestellten Gedanken von Marianne Gronemeyer über Konsens und Eigensinn können einen ersten Eindruck davon vermitteln, daß die Betrachtung der Welt aus einer personalen Haltung heraus eine grundlegend andere Perspektive und Qualität aufweist. Es geht dabei nicht länger um richtig oder falsch, um Überzeugen-Wollen oder um Kämpfen. Doch damit verlieren wir auch Eigenschaften wie Klarheit, Eindeutigkeit und äußere Selbstsicherheit.

Ich stimme Marianne Gronemeyer zu, wenn sie den Konsens als eine Illusion entlarvt - doch damit sind auch Eindeutigkeit und Klarheit, beides Merkmale des Konsenses, konsequenterweise Illusion. Ich gehe also davon aus, daß es im eigentlichen Sinne keine Klarheit und Eindeutigkeit gibt, sobald ich mich bemühe, zu ganzheitlichen Einsichten zu gelangen. Wenn ich diesen Gedanken weiterspinne, dann hieße das, daß ich nicht handlungsfähig bin, denn Unklarheit bedeutet gemeinhin Handlungsunfähigkeit. An dieser Stelle taucht für mich die Frage auf, warum Handlungsfähigkeit eigentlich die einzig bestimmende und vorrangige Zielsetzung sein muß, daß ich mein ganzes Denken und Sein daran ausrichte. Könnte es nicht sein, daß Handlungsfähigkeit einerseits sehr wichtig ist, es aber eben auch wichtig ist, zunächst einmal *zuzulassen, was ist,* bevor wir aktiv werden, verändern und somit weggehen von dem, was ist? (Vgl. Buber 1950) - Und könnte dies nicht letztlich zu einer stimmigeren und wirkungsvolleren Handlungsfähigkeit führen?

Meine Erfahrungen mit Prozessen personaler Selbstentdeckung oder persönlichen Lernprozessen von Erwachsenen ist, daß Wandel nicht nur durch ein Verändern-Wollen geschieht. Dieses Verändern-Wollen ist, solange es der einzige Impuls ist, eher ein Hindernis für Wandel. Er wird erst dadurch zu einem Auslöser des Wandels, wenn er lediglich die Richtung meines Veränderungswunsches angibt. Daneben bedarf es dann jedoch ebenso der Hingabe an die Situation, des Erfassens und Erspürens dessen, was ist.

In der Theorie der Gestalttherapie wird dieser Aspekt des Lernprozesses sehr stark betont: das Akzeptieren dessen, was ist, aus dem dann neue Möglichkeiten erwachsen. Arnold R. Beisser nannte dies die »paradoxe Theorie der Veränderung« *(paradoxical theory of change,* Beisser 1972, 77). Kurz gefaßt besagt sie, daß Wandel stattfindet, wenn man wird, was man ist, und nicht, wenn man versucht zu werden, was man nicht ist (»*... that change occurs when one becomes what he is, not when he tries to become what he is not*«.)

Hier steht also das Akzeptieren dessen, was ist im Vordergrund. Vor lauter Handlungsnotwendigkeiten, Entscheidungsansprüchen und Fortschrittsgläubigkeit haben wir die Fähigkeit des Akzeptierens der Ist-Situation nahezu verloren, so daß es durchaus notwendig sein kann, diese Aspekte des Erkenntnisprozesses in der beraterischen Arbeit wieder zu beleben.

Polaritäten im Erkenntnisprozeß

Doch selbst dann, wenn uns diese innere Haltung des Sich-Einlassens auf das, was ist, nicht mehr so fremd ist, bringt sie allein uns dem Wandel noch nicht näher. Reines Akzeptieren dessen, was ist, ist letztlich nichts anderes als Stagnation, Stillstand, und alles bleibt wie es ist. Wandel vollzieht sich erst in dem Wechselspiel (nicht im Kampf!) zwischen dem Akzeptieren dessen, was ist (d.h. nicht verändern wollen) und dem Verändern-Wollen (d.h. nicht akzeptieren, was ist). Dies ist ein Wechselspiel von Polaritäten, die erst gemeinsam ein Ganzes ergeben. Unsere Schwierigkeiten, dahin zu gelangen, bestehen darin, daß wir im wesentlichen gelernt haben, (scheinbar) Widersprüchliches durch Entweder-oder-Denken zu zerteilen. Wir begnügen uns dann mit einem Teil oder einer Seite, um auf diese Weise Klarheit zu erzielen. Im Wechselspiel von Polaritäten, wie ich es hier zu skizzieren versuche, geht es dagegen um ein Sowohl-als-auch-Denken: zu akzeptieren, was ist, *und* verändern zu wollen.

Wenn ich akzeptieren kann, was ist, brauche ich den Wunsch nach Veränderung im Sinne von Rollo Mays *Intentionalität* (als der Fähigkeit, Intentionen zu haben), sonst verharre ich in Stagnation und Verzweiflung oder Selbstzufriedenheit. Wenn dagegen der Wunsch nach Veränderung im Vordergrund steht, muß ich auch akzeptieren können, was, wie und wo ich bin. Denn darin liegt der Ausgangspunkt, von dem aus ich losgehe, um weiterzukomen. Wenn ich akzeptiere, was ist, stelle ich mich meiner momentanen Realität und versöhne mich mit meinem So-Sein, woraus mir Rückhalt für eine Veränderung erwächst.

Das, was wir zunächst als widersprüchlich, ambivalent oder uneindeutig bezeichnen, entpuppt sich in der Erfahrung eines solchen Wechselspiels als gar nicht mehr so unvereinbar. In den östlichen Philosophien und Religionen ist solch eine Grundhaltung viel verbreiteter als in der westlichen, sogenannten entwickelten Welt (z.B. Suzuki 1990). Es gibt jedoch auch westliche Denker, die sich mit der Notwendigkeit, Widersprüchlichkeit zu transzendieren, beschäftigt haben.

Hans Peter Duerr beispielsweise spricht in seiner *Traumzeit* von einem Bruch - einem Zaun zwischen Zivilisation und Wildnis (1985, 197). Zivilisation könnte für Ordnung, Logik, Rationales, Eindeutiges stehen; Wildnis für Chaotisches, Emotionales und Uneindeutiges. Und schon sind wir wieder bei Gegensatzpaaren, die hier durch einen Zaun getrennt werden. Bedeutet Ganzheit nun, diese Gegensätze nicht länger voneinander zu isolieren, also beide Seiten zu erleben? Aber wie soll das vor sich gehen - etwa gleichzeitig? Bevor ich jedoch näher auf diese Fragen zur Ganzheit eingehen kann, werde ich mich genauer mit den verschiedenen Seiten einer anzunehmenden Ganzheit beschäftigen.

Bewußtes und unbewußtes Denken

Gregory Bateson trifft eine Unterscheidung zwischen bewußtem Geist (mind) und unbewußtem Denken, analog zu Duerrs Zivilisation und Wildnis, die uns bei der Frage nach der Möglichkeit, Gegensätzliches ganzheitlich zu verstehen, weiterhelfen kann. Diese Unterscheidung Batesons läßt sich anhand eines Kreises erläutern (Bateson 1981, 203,; Berman 1984, 225; s.a. Fuhr/Gremmler-Fuhr 1988, 110). Dieser Kreis wird horizontal von einer Ebene geschnitten, oberhalb derer lediglich ein kleiner Teil des Kreisbogens sichtbar ist. Der überwiegende Teil des Kreisbogens befindet sich unterhalb dieser Schnittebene und macht fast den ganzen Kreis aus. In etwa dieser Relation sieht Bateson unseren »bewußten Geist« (kleiner Kreisausschnitt) und unser »unbewußtes Denken« (überwiegender Teil des Kreises). Jedoch erst der gesamte Kreis, »bewußter Geist« und »unbewußtes Denken«, macht das aus, was Bateson *Geist* (Mind) nennt. Nach Bateson liegt das Problem in der gestörten Wahrnehmung des Zusammenhangs von bewußtem Geist und *Geist*, also zwischen einem bewußten Anteil und dem Ganzen. Der bewußte Geist hält sich für das Ganze, anstatt sich als Teil eines größeren Ganzen zu sehen, und er verhält sich entsprechend unangemessen. Er versucht, Kontrolle über etwas zu erlangen, wovon er doch lediglich ein Teil ist, und weigert sich, die Möglichkeit eines umfassenderen Ganzen in Betracht zu ziehen.

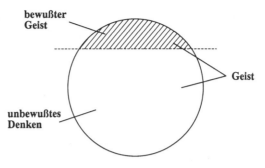

Oder anders ausgedrückt: Da, wo wir eigentlich merken müßten, daß wir an die Grenzen des bewußten Geistes stoßen, ignorieren wir diese Grenze und versuchen bestenfalls das, was jenseits dieser Grenze liegt, mit den (klein-geistigen) Mitteln unseres bewußten Geistes zu erfassen. An diese Grenze kommen wir jedoch nur, wenn wir ein gewisses Maß an ganzheitlichem Erleben zulassen, das eben nicht nur auf analytische, nachweisbare, objektiv begründbare Weise (aus dem bewußten Geist) zustande kommt, sondern daneben von Intuition, Empfindung und Gefühl (aus dem unbewußten Denken) geleitet wird. Und wenn uns das bewußt ist, wird auch offensichtlich, daß wir uns im Bereich des unbewußten Denkens in einem anderen Paradigma befinden, das andere Umgehensweisen erfordert. Denn: »Was das unbewaffnete Bewußtsein (unbewaffnet durch Kunst, Träume und ähnliches) niemals richtig einschätzen kann, ist die systemische Natur des Geistes«. Und »eine bloß zweckorientierte Rationalität, die ohne Rücksicht auf

Phänomene wie Kunst, Religion, Traum und ähnliches verfährt, [ist] notwendig pathogen und lebenzerstörend« (Bateson 1981, 203 f.). Ganzheitliches Erleben mit der Aussicht auf einen Zugang zu *Geist* erfordert also zuallererst, daß wir auf dem Weg dahin unsere intuitiven und emotionalen Anteile und unsere Empfindsamkeit ebenso ernst nehmen wie die beispielsweise auf Logik und rationalem Denken beruhenden Aspekte. Und wo nicht letztlich eine Akzeptanz unserer intuitiven und emotionalen, nicht-rationalen Anteile dazu geführt hat, sich dem Unfaßbaren, der Wildnis zu nähern, wäre es doch seltsam, dieser nun mit dem Anspruch zu begegnen, daß sie sich mit den Mitteln unseres analytischen Bewußtseins bis ins Letzte erfassen lassen müßte.

So schlägt Bateson an anderer Stelle vor, die Grenze bzw. die Relation zwischen Denken und Fühlen zu revidieren (1983, 596 ff.). Für ihn ist der Versuch ungeheuerlich, den Intellekt vom Gefühl abzusondern, wie auch den äußeren Geist vom inneren trennen zu wollen oder den Geist vom Körper zu separieren. Seiner Meinung nach gibt es lediglich verschiedene Arten des Denkens, des »Kalkulierens«, die sich in den jeweiligen Einheiten unterscheiden, welche zur Kalkulation herangezogen werden. »Überlegungen des Herzens« beispielsweise sind von Gefühlen der Trauer oder der Freude begleitet. Diese Kalkulationen beziehen sich auf Angelegenheiten, die sich mit den für Säugetiere lebenswichtigen Fragen der Beziehung beschäftigen. Bateson kann sich keinen überzeugenden Grund vorstellen, diese Kalkulationen nicht auch als »Denken« zu bezeichnen. Diese Art von Denken befaßt sich nur eben mit relationalen Kalkulationen, deren Einheiten sich von solchen unterscheiden, die für die Kalkulation isolierbarer Dinge herangezogen werden. Hier wird noch einmal deutlich, daß für alle Fragestellungen, die sich auf nicht-isolierbare Dinge oder Angelegenheiten beziehen (also auf Ganzheiten), eine Art des Denkens zulässig und erforderlich ist, die subjektiven Einheiten wie Gefühlen, Empfindungen, Phantasien und Intuitionen einen Wert für den geistigen Verarbeitungsprozeß beimißt; dieser Wert steht dem von harten Daten, wo es um isolierbare Dinge geht, nicht nach (Bateson 1983, 596 f.).

Nun können diese beiden unterschiedlichen Arten des Denkens wiederum nicht als grundsätzlich voneinander isoliert betrachtet werden, denn zwischen ihnen sind Brücken möglich, um die sich nach Bateson besonders Dichter und Künstler kümmern. Künstler und Dichter leben gerade davon, daß sie verschiedene Ebenen des Geistes auf eine Weise kombinieren, durch die wir mehr oder weniger diffus in Kontakt mit einem als stimmig oder schön erlebten Abbild von Ganzheit kommen. Wir erahnen *Geist*, ohne daß wir diesen Prozeß uns und anderen lückenlos erklären oder nachvollziehbar machen könnten.

Erkenntnis als schöpferischer Prozeß

Eine der Aufgaben dialogischer Beratung ist es, unangemessene oder unnötige Separationen im Bewußtsein des Menschen durchlässiger werden zu lassen, also Ganzheitlichkeit zu fördern. Das würde nahelegen, daß wir uns die Eigenschaft von Kunst als Möglichkeit der Verknüpfung verschiedener Modi des Denkens für den Entwicklungsprozeß zunutze machen. Ich verstehe hier unter Kunst den wie auch immer gearteten schöpferischen Prozeß und Selbstausdruck, der die vielen Ebenen des geistigen Prozesses kombiniert und in eine bestimmte Relation bringt. Genau darin liegt Bateson zufolge die besondere Eigenart von Kunst: verschiedene Ebenen des Geistes zu kombinieren, die sonst - wenn überhaupt - unabhängig voneinander, ohne Brücken zueinander, existieren.»Künstlerische Technik ist eine Kombination von vielen Ebenen des - unbewußten, bewußten und äußeren - Geistes, um eine Erklärung über ihre Kombination abzugeben.« (Bateson 1981, 597) Es ist also nicht das Anliegen von Kunst, nur eine Ebene des Geistes auszudrücken, was ich mit folgendem Zitat aus Bermans *Wiederverzauberung der Welt* veranschaulichen möchte:

> Und so meint Bateson, daß die gängige Interpretation einer Bemerkung, die Isadora Duncan zugeschrieben wird, falsch sei. Folgendes soll sie gesagt haben:»Könnte ich Ihnen sagen, was es bedeutet, dann bestünde kein Anlaß, es zu tanzen.« Wie Bateson sagt, würde eine gängige Interpretation etwa folgendermaßen aussehen,»es bestünde kein Anlaß, es zu tanzen, weil ich es ihnen schneller und weniger zweideutig in Worten sagen könnte.« Diese Interpretation geht einher mit dem Programm, das Unbewußte total explizit zu machen. Es gibt jedoch, so Bateson, eine andere mögliche Interpretation, eine, die Isadora wahrscheinlich im Sinn hatte:
> Wäre die Botschaft eine solche, die man mit Worten vermitteln kann, dann bestünde kein Anlaß, sie zu tanzen, aber es handelt sich nicht um eine solche Mitteilung. Es ist in der Tat genau die Art von Botschaft, die falsifiziert würde, kommunizierte man sie mit Wor-

ten, weil die Verwendung von Worten (es sei denn, in der Dichtung) bedeuten würde, daß diese eine völlig bewußte und willentliche Mitteilung ist, und das wäre ganz einfach unwahr (Berman 1984, 223).

Mit dieser Eigenart von Kunst, daß sie verschiedene Ebenen des Geistes miteinander kombiniert, wird exakt das beschrieben, was ein wesentliches Merkmal ganzheitlichen Erkennens ausmacht. Auch ganzheitliche Erkenntnis kann sich nicht darauf beschränken, sich nur auf einer Ebene zu tummeln oder von Ebene zu Ebene zu wechseln, ohne sich um die Relationen, das *Dazwischen*, zu kümmern. Und somit sind wir wieder beim »Zaun« von Duerr oder der »Grenze« zwischen »bewußtem Geist« und »unbewußtem Denken« von Bateson. Würde es uns gelingen, diese Linie völlig durchlässig zu machen, hätten wir Ganzheit oder »Grazie« erreicht. Dabei würde sich das Ich, der bewußte Teil des Selbst, nicht auflösen, sondern sich im Kontext, also als Teil eines umfassenderen Selbst, sehen und könnte sich so in den Dienst des Ganzen stellen. Jede Überbetonung eines Aspektes, sei es nun »Geist«, »bewußte Wahrnehmung« oder auch »zweckorientierte Rationalität« hat dagegen letztlich zur Konsequenz, daß wir uns selbst und unsere unmittelbare Umgebung zerstören (Berman 1984, 225).

Bewußtseinsschritte zur ganzheitlichen Erkenntnis

Einige Aspekte ganzheitlicher Erkenntnis sollten nunmehr klar geworden sein: Die Unterscheidung zwischen Wahrnehmung und Interpretation, die Eigenwilligkeit der Sinngebung, das Pendeln zwischen Polaritäten sowie das Zusammenwirken von bewußtem und unbewußtem Denken in einem schöpferischen Prozeß. Nun geht es mir darum, den Bewußtseinsprozeß genauer zu untersuchen, der zur ganzheitlichen Erkenntnisweise führen kann.

Auf diesem Weg des Bewußtseins zu ganzheitlichem Wahrnehmen und Denken kann man grob zwei Schritte unterscheiden:

Der erste Schritt besteht darin, daß man einen Blick *für die Zusammenhänge zwischen den vielen Aspekten und Komponenten seiner Umwelt* entdeckt. Bereits bei diesem Schritt kann es zu spannenden Einsichten in die Wechselwirkungen im Umfeld »da draußen« kommen. Ich entdecke, daß etwas, das

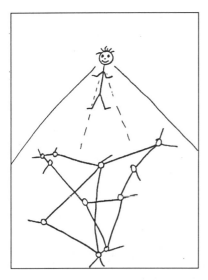
ich betrachte, Teil eines größeren Systems ist, das aus mehreren Komponenten besteht. Und ich bemerke, daß diese Teile eines größeren Systems miteinander in Beziehung stehen und wechselseitig aufeinander einwirken. Kurz gesagt, ich erkenne, daß meine Umwelt aus komplexen Systemen und Wechselbeziehungen von Teilsystemen und Komponenten besteht: alles hängt mit allem zusammen.

Spätestens an diesem Punkt drängt sich dann die Frage auf, die den zweiten Schritt einleitet: Wenn alles mit allem zusammenhängt, hänge dann nicht auch ich mit allem zusammmen? Und wenn das so ist, kann ich dann noch dabei stehenbleiben, meine Umwelt von einem distanzierten Standpunkt aus zu betrachten?

Der hier anknüpfende zweite Schritt besteht also darin, daß ich *mich als die Person, die ich bin,* mit einbeziehe in die Betrachtungen des Spiels von Wechselbeziehungen. Für den, der das wirklich umzusetzen versucht, bedeutet dieser Standortwechsel von dem distanzierten Beobachter zur beteiligten Person weitreichende Veränderungen seiner gewohnten Denk- und auch Erfahrungsmuster: *Sich selbst als Person* mit in die Betrachtung der *Wechselwirkungen innerhalb umfassenderer Systeme* einzubeziehen, erfordert *qualitative Veränderungen unserer Denkmuster, also Bewußtseinssprünge.*

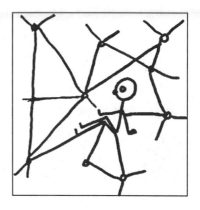

Solche Veränderungen der Denkmuster haben Konsequenzen für das Selbstverständnis der Person. So muß sich die Person beispielsweise als jemand verstehen, der ständig im Prozeß, in Bewegung ist. Denn dies ist ein

Kennzeichen lebendiger Systeme. Und was für lebendige Systeme allgemein gilt, trifft auch für seine Komponenten, also auch für die Person zu: Ohne daß ich mich selbst als im Prozeß befindlich verstehe, gibt es keinen Raum für ganzheitliches Verstehen.

Ein prozeßhaftes Selbstverständnis zu haben heißt: Ich bin mir bewußt, daß sich das Gesamtsystem auf mich auswirkt, und daß ich umgekehrt auch auf das Gesamtsystem einwirke.

In diesem Selbstverständnis der Person sind zwei Perspektiven enthalten. Da ist sowohl die Person, die als Teil eines lebendigen Systemzusammenhangs auf diesen einwirkt, als auch das Gesamtsystem, in das ich eingebunden bin und das auf mich wirkt.

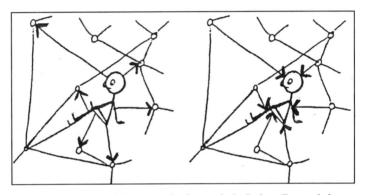

Nur wenn dieses Sowohl-als-Auch einen wiederholten Perspektivenwechsel beschreibt, anstatt mich vor die Entscheidung zu stellen, ein für allemal die Perspektive der einen oder anderen Seite einzunehmen - kann das Wechselspiel zwischen mir und dem übrigen System bewußt werden. Erfahrbar im ursprünglichen Sinne ist dieses Wechselspiel insofern nicht, als wir nicht imstande sind, gleichzeitig beide Pole einzunehmen. Das läßt sich leicht mit Hilfe eines Kipp-Bildes veranschaulichen: Es kann uns gelingen, zunehmend schneller zwischen den verschiedenen Gestalten eines Bildes - der Vase und den beiden Gesichtsprofilen - zu wechseln, aber wir werden niemals beide Gestalten gleichzeitig wahrnehmen können.

Wir können uns jedoch, während wir die eine Gestalt erkennen, daran erinnern, daß das Bild auch eine andere Gestalt enthält oder auszudrücken vermag, in deren Betrachtung wir ebenso eintauchen könnten. Sobald uns das bewußt wird, machen wir sozusagen auf einer Meta-Ebene die Erfahrung der Mehrdeutigkeit einer umfassenderen Realität. Das Hin- und Herpendeln zwischen scheinbar entgegengesetzten Perspektiven wird schließlich bedeutsamer als das Eintauchen in die unterschiedlichen Perspektiven als solche. *Das Hin- und Herpendeln wird zur eigentlichen Erkenntnisquelle, die die Unvereinbarkeit gegensätzlicher Perspektiven aufhebt und die verbindenden Muster der Wechselbeziehungen erkennbar werden läßt.* Die Erinnerung an die jeweils andere Möglichkeit birgt die Chance, sich der Grenze zwischen den verschiedenen Perspektiven bewußt zu werden. Für Augenblicke können wir auf dem Zaun zwischen Zivilisation und Wildnis, zwischen unbewußtem und bewußtem Denken und zwischen verschiedenen Polen einer Dimension sitzen. Wir erleben dann Momente von Ganzheit, auch wenn wir im nächsten Augenblick wieder hinunterspringen und in eine der vielen Realitäten eintauchen müssen.

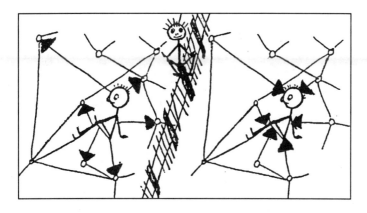

Kompetenzen einer ganzheitlichen Erkenntnisweise

Dieses Hin- und Herpendeln ist ein wesentliches Element des Selbstverständnisses der Person im größeren System und muß neu gelernt werden. Dabei eignen wir uns eine generelle Art des Denkens an, die allen anderen Kompetenzen für vernetztes Denken und ganzheitliches Handeln zugrundeliegt.

Eine solche generelle Art des Wahrnehmens und Denkens habe ich als ein Hin- und Herpendeln zwischen unterschiedlichen bzw. gegensätzlichen Perspektiven beschrieben. Diese unterschiedlichen Perspektiven können Grundqualitäten menschlicher Seinsweisen darstellen wie Erfahren/Erleben/Fühlen - Reflektieren/Erinnern/Denken; Wahrnehmen - Interpretieren; Handeln - Geschehenlassen, etc. So nebeneinander stehend, wird die polare Beziehung zwischen diesen Perspektiven deutlich - jede Perspektive bildet *einen* Pol einer Grundqualität menschlichen Bewußtseins. Erst die Polarität, und das heißt beide Pole gemeinsam, ergeben zusammen ein Ganzes.

Das Hin- und Herpendeln zwischen solchen Polen stellt eine Möglichkeit dar, erneut Zugang zur Ganzheit zu bekommen. Wenn wir als menschliche Wesen nicht zuletzt durch die Entwicklung unseres Bewußtseins aus der Ganzheit herausgefallen sind, so nutzen wir nun unser Bewußtsein als einen Pol, von dem wir auch immer wieder loslassen können und zum Unbewußten hin pendeln und umgekehrt. Der Prozeß ganzheitlichen Erlebens und Erkennens steht und fällt mit genau diesem Prinzip des Hin- und Herpendelns.

Abgesehen von den Polen Bewußtheit - Unbewußtheit lassen sich noch andere generellere Polaritäten finden, die aufgrund ihrer unterschiedlichen inhaltlichen Qualitäten noch einmal ganz spezifische Kompetenzen betreffen.

Eine erste Kompetenz besteht darin, zwischen *Erfahrung und Selbstreflexion* zu unterscheiden und zu pendeln. Das heißt u.a., den Unterschied zwischen Fühlen/Empfinden und Denken, zwischen Wahrnehmen und Interpretieren sowie zwischen Handlungen und ihren Bedeutungen zu kennen und zu berücksichtigen.

Eine weitere Kompetenz der Person, die sich als verantwortlicher Teil eines Systems versteht, besteht in der Fähigkeit, zwischen der *Identifikation* (ich erfahre mich als Beteiligter und Mitverantwortlicher im System) und der *Disidentifikation* (ich trete innerlich einen Schritt zurück, um das größere Ganze - mich eingeschlossen - wahrzunehmen und zu verstehen) zu wechseln.

Eine dritte Kompetenz besteht darin, einerseits konstruktive Verunsicherungen (Irritationen, die durch Lernherausforderungen ausgelöst werden und mitunter viel Vertrautes in Frage stellen) zu erkennen und zuzulassen; und andererseits aus diesem Chaos immer wieder Ordnungen entstehen zu lassen, also zwischen *Erhalten und Zerstören* zu wechseln (vgl. Fuhr/Gremmler-Fuhr 1988, 147 ff.). Auch die inhaltliche Auseinandersetzung mit unserer menschlichen Situation bringt uns, wie Yalom in seiner tiefgehenden Untersuchung zeigt - auf Polaritäten: wir haben beispielsweise unfaßbare Angst vor Isolation und Tod. Je mehr wir uns jedoch auf das Leben einlassen, desto deutlicher wird auch unsere Todesangst spürbar; je näher wir einem anderen geliebten Menschen kommen, desto klarer wird uns, daß es eine letzte unüberbrückbare Grenze zwischen uns gibt, innerhalb der wir allein bleiben müssen. Todesangst und Lebensfreude, existentielle Isolation und Geborgenheit, Freiheit unserer Willensentscheidungen und Determinierungen durch Anlagen und äußere Zwänge, Sinnlosigkeit universellen Geschehens und körperlich-sinnhafte Erfahrungen - all dies sind unversöhnlich erscheinende Gegensätze. Das Pendeln zwischen diesen vermeintlichen Gegensätzen kann uns jedoch zur Erfahrung der »Übergegensätzlichkeit« bringen.

Dieses Pendeln zwischen verschiedenen Standpunkten, Perspektiven und Polen bezieht sich ebenso auf *innerpsychische* Phänomene wie auf *zwischenmenschliche* Beziehungen sowie auf noch *komplexere Einheiten* wie Organisationen, Institutionen und Ökosysteme.

All das verdeutlicht einmal mehr, daß ganzheitliches Lernen bei der Wahrnehmung beginnen und alle Dimensionen der Wahrnehmung (aus Körper-Seele-Geist entspringenden Gefühle, Gedanken, Intuitionen, Träume) gleichermaßen ernst nehmen muß. Es geht darum, diese unterschiedlichen Dimensionen erfahrbar zu machen und sie dann miteinander ins Spiel zu bringen, sich der Wechselwirkung, die sie aufeinander haben, auszusetzen. Dadurch kann immer wieder partielle (oder relative) Ganzheit erreicht werden.

Ein in diesem Sinne verstandenes Lernen rückt insofern in die Nähe eines künstlerischen Schöpfungsprozesses, als immer wieder subjektive Realitäten erfahrbar werden, die »einen anderen Geist innerhalb unseres eigenen äußeren Geistes« erkennen lassen (Bateson 1981, 597). Wenn man nun noch seine Aufmerksamkeit (auf einer Meta-Ebene) auf das *Muster, das verbindet,* richtet, das Aufeinander-Bezogensein, also das Wechselspiel zwischen Geist und *Geist* zu erfassen versucht, bewegen wir uns im Sinne Batesons hin zum Ästhetischen. Für ihn ist Ästhetik die Aufmerksamkeit für das Muster, das verbindet (Bateson 1982, 16). Wir hören dann damit auf, Muster als etwas Festes zu betrachten, und beginnen, sie »*primär* (was immer das bedeuten mag) als einen Tanz ineinandergreifender Teile aufzufassen, und erst sekundär als festgelegt durch verschiedenartige physikalische Grenzen und durch die Einschränkungen, die Organismen typischerweise durchsetzen.« (ebd. 22)

Konsequenzen ganzheitlicher Erkenntnisweise für Persönlichkeitsentwicklung

Ich habe mich in den vorhergehenden Abschnitten bemüht, mich einem ganzheitlichen Verständnis von Wahrnehmung und Denken anzunähern und Lernen als einen künstlerischen Prozeß zu beschreiben. Ich bin dabei teilweise eindeutig geworden, oft aber auch »eindeutig uneindeutig« geblieben. Dieser Aspekt von Uneindeutigkeit und Nicht-Greifbarkeit taucht nicht nur bei dem Versuch auf, Aussagen zur Ganzheitlichkeit zu machen. Er ist auch eine wesentliche Qualität auf der Erfahrungsebene, wenn man sich auf den Weg macht, die vorgefaßten Wahrnehmungs-, Interpretations- und Erkenntnisweisen in Frage zu stellen und sich für Ganzheitlichkeit zu öffnen. Ich erlebe und beobachte an mir und anderen immer wieder in unterschiedlichster Ausprägung, daß es in diesem Prozeß eine Phase gibt, in der man meint, den Boden unter den Füßen zu verlieren, gar nichts mehr zu haben, worauf man sich verlassen oder woran man sich sich festhalten kann.

Dieses Erleben der Bodenlosigkeit verliert aber nach und nach an Intensität, sei es dadurch, daß man das Befremdende wieder verdrängt und verleugnet oder daß man Vertrauen in die Leere gewinnt. Wo man aber versucht, dieses Erleben für sich und andere in seiner Ganzheitlichkeit nachvollziehbar zu reflektieren und zu beschreiben, wird man immer wieder an die Grenze des Beschreibbaren gelangen und in den Bereich des Unsagbaren vorstoßen, dessen Wert für den Prozeß intuitiv empfunden werden, aber nicht bis ins Letzte beschrieben werden kann. Wenn ganzheitliches Erleben, wie ich behaupte, auch von Intuition und Gefühl geleitet und getragen wird, dann kann eine angemessene Beschreibung oder Reflexion dieses Prozesses sich nicht darin erschöpfen, nur das Analytische, Logische, Begreifbare zu benennen. Eine Konsequenz für die Prozesse ganzheitlichen Wahrnehmens, Interpretierens und ganzheitlicher Erkenntnisweise auf der abstrakten gedanklichen Ebene ist also, daß sie mit rational nachvollziehbaren Mitteln allein nicht hinreichend beschrieben werden können.

Auf der konkreten Ebene des Erlebens von Uneindeutigkeit haben wir es jedoch nicht nur mit dem schon genügend irritierenden Angriff auf unseren Intellekt zu tun. Wir sind ihr nunmehr als Person, ganzheitlich und existentiell ausgesetzt. Daher werden die »letzten Dinge«, wie Freiheit, Isolation, Endlichkeit (Tod) und die Sinnfrage, die zu unserer Existenz als Person dazugehören, immer wieder sehr intensiv in ihrer Polarität erlebt: Jede dieser existentiellen Konfrontationen hat etwas Befremdendes und Beängstigendes, doch gleichzeitig auch etwas ungeahnt Befreiendes an sich. Wie ich bereits andeutete, kann die existentielle Konfrontation mit Freiheit als Chance und Fluch allein dadurch ausgelöst werden, daß man sich der Freiheit bewußt wird, seine eigene Realität konstruieren zu können (Chance), aber auch zu müssen (Fluch). Was das so schwer macht, ist, daß wir keinerlei externe Orientierung für unsere Interpretationen mehr haben, denn gerade das, was uns als »objektiv richtig« erschien, ist nun in Bewegung geraten und hat seine Konturen verloren. Wir sind zurückgeworfen auf uns selbst und damit gezwungen, eine interne Orientierung zu entwickeln, die aus der Leere in uns erwächst und notwendigerweise eine personale Qualität hat (vgl. Perls 1981, 72). Anstelle kollektivistischen oder individualistischen Denkens und Handelns, die sich entweder sozialer Pflichterfüllung und egalitärer Konformität oder dem Eigeninteresse und Konkurrenzkampf verschrieben haben, ist hier das Recht und die Pflicht auf Selbstentdeckung, das Entwickeln einer eigenständigen Persönlichkeit gefragt.

Auch als Individuum nehmen wir uns zwar mitunter maßlos wichtig, aber der entscheidende Unterschied dazu, wie man sich als Person wichtig nehmen kann, besteht in der Art von Bestätigung, die darin liegt: funktionale Bestätigung, bei der kein tiefes Gefühl für persönlichen Wert entsteht, sondern bei der wir uns nur an unseren Leistungen oder unserem Funktionieren messen und messen lassen; oder personale Bestätigung, die sich einstellt, wenn wir uns in dem, wie wir sind - und nicht in dem, wie wir gerne wären - wertschätzend erkennen und erkannt werden und Veränderungen zulassen, ohne sie zu erzwingen. Im Gegensatz zu funktionaler Bestätigung liegt in der personalen Bestätigung nichts, was unsere Selbstidentifikationen verfestigen und das Ego blähen könnte, nichts, was sich zum Prahlen eignet. Statt dessen entwickelt sich jenseits von individualistischem Konkurrenzkampf und narzißtischem Größenwahn ein gesundes, tiefes Empfinden für den persönlichen Wert, der nicht auf Kosten anderer empfunden wird. Die Aufmerksamkeit richtet sich bei personaler Selbstentdeckung auf die Einzigartigkeit, auf das, was Persönlichkeit ausmacht; Einzigartigkeit jedoch nicht im Sinne eines wertenden Vergleichs gegenüber anderen, sondern im Sinne von Respekt für Andersartigkeit, der eigenen und der anderer.

Auf diese Weise kann kann sich eine Identität heranbilden, die eine innere Orientierung bietet und sich gleichzeitig durch permanenten Wandel auszeichnet, da sie von der Auseinandersetzung mit Andersartigkeit lebt. Aber - und das ist für das konfrontative Element mit existentiellen Themen (wie zum Beispiel Freiheit) von großer Bedeutung. Die im ständigen Werden begriffene Identität liefert eben auch dann den letztlich einzig bleibenden Wert für die Orientierung, wenn man sich der Vielfältigkeit und scheinbaren Regellosigkeit der Ganzheit öffnet. Die Öffnung des Individuums zur Ganzheitlichkeit hin macht also paradoxerweise gleichzeitig die Entwicklung einer personalen Identität erforderlich, ohne die wir in der Uneindeutigkeit verloren wären.

Das allein reicht aber noch nicht aus, um mit den Verunsicherungen leben zu können. Auch als Personen sind wir soziale Wesen, und wir brauchen nicht nur die personale Sicherheit, die darin besteht, immer wieder auf personal gültige Wahrheiten zu stoßen. Wir suchen auch die (personale) Bestätigung von außen, wenn wir mit unserer eigenen (personalen) Erkenntnis dorthin gehen. Und auch hier meint personale Bestätigung wiederum nicht den Wunsch zu hören, wie großartig wir sind. Wir sehnen uns danach, *als Person gesehen und akzeptiert zu werden*, so wie wir in diesem Moment sind. Wo uns diese Haltung entgegengebracht wird und wir sie dem anderen entgegenbringen, vollzieht sich Begegnung. Begegnung als Konfrontation mit Andersartigkeit (in der Einzigartigkeit der Personen), deren Basis Akzeptanz ist und die dadurch erst Wandel ermöglicht. Das ist das Erstaunliche: Im Akzeptieren dessen, was und wie ich und der andere im Moment sind, kann auch Veränderung zugelassen werden. Wir sind nicht mehr vollauf damit beschäftigt, uns überzeugend darzustellen, »gut auszusehen«, sondern wir sehen *uns*. Damit fällt die Anstrengung des Sich-Behauptens und Legitimierens von uns ab, und wir können miteinander in einen Austausch treten. Wir können uns von der Andersartigkeit des anderen anregen lassen und uns gegenseitig unsere Wahrnehmungen und subjektiven Interpretationen mitteilen. Und dadurch, daß diese Wahrnehmungen und Interpretationen auf der Basis von gegenseitiger Akzeptanz geäußert werden, müssen sie nicht abgewehrt werden, sondern können als das genommen werden, was sie sind: Angebote einer anderen personalen Sichtweise, die für mich Herausforderndes enthalten kann und der gegenüber ich mich öffnen kann, wenn ich mich sicher genug fühle, als eigenständige Person akzeptiert zu werden.

Im Zusammenhang mit der paradoxen Theorie der Veränderung habe ich darauf hingewiesen, wie wichtig das Akzeptieren dessen ist, was in einem und um einen herum vorgeht. Ohne eine solche Akzeptanz könnte nicht wahrgenommen werden, was ist; und ohne ein Wahrnehmen dessen, was ist, könnten wir nicht zu einer Bedeutung oder einem Sinn dieser Wahrnehmung finden.

Ob nun jedoch die Bedeutung oder der Sinn, den man einer Wahrnehmung zuschreibt, die Qualität einer Lern-Herausforderung enthält, hängt davon ab, ob diese auch ein Element von Beunruhigung oder Irritation enthält. Wir müssen diese Irritation in dem Sinne akzeptieren, daß wir sie zulassen, ohne sie ihrer beunruhigenden Qualität zu berauben. Wo es uns nicht auch irritiert und beunruhigt, irritiert oder beunruhigt *zu sein*, fehlt die Herausforderung. Wo jedoch *nur* Irritation ist, kommt es ebenfalls nicht zu einer Entwicklungs-Herausforderung, weil die Situation nur noch bedrohlich erlebt wird. In einer Situation, die ganzheitliche Entwicklung ermöglicht, muß das Irritierende im Spannungsfeld zwischen Selbstverständlichkeit und Bedrohlichkeit erlebt werden: Die Selbstverständlichkeit gibt Sicherheit und ermöglicht es, das Irritierende zuzulassen; die Bedrohlichkeit liefert das Element der Herausforderung, die die Sicherheit in Frage stellt. Diese Balance zwischen Polaritäten ist der mittlere Modus, die gespannte Gelassenheit, die Lernen im Sinne von Entwicklung als kreativem Prozeß ermöglicht.

Ich habe bereits erwähnt, daß es uns aus Gründen, die mit unseren gewohnten Erkenntnisweisen zusammenhängen, schwerfällt, immer wieder einmal zu einer solchen Balance zu kommen. Daneben fehlt es uns aber auch an ganz schlichten, jedoch sehr wichtigen Eigenschaften: Neugierde und Staunen! - Wo wir nur noch bereit sind, unsere Sichtweisen bestätigt zu sehen, stellen wir nicht in Frage. Wo wir dagegen offen sind für Erstmaligkeit (vgl. Fuhr/Gremmler-Fuhr 1988, 265 ff.), bleiben wir mit unseren Realitätskonstruktionen im Fluß. Eine solche Offenheit für Erstmaligkeit ist bei Kindern noch ausgeprägt vorhanden, und mancher Erwachsene hat sich einiges dieses kindlichen Gemüts erhalten können. An einem Gedanken aus Goethes Maximen und Reflexionen wird ein wichtiger Aspekt dieser Offenheit für Erstmaligkeit deutlich (oder auch »Überraschung«, wie es Gronemeyer nennt - siehe S. 53):

> Ich denke immer, wenn ich einen Druckfehler sehe, es sei etwas Neues erfunden (Goethe 1976, 1060).

Statt der wahrscheinlich häufigeren Interpretation, es handele sich bei einem fremdartig geschriebenen Wort um einen Druckfehler, ist Goethes Interpretation von Offenheit für Erstmaligkeit geprägt, wenn er daraufhin als erstes die Idee hat, etwas Neues sei erfunden.

Diese Art von Neugierde und Offenheit, diese Bereitschaft, sich überraschen zu lassen, beeinflußt den Prozeß von Wahrnehmen-Interpretieren-

Bewerten insofern, als dadurch der Wahrnehmung zu Beginn mehr Raum gegeben wird, statt vorschnell in gewohnte Interpretations- bzw. Denkschemata zu verfallen oder durch sofortiges Abwerten die Auseinandersetzung zu vermeiden.

Angesichts der zunehmenden Komplexität und Widersprüchlichkeit dessen, was wir potentiell wahrzunehmen in der Lage sind, wäre es vielleicht den Versuch wert, nicht länger den Teil für das Ganze zu halten, sondern uns miteinander auf Entdeckungsreise nach Zusammenhängen zu machen, auch und gerade als Lehrende und nicht zuletzt, weil es aufregend ist und einen Wert in sich hat. Um es mit Bateson zu sagen: Wir täten

> »... gut daran, uns in unserem Eifer, die Welt, die wir so wenig verstehen, kontrollieren zu wollen, zurückzuhalten. Die Tatsache unseres unvollkommenen Verstehens sollte nicht dazu führen, daß unsere Ängste genährt und damit die Bedürfnisse nach Kontrolle noch erhöht werden. Vielmehr sollten unsere Untersuchungen durch ein älteres, heute aber weniger honoriertes Motiv inspiriert werden: eine Neugier auf die Welt, von der wir ein Teil sind. Der Lohn einer solchen Arbeit ist nicht Macht, sondern Schönheit.« (Bateson 1983, 352)

---

[1] Für dieses Kapitel habe ich Teile meiner Veröffentlichung *Wenn Wahrnehmung einen Unterschied macht* (Gremmler-Fuhr 1990) sowie meines Vortrages auf dem Kongreß *Vernetztes Denken und ganzheitliches Handeln - wie lernt man das?* der Zentralstelle für betriebliche Ausbildungsfragen im Januar 1991 in Nottwil/Schweiz verwendet.

[2] Nach den Erkenntnissen der buddhistischen Psychologie und der »neuen Wissenschaft vom Bewußtsein« ist der Vorgang des Entstehens einer Erfahrung natürlich viel komplexer, als wir ihn hier darstellen. Im Buddhismus geht man von fünf »Anhäufungen von Dharmas« (Skandhas) aus: Form, Empfindung, Wahrnehmung (Unterscheidung), mentale Ereignisse und Bewußtsein. Die Wissenschaft vom Bewußtsein hat diese Ausdifferenzierung weitgehend bestätigt (Hayward 1990). Für unsere Zwecke der Darstellung der Erfahrungsprozesse in dialogischer Beratung hat sich die Reduktion auf drei Elemente der Erfahrung bewährt: Wahrnehmung, Interpretation, Bewertung.

[3] Ich gehe hier der Einfachheit halber davon aus, daß es möglich ist, unverfälscht durch Interpretationen wahrzunehmen. Tatsächlich stehen unsere Wahrnehmungen in wechselseitiger Abhängigkeit von unseren Interpretationen: »Du siehst nur, was Du glaubst« (nach einer Sufi-Weisheit).

5. Kapitel

Dialogisches Beziehungsverständnis

Existentielle Bestätigung

In den vorigen Kapiteln zum personalen Selbstverständnis und den daraus resultierenden Wahrnehmungs- und Erkenntnisweisen habe ich immer wieder von einem Hin-und-Herpendeln gesprochen. Ich habe dabei jedoch im wesentlichen einen intrapersonalen Standpunkt beibehalten, also zunächst einmal herausgestellt, was eine personale Grundeinstellung für den einzelnen Menschen innerlich bedeutet. Wenn ich also bislang diese intrapersonale Perspektive eingenommen habe, so pendele ich jetzt gewissermaßen hin zu einer interpersonalen Perspektive.

Auch in diesen beiden Perspektiven sind existentielle Grundqualitäten menschlichen Daseins aufgehoben, die wiederum als Polaritäten auftreten: Ich bin sowohl unabhängig, allein und einsam als auch eingebunden, abhängig und vernetzt. Solange ich die intrapersonale Perspektive einnahm, dominierte sprachlich der Gebrauch der Aktiv-Form: ich nehme wahr, ich akzeptiere, ich respektiere etc.

Wenn ich nun die interpersonale Perspektive einnehme, kommt die Passiv-Form hinzu: ich werde wahrgenommen, ich werde akzeptiert, ich werde respektiert.

Es ist bereits eine nicht zu unterschätzende Fähigkeit, in der Lage zu sein, etwas oder jemanden wahrnehmen, akzeptieren und respektieren zu können. Wenn sich dieses Wahrnehmen und Akzeptieren auf einen anderen Menschen bezieht, so bedeutet das für diesen die Möglichkeit, *als Person gesehen zu werden* - und das ist wiederum eine ganz spezielle Erfahrung.

Der eine Pol liegt also in der Herausforderung, mich dahin zu entwickeln, andere als Personen wahrnehmen zu können. Der andere Pol markiert die Herausforderung, die in der Erfahrung liegt, von einer solchen Aufmerksamkeit gemeint zu sein - also als Person, wie ich bin, gesehen zu werden. Oder noch einmal anders ausgedrückt: Was bedeutet es für mich, andere so sehen zu können, wie sie sind? Und was bedeutet es für mich, so gesehen zu werden, wie ich bin?

Ein solches Sehen und Gesehen-Werden heißt ganz allgemein gesagt, den anderen in seiner personalen Existenz zu bestätigen bzw. in der eigenen personalen Existenz bestätigt zu werden.

Auf den ersten Blick erscheint es sehr einfach, sich etwas unter dem Begriff der existentiellen Bestätigung vorzustellen. Dahinter müßte sich eine Art »Genehmigung« für die spezifische Einzigartigkeit eines Menschen verbergen - also ein grundsätzliches Akzeptieren seines So-Seins. Aber was ist ein »grundsätzliches Akzeptieren« und hat das auch Grenzen? Muß ich einen anderen Menschen gut finden, wenn ich ihn bestätige? Ist also Bestätigung identisch mit Zustimmung?

Maurice Friedman hat sich in seinem Buch *Der heilende Dialog* (Friedman 1987) u.a. mit dem Phänomen der Bestätigung beschäftigt. Friedman zufolge bedeutet »echte Bestätigung ... daß ich meinen Partner als real existierendes Geschöpf bestätige, während ich mich gleichzeitig mit ihm auseinandersetze.« (Friedman 1987, 23) - Das klingt einmal mehr nach Polarität: Sowohl Akzeptanz als auch Auseinandersetzung; einerseits Zustimmung, andererseits auch Reibung und Kritik. Für die anfangs gestellte Frage danach, ob Bestätigung gleichbedeutend mit Zustimmung sei, läßt diese Definition die Vermutung zu, daß es einen Unterschied zwischen beidem gibt.

An anderer Stelle wird das noch deutlicher: Das, was gegenseitig bestätigt werden muß, ist die jeweilige Einzigartigkeit oder auch das Anderssein, der Unterschied. Diese Bestätigung kann laut Friedman nicht allein durch Einfühlung, Empathie oder Identifikation mit dem anderen geschehen. Denn wie kann ich den anderen in seiner Einzigartigkeit bestätigen, wenn ich meine eigene Einzigartigkeit verlassen habe und in ihn eingetaucht bin? Dadurch hätte ich auch noch seine Einzigartigkeit in Frage gestellt, denn wenn ich sie teilen kann, dann wäre er ja nicht länger einzigartig. Das, was ich mit dem anderen teile, kann nicht länger etwas sein, was uns unterscheidet, sondern ist das, worin wir uns gleichen. Andererseits: Wird hier nicht Empathie mit Konfluenz verwechselt? (vgl. Perls u.a. 1951, 153 ff.)

Wenn ich in der Lage bin, mich in den anderen hineinzufühlen, dann heißt das noch nicht, daß ich mich nicht mehr von ihm unterscheide. Ich kann dann gewissermaßen nachempfinden, was etwas für den anderen bedeutet, aber ich kann mir dabei bewußt sein, daß es *seine* Geschichte ist, in die ich eintauche, und daß ich noch immer ich bin - unterschiedlich, einzigartig und mit meiner eigenen Geschichte.

Mit dieser Unterscheidung zwischen Empathie und Konfluenz (bei letzterer fließe ich mit dem anderen zusammen und die Grenze zwischen uns löst sich auf, anstatt lediglich durchlässig zu werden, wie es bei Empathie der Fall ist) will ich auf folgendes hinaus: Bei Friedman liest es sich, als habe Bestätigung nichts mit Empathie, Identifizierung und Einfühlung zu tun, sondern mit »Umfassung« im Buberschen Sinne als dem Erleben »der anderen Seite der Beziehung« (Friedman 1987, 114). Genau dieses verstehe ich jedoch unter Empathie, wobei ich damit allerdings nicht nur das Erleben als affektiver Aspekt meine, sondern auch eine Rollen- und Perspektivenübernahme als kognitiver Aspekt. Entsprechend heißt Bestätigung, aus diesen emotional und kognitiv gewonnenen Einsichten (Empathie) heraus auf die Existenz des anderen zu antworten.

Bestätigung kann also nur erfolgen, wo die Grenzen zwischen Personen durchlässig werden, aber nicht aufgelöst sind, so daß keine personalen Identitäten mehr vorhanden sind. Friedman nennt das in Anlehnung an Buber »Umfassung«; ich ziehe jedoch an dieser Stelle den Begriff der Empathie[1] in Abgrenzung zu Konfluenz vor. Empathie ist somit die Voraussetzung für existentielle Bestätigung. Bis zu diesem Punkt stimmt Friedmans Sichtweise (trotz der unterschiedlichen Begrifflichkeit) mit meinem Verständnis von Bestätigung überein. Auch die Unterscheidung in »echte Bestätigung« und »bedingte Bestätigung« (diese ist an bestimmte Bedingungen geknüpft und daher letzlich keine existentielle Bestätigung) finde ich sehr wichtig.

Begegnung und Dialog

Die Schwierigkeit, Klarheit in das zu bekommen, was Bestätigung heißt, liegt jedoch noch immer in der Frage verborgen, inwieweit Bestätigung gleichbedeutend mit Zustimmung ist.

Den anderen »als real existierendes Geschöpf [zu] bestätige[n]« (vgl. Friedman 1987, 23), mag die Qualität von Zustimmung haben. Aber was ist gemeint mit dem zweiten Teil der Definition, »... während ich mich gleichzeitig mit ihm auseinandersetze«?

Auseinandersetzung als Konfrontation mit der eigenen Einzigartigkeit, den persönlichen Sichtweisen, Einschätzungen, Bewertungen etc.? Oder eine innere Auseinandersetzung, ein Sich-Beschäftigen mit dem, was diese fremde Einzigartigkeit, dieses andere in meinem Gegenüber für mich bedeutet?

Für mich heißt Bestätigung nicht sowohl Zustimmung als auch Konfrontation. Genau genommen ist Bestätigung weder Konfrontation noch Zustimmung: denn das Bestätigen der Person in ihrem Geworden-Sein muß bedingungslos sein, ich muß sie da sehen können, wo sie ist - aber das heißt nicht, daß ich das auch bedingungslos akzeptiere; und das ist weder zustimmend (in dem Sinn, daß ich alles gutheiße, was der andere tut) noch ist es konfrontierend (im Sinn einer Veränderungsabsicht). Bestätigung enthält demnach also kein konfrontierendes Element. Vielmehr betrachte ich Bestätigung wie Konfrontation als Pole einer Dimension, wobei das Hin- und Herpendeln zwischen den Polen Begegnung ermöglichen kann. Bestätigung ist das Wahrnehmen des anderen in seinem So-Sein und mein Antworten auf diese so wahrgenommene Existenz des anderen. Konfrontation ist das Auseinandersetzen mit der Existenz des anderen. Bestätigung *und* Konfrontation sind nun zusammengenommen die Voraussetzung für Begegnung im dialogischen Sinn, aber das Auftreten von Bestätigung und Konfrontation an sich garantiert auch noch nicht, daß Momente der Begegnung stattfinden. Denn Begegnung vollzieht sich im »Zwischen«, wie es Buber nannte und Hycner es für die therapeutische Beziehung herausarbeitete (vgl. Hycner 1989). Das bedeutet, daß es nicht ausreicht, bestätigend und konfrontativ zu sein. Das wäre lediglich eine erste Vorbedingung. Eine zweite Vorbedingung für Begegnung besteht darin, daß diese Bestätigung und Konfrontation auch angenommen wird. Das wiederum setzt bereits eine vertrauensvolle Beziehung zwischen zwei Personen voraus - zumindest jedoch einen Vertrauensvorschuß in den anderen, wenn die Beziehung beispielsweise noch am Anfang steht.

Als Basis für Begegnung (und diese immer wieder nährend) ist also die Beziehung anzusehen, vor deren Hintergrund Bestätigung und Konfrontation erfolgen und angenommen werden - und zwar idealerweise von beiden Personen.

Aber auch das muß noch nicht Begegnung bedeuten. Begegnung vollzieht sich nicht durch die Äußerungen an sich, sondern ist das plötzliche beiderseitige oder wechselseitige Sehen-und-gesehen-Werden als Person in diesem Moment. Bestätigung und Konfrontation geschehen vor dem Moment der Begegnung; im Moment der Begegnung sind Bestätigung und Konfrontation nur noch als Bedingungen relevant: sich vom anderen gemeint, gesehen, erkannt und angenommen zu fühlen und ebenso für den anderen empfinden zu können. Begegnung ist also ein Ereignis, das das Erleben der beteiligten Personen transzendiert. Es ist der Moment des Sich-Gegenseitig-Wahr-Nehmens, der in dem Kontaktzyklus aus der Theorie zur Gestalttherapie der Phase des vollen Kontakts (vgl. Perls u.a. 1951, 459 ff.) entspricht.

Als Dialog bezeichne ich den gesamten Prozeß des Sich-Bemühens um Begegnung, den umfassenden Versuch, sich zu treffen. Dialog ist nach meinem Verständnis also nicht notwendigerweise mit dem Moment gelungener Begegnung verknüpft, sondern ist der gesamte Reigen einer Interaktion, dem das Interesse an dem Du des anderen zumindest bei einer der beteiligten Personen zugrunde liegt. In Bubers Terminologie heißt das, daß mindestens eine Person die Haltung einer Ich-Du-Beziehung zum anderen einnehmen muß, die eine »Haltung echten Interesses an dem Menschen ... als Person« ist (Hycner 1989, 21).

Dabei gehe ich davon aus, daß in einem echten Interesse an dem anderen als Person auch immer ein Interesse an der Welt enthalten ist, von der eine jede Person jeweils auch einen Ausschnitt mitrepräsentiert. Der Befreiungspädagoge Paulo Freire gewichtet in seinem Verständnis vom Dialog dagegen den politischen Akzent sehr viel stärker als den persönlichen, wenn er Dialog definiert als »die Begegnung zwischen Menschen, vermittelt durch die Welt, um die Welt zu benennen.« (Freire 1981, 72)

Wenn der andere ein echtes Interesse an ihm nicht annimmt - sei es aus Mißtrauen, Angst, Scham oder welchen Gründen auch immer - kann keine Begegnung stattfinden. Die besten Absichten, mit jemandem in einen Dialog zu treten, werden nicht ausreichen, wenn einer der beiden es nicht zulassen will oder kann. Früher oder später kommt es in solchen Fällen daher meistens zu einem Schwinden des Interesses am anderen und zum Rückzug. Denn auf die Dauer ist es zu frustrierend, immer wieder mißverstanden zu werden in seinem Zugehen auf den anderen, der sich dadurch nur kontrolliert, gefordert oder in die Enge getrieben fühlt. Gerade Menschen in Führungs- bzw. Machtpositionen können in der Regel ein ihnen entgegengebrachtes echtes personales Interesse lange Zeit nicht als solches an sich heranlassen, sondern stehen ihm mit Argwohn gegenüber und reagieren entsprechend darauf.

Auch in einer dialogischen Beratungssituation ist das Interesse am Du des anderen über lange Zeit hinweg nicht auf beiden Seiten vorhanden; vielmehr ist es ein Kriterium für erfolgreich verlaufende dialogische Beratung, wenn der Klient ebenfalls echtes Interesse am anderen entwickeln und zeigen kann. Bis dahin ist die Beratungssituation in der Regel dadurch gekennzeichnet, daß sich der Berater aus einer Haltung echten Interesses heraus verhält, um anhand der Reaktion des Klienten mit diesem gemeinsam herauszubekommen, was dieses personale Interesse bei ihm auslösen könnte.

Dabei ist im Idealfall beim Berater wieder eine polare Einstellung anzutreffen: natürlich wünscht er sich Momente der Begegnung, wenn er dialogische Angebote macht. Sein aktuelles Bestreben ist jedoch, die Bedeutung und den Sinn der Reaktion seines Gegenübers gemeinsam mit diesem zu erarbeiten. Es geht also nicht darum, eine Lücke in den Abwehrmauern des Klienten zu finden, durch die er erreichbar wäre - sondern ihn so zu nehmen, wie er ist, den Hintergrund seines So-Seins kennenzulernen, sein Geworden-Sein zu rekonstruieren. Auf diese Weise ist es möglich, den Sinn, der der Entstehung seiner »Abwehrmechanismen« zugrunde liegt, zu erfassen, wodurch dem Klienten das Akzeptieren seines eigenen So-Seins möglich wird. Damit ist nicht nur eine wesentliche Grundlage für Begegnung, sondern auch die wichtigste Voraussetzung für persönlichen Wandel gegeben, die der paradoxen Theorie der Veränderung entspricht.

Zentrierung und Durchlässigkeit

Um die Dialogangebote in dieser Weise weiterzuverarbeiten, muß der Beratende zwischen dem pendeln, was er bei dem anderen an Resonanz auf sein Angebot wahrnimmt und dem, was das wiederum bei ihm auslöst. Vereinfacht ausgedrückt handelt es sich dabei um ein Pendeln zwischen Außen- und Innenwahrnehmung. Dazu bedarf es wiederum einer polaren Kompetenz als Voraussetzung: die der Durchlässigkeit und der Zentrierung[2].

Mit Durchlässigkeit meine ich ein Sich-Öffnen für das, was der andere aus seiner Welt heraus an Selbstausdruck anbietet, und das ich mit meinem gewachsenen So-Sein (bzw. Geworden-Sein) und meinem aktuellen So-Sein (wie ich im Moment bin) in Beziehung setze bzw. aufeinandertreffen lasse. Damit dieses Fremde in mir auf etwas treffen kann, muß ich neben dem Durchlässig-Sein auch zentriert sein: ich lasse also etwas des anderen in mich hinein, und dieses trifft auf etwas, was bereits schon vorher da war; dieses setze ich gegen das neu Hereinkommende und daraus ergibt sich eine Reaktion - vielleicht sogar eine kleine Veränderung des So-Seins auf beiden Seiten. Eine solche Veränderung könnte beispielsweise so verlaufen: Der andere sagt etwas; ich sehe das anders, staune über die Meinung des anderen, lasse sie bestehen, setze meine dagegen; wenn es auch weiterhin gelingt, im Dialog zu bleiben und sich nicht in Überzeugungskämpfe zu verstricken, könnten sich schließlich beide Einstellungen gegenüber dem Beginn der Interaktion modifiziert bzw. verändert haben, ohne daß ein Konsens erzielt werden muß.

Diese Qualität der Durchlässigkeit ist wie das Tönen von Musik, Klängen oder Schwingungen durch feste Körper und vermittelt auf intuitive Weise etwas vom Selbstausdruck und der Präsenz der anderen Person in ihrer momentanen Existenz.

Bei der Darlegung meines Verständnisses von *Person* im dritten Kapitel interpretierte ich die Bedeutung des Wortstamms *personare* als »Tönen durch eine Maske« bereits dahingehend, daß hinter der Maske die Person verborgen ist, die durch jene »hindurchzutönen« vermag (im Gegensatz zu dem Verständnis des Begriffes *Person*, vollständig mit seinen Rollen und Masken identifiziert zu sein). Die Person tönt also nicht *mit Hilfe einer Maske*, sondern *durch ihre Maske hindurch* in die Welt - mit dem Wunsch, Resonanz zu finden; also auf eine Person zu treffen, durch die sie hindurchtönt und sich andererseits auch von dieser durchtönen läßt. Resonanz meint in diesem Zusammenhang, daß etwas von außen kommend Widerhall in einem findet - und eine diffuse, nicht ganz eindeutige Reaktion auslöst, die noch keine Bewertung enthält.

Wo also wirklich zwei Personen aufeinandertreffen, tönen sie nicht nur durch ihre Masken, sondern eben damit auch durch den anderen hindurch, so daß sich daraus die vereinfachte Formel ergeben könnte: Wo zwei Personen sich im Selbstausdruck treffen, findet Begegnung statt.

Von der Schwierigkeit existentieller Bestätigung

Ich begebe mich in den Prozeß des Wahrgenommen-Werdens als ganze Person - ohne doppelten Boden. Das ist sozusagen mein Angebot an die Umwelt. Ich biete dem anderen an, auf mich zu reagieren, mich zu treffen.

Dadurch erst ist die Begegnung überhaupt möglich, jedoch keinesfalls garantiert. Mich als ganze Person in den Austausch mit anderen zu geben, muß noch nicht heißen, daß ich auch wirklich als ganze Person wahrgenommen werde und Begegnung stattfindet. Denn der im intrapersonalen System übliche Ablauf des vorschnellen Interpretierens und Bewertens auf vorgetretenen Pfaden führt in der Interaktion zwischen Menschen dazu, daß wir uns selten mit dem neugierigen Blick für Erstmaligkeit und Einzigartigkeit betrachten, sondern das aufeinander projizieren, was uns vertraut ist oder was wir an uns selbst nicht wahrhaben wollen. Wir neigen dazu, in einer Art und Weise scheinbar aufeinander einzugehen, in der wir die Komplexität dessen, was wir ganzheitlich wahrnehmen könnten, ignorieren und an dem festhalten, was uns größte Sicherheit vermittelt. Das Ergebnis können hitzige, polemische, intellektuelle, prahlerische oder moralisierende Monologe sein, für die der andere nicht selten nur noch die Funktion des Stichwort-Gebers hat. Wie lebendig und emotional solche Gespräche auf den ersten Blick auch aussehen mögen, die Interaktion ist dabei immer langweilig, weil extrem reduziert. Und da wir notgedrungen nach einiger Zeit anfangen, uns zu wiederholen (denn woher sollte schon etwas Neues kommen?), gibt es schließlich nichts mehr, was uns aufhorchen läßt und uns aus der Befangenheit unserer eigenen Welt reißt.

Es kann aber auch anders ablaufen. Was geschieht, wenn eine Person von einer anderen in ihrer momentanen Existenz wahrgenommen wird? Wenn man den anderen wahrnimmt, ihm so die volle Aufmerksamkeit schenkt, wie er im Moment ist, ohne sich selbst dabei aufzugeben? Wenn man als Person eintritt in einen Prozeß, in dem die Andersartigkeit des anderen nicht nur als Banalität respektiert wird, sondern zum Ausgangspunkt einer Begegnung wird?

Es ist für die Beziehung zwischen zwei Personen von großer Bedeutung, wie mit der Andersartigkeit, dem Personalen, umgegangen wird. Gelingt es, sie grundsätzlich zu akzeptieren, oder müssen wir sie unbedingt bewerten und prüfen, ob sie uns überzeugt. Warum eigentlich muß Andersartigkeit - und damit jede Person, die sich ihrer subjektiven Realität bewußt ist und ein personales Identitätsempfinden hat - gerechtfertigt werden oder überzeugend sein? Und vor wem stärker, als vor sich selbst?

Was hindert uns eigentlich, den anderen einmal in seinen Äußerungen ernst zu nehmen, davon auszugehen, daß er seine Gründe hat, es so und nicht anders zu sehen? Ich spreche dabei nicht von übertriebenen und unauthentischen Gefühls- oder Toleranz-Bekundungen, denn Ernstnehmen heißt ja noch nicht, daß ich die Ansichten des anderen teilen und unterstützen muß. Aber ich muß ihm auch nicht unterstellen, so wie er könne man das einfach nicht sehen - beweist er nicht mit seinen Äußerungen gerade, daß man es sehr wohl so sehen kann? Die Konsequenz eines solchen Ignorierens für die Interaktion ist: die Zeit wird vertan, indem jeder seine Sichtweise rechtfertigt, in der naiven Hoffnung, der andere würde schließlich seine Position ändern oder sich geschlagen geben. Was ist eigentlich an diesem subtilen Machtkampf so reizvoll? Sind wir wirklich so versessen darauf, zu gewinnen? Oder brauchen wir die Zustimmung der anderen vielleicht, damit wir das Gefühl haben, wertvoll zu sein? - Einige Antworten auf diese Fragen liegen sicherlich wieder in dem Bereich, auf den ich im Zusammenhang mit Marianne Gronemeyers Ausführungen zu Konsens und Eigensinn eingegangen bin (vgl. viertes Kapitel).

Natürlich haben wir alle ein Bedürfnis nach personaler Bestätigung. Aber kann dieses Bedürfnis auf dem Weg über das Prüfen und Geprüftwerden überhaupt befriedigt werden? Wohl kaum, denn selbst, wenn wir einmal den jeweiligen Anforderungen gerecht werden, bekommen wir lediglich Bestätigung für unser Funktionieren (funktionale Bestätigung[3]), und solange wir funktionieren, sind wir akzeptiert. Personale Bestätigung dagegen findet ihren Ausdruck jenseits des Funktionierens, unabhängig von einer erbrachten Leistung. Sie wird als Geschenk gegeben, also ohne daß dafür eine Gegenleistung erbracht werden muß; sie bedeutet einfach, den anderen in seiner Existenz zu akzeptieren. Wenn das gelingt - und es ist um ein Vielfaches schwerer, das zu empfinden, als es einfach zu sagen (oder zu schreiben) - und der andere sich gesehen, als Person gemeint fühlt, dann ist es auf ganz neue Weise möglich, sich über die Andersartigkeiten zu verständigen. Naive, unvoreingenommene Neugierde tritt an die Stelle des Zensors, und man läßt sich auf das Abenteuer ein, die Welt ein wenig durch die Augen des anderen kennenzulernen. Das, was ich dabei entdecke, kann mich verwundern, schockieren, bestätigen und verwirren. Was immer das Hineinphantasieren in den anderen auch bei mir auslösen mag, es sagt mindestens genauso viel über mich wie über den anderen aus. Vielleicht interessiert es den anderen, was er bei mir auslöst; aber was er damit anfängt, nachdem er es weiß, bleibt letztlich seine Entscheidung. Vielleicht kann er nichts damit anfangen - das macht meine Reaktion jedoch durchaus noch nicht irrelevant. Ich habe diese Reaktionen, sie sind da, also kann ich ihnen eine Bedeutung im Hinblick auf mich in Beziehung zum anderen geben.

Von der Ungeduld der Dialogpartner

Das Initiieren von persönlichkeitsentwickelnden oder transformativen Prozessen und das Freilegen personaler Potentiale durch Dialog kann sowohl für den professionellen Begleiter wie für den Klienten ein reizvolles Unterfangen sein. Aber es birgt auch Herausforderungen und Schwierigkeiten in sich.

Einige davon will ich anhand eines Beispiels veranschaulichen und aufzeigen, welche Konsequenzen das Fehlen existentieller Bestätigung des Klienten für dessen Entwicklungsprozeß haben kann.

Stellen wir uns einen Menschen vor, der seit längerer Zeit mit seiner Lebenssituation unzufrieden ist. Diesmal machen die Gesprächspartner die Unzufriedenheit an seinem beruflichen Alltag fest, den sie solange untersuchen, bis für beide Seiten offensichtlich ist, daß langfristig in der aktuellen beruflichen Situation keine Befriedigung für den Klienten zu finden ist. Das ist zwar eine Erkenntnis, die der Klient selbst auch schon hatte, aber es macht für ihn noch einmal einen Unterschied, wenn er darauf mit der eindringlich gestellten Frage des Beraters gestoßen wird: »Wie lange willst du da noch bleiben?«

An diesem Punkt kann beim Betroffenen ganz Unterschiedliches passieren, was nichts mit den Worten der Frage, sondern den nonverbalen Signalen bei dieser Aussage (Tonfall, Mimik, Gestik) zu tun hat. Die unterschwellige Botschaft nämlich kann lauten: »Geh doch endlich da weg; Du weißt doch jetzt, daß es nichts für dich ist!« Das heißt nichts anderes als: »Ändere dich (geh dort weg), dann bist du richtig (wenn du jetzt immer noch bleibst, ist dir auch nicht zu helfen, dann bist du falsch).« Diese Botschaft enthält einen starken Appell, sich in einer bestimmten Weise zu entscheiden und diese Entscheidung auch in die Tat umzusetzen.

Eine andere Botschaft dieses Satzes könnte lauten: »Nachdem ich jetzt weiß, was es für dich bedeutet, dort zu arbeiten ... wie lange meinst du, das noch aushalten zu können?« Hier zielt die Frage darauf herauszufinden, an welcher Stelle der andere in seinem konkreten Veränderungs- bzw. Umorientierungsprozeß ist, ohne ihn irgendwo anders hinbringen zu wollen. Während die erste Variante sehr viel Druck ausübt, ist die zweite Variante von existentieller Bestätigung und Sorge für den anderen getragen.

In einer solchen Situaton ist die Verlockung für den Berater sehr groß, den Klienten mit seinen brachliegenden Potentialen zu konfrontieren, was beim Klienten nicht selten Größenphantasien auslöst; er kommt an seine narzißtische Besonderheit (die eine der »neurotischen Formen des Selbstausdrucks« nach sich zieht, wie es Lowen nennt; vgl. drittes Kapitel), die nicht mit dem gesunden Empfinden personaler Einzigartigkeit verwechselt werden darf.

Angenommen, der Klient greift die Konfrontation auf und sieht sich nun im Zentrum nahezu unbegrenzter, großartiger Möglichkeiten stehen, dann ist das ein beliebter Zeitpunkt, die Sitzung zu beenden. Der Berater hat das befriedigende Gefühl, die Energie des Klienten in die Richtung einer positiven Veränderung gelenkt zu haben. Doch über die Richtung dieser Veränderung hat letztlich der Berater allein mit seiner Frage entschieden, die den impliziten Appell zur Veränderung enthielt.

Wenn ein Klient sich ausgiebig über eine Situation beklagt, jammert und immer wieder seine Leiden zum Ausdruck bringt, heißt dies noch nicht, daß er diese Situation verändern will oder kann. Für das Verharren in der Ausweglosigkeit hat der Klient immer gute Gründe, die zu mißachten sich im Laufe des Prozesses rächen kann, auf welche Weise auch immer. In einem solchen Prozeß wird die Realisierung der Veränderung zu einem Zeitpunkt angestrebt oder versucht, an dem noch zu viele Kräfte an das Erhalten der Situation gebunden sind - auch wenn der Kopf schon sehr klar weiß: »Ich muß da weg!«

Der Klient realisiert diese rationale Entscheidung vielleicht sogar verfrüht, und zwar nicht zuletzt dem Berater zuliebe, da er dessen Wertung im Ohr hat: »Du solltest da weggehen, wie kannst du nur da bleiben - noch dazu, wo ich das mit dir jetzt so klar herausgearbeitet habe. Wenn du nun trotzdem bleibst ...«

Ja, was ist dann? Der Klient kann sich in diesem Beispiel nicht vorstellen, daß das für seine Beziehung zum Berater keine verhängnisvollen Folgen hätte. Wenn er also jetzt nichts tut, um seine Situation zu verändern (die er ja gerade noch so beklagt und bejammert hat), wird sein Berater sich vielleicht verschaukelt vorkommen, auf jeden Fall wird er jedoch enttäuscht sein von ihm. Und da der Berater ihm die Veränderung zutraut (und da jeder Klient auch immer die Tendenz hat, ein guter Klient sein zu wollen), muß es wohl jetzt geschehen.

Immer wenn ich selbst an dieser Stelle des Prozesses als Lernender weitergegangen bin, und sei es auch nur im Kopf, in meinen Größenphantasien, fiel ich sehr schnell in das entgegengesetzte Extrem zurück. Meine Versuche, mich einmal selbstbewußt, entscheidungs- und handlungsfähig zu geben, führten dazu, daß ich sehr schnell *nicht auf, sondern unter den Boden der Realität* geholt wurde und somit wieder bei extremen Minderwertigkeitsgefühlen landete, von denen ich nur einmal kurz in den Größenwahn entflohen war. Was ich mir da in den Höhen zugetraut und zugeschrieben habe, entsprach nicht meiner gewachsenen Überzeugung, sondern ich hatte das Zutrauen, das jemand anderes in mich setzte, bereitwillig introjiziert, aber eben nicht integriert. Je häufiger jedoch meine Stippvisiten in der Höhenluft waren, desto weniger löste sich alles dort Erfahrene später wieder vollkommen auf: etwas Wahres blieb daran, es war nicht alles nur »heiße Luft«. Entsprechendes galt auch für das andere Extrem: etwas blieb daran, daß ich meine Lücken, Fehler, und Unzulänglichkeiten hatte. Nicht zuletzt wegen des Drängens ungeduldiger Berater pendelte ich hin und her zwischen luftigen Höhen und tiefer Enttäuschung. Auf diese Weise wurde ich immer wieder mit dem Gegenteil dessen konfrontiert, wie ich nun endlich meinte, zu sein, und wurde zum Gejagten zwischen den Extremen. Gleichgültig wie ich mich auch immer sah, ob großartig oder völlig unzulänglich, ich bekam das zurückgemeldet, was und wie ich gerade nicht war. Das löste daher immer wieder Verletzungen in mir aus, die meinen Lernprozeß erschwerten und die Sehnsucht ungestillt ließen, von anderen »so erkannt« zu werden, wie ich gerade war.

Begegnung als Risiko - Angst und Scham

Der Weg persönlichen Wachstums durchläuft verschiedene Phasen, in denen intra- und interpersonale Schwierigkeiten durchlebt und durchlitten werden müssen. Diese können dem Stufenmodell Ken Wilbers zufolge zunächst dem präpersonalen Bereich angehören (vgl. drittes Kapitel). Nach einiger Zeit kann sich der Entwicklungsprozeß in ähnlicher Weise auf den personalen und schließlich auf den transpersonalen Bereich erstrecken. Die im personalen Bereich anstehenden Themen von Rollenselbst und Identitätsfragen rufen irgendwann die existentielle Ebene wach, die eine ganz andere Herausforderung an das Selbst stellt und andere Wachstumsprozesse auslöst, als dies im präpersonalen Bereich der Fall ist.

Besonders die Identitätsfindung kann mit dem starken Wunsch gekoppelt sein, mit seinen Ideen, Potentialen und Kompetenzen herauszutreten in die Welt, sich als Person zu zeigen und einzusteigen in die Gestaltung dessen, was sich außerhalb der Selbstgrenze befindet. Vor allem aber will der

Lernende in den Austausch mit der Mitwelt treten in dem Bewußtsein, etwas anbieten zu können, was man für bemerkenswert hält (»für wert, bemerkt zu werden«). In diesem Prozeß geht es vor allem darum, das Heraustreten in die Welt bewußt zu erleben, von anderen dabei bemerkt zu werden und Resonanz zu spüren sowie die Aufregung von Kontakt zu erleben.

Nach ersten unbeholfenen Schritten des Heraustretens, in denen es hauptsächlich darum ging zu sagen: »Schaut her, ich betrete die Bühne des Lebens«, verschiebt sich die Funktion des Selbstausdrucks von dem Heraustreten als solchem hin zu dem Wunsch, in partnerschaftlichen Kontakt mit anderen, zur Begegnung und zu personalen Erfahrungen zu kommen. Vor dem Hintergrund des noch immer nicht sehr souveränen Heraustretens birgt die Realisierung dieses Wunsches noch eine zweite Schwierigkeit. Sie besteht in dem Erkennen, Akzeptieren und Aushalten eines Paradoxons: auf der einen Seite ist da ein starkes Interesse am Du - auf der anderen Seite die Notwendigkeit, von diesem Interesse wieder loszulassen.

Während man sich auf das Du einläßt, ist es wichtig, sich auch wieder unabhängig davon zu machen, daß die emotionalen Investitionen unbedingt zur Erfüllung des eigenen Kontaktbedürfnisses führen müssen. Man muß sich vielmehr der Möglichkeit bewußt sein, daß solche Kontaktangebote verletzende Reaktionen auslösen können. Das heißt, es bedarf einer bedingungslosen Bereitschaft zum Geben, unabhängig davon, ob und was man zurückbekommt. Es muß ein starkes Interesse vorhanden sein, gewissermaßen so etwas wie ein langfristiger (Vertrauens-) Vorschuß in den Kern des Du, um geduldig und vorsichtig immer wieder Kontaktangebote machen zu können. Gleichzeitig darf dieses starke Interesse jedoch nicht bedeuten, daß man gekränkt und enttäuscht dem anderen vorwirft, dieses Interesse nicht zu schätzen oder zu erwidern. Hier ist also eine Begegnungs-Grundhaltung angesprochen, die allgemein formuliert in der Botschaft zum Ausdruck kommt: »Auch wenn ich dir das Beste gebe, was ich habe - mein persönliches Geschenk an dich - du hast die Freiheit, damit zu machen, was für dich stimmt; du hast die Freiheit, dich darüber zu freuen, es beiseite zu legen oder ganz zu ignorieren.« Und das bedeutet, daß die Angebote ursprünglich wirklich mit der Grundhaltung des Schenkens gegeben werden müssen und nicht als Tauschobjekte in der Erwartung, selbstverständlich etwas dafür zurückzuerhalten (vgl. L. Perls 1989, 43 ff.) Und gleichzeitig ist es keineswegs gleichgültig, wie das Du mit dem Gebenden umgeht.

Es geht mir hier nicht darum, einen stets gebefreudigen, großzügigen, nicht zu kränkenden Menschen zu zeichnen. Wenn das, was ich in bester Absicht gebe, nicht ankommt oder abgewehrt wird, kann mich das sehr kränken. Das sollte mein Gegenüber auch von mir erfahren; ein Ignorieren des Abgelehnt-Werdens in Form von gekränktem Rückzug bringt da ebenso wenig wie ein Weitermachen, als wäre nichts gewesen. Entscheidend ist, wie ich dem anderen mitteile, was seine Reaktion bei mir auslöst und ob ich bereit bin, meinen Teil an Verantwortung für diese Interaktion kennenzulernen und zu übernehmen.

Es gibt Menschen, die diese Haltung in einem therapeutischen Setting einnehmen können: man fühlt sich als Klient gesehen in seiner Ganzheit. Dann ist man jedoch erstaunt, wenn man feststellt, daß diese Begegnungsqualität in einem nicht-therapeutischen Setting mit eben diesem Menschen selten auftritt. Wie ist das möglich? Eine Antwort darauf könnte darin bestehen, daß Begegnung Scham auslöst, wenn der Berater und Klient den Schutz ihrer Rollen verlieren. Gerade weil Rolle und Funktion als Therapeut oder Klient hier nicht zur Verfügung stehen, birgt die Möglichkeit von Begegnung in einem informellen Kontext ein so viel größeres Risiko in sich. In einem therapeutischen Setting dagegen stehen Rollen und Funktionen zur Verfügung, auf die sich beide Personen nach den Momenten der Begegnung immer wieder zurückziehen können, weil sie ihnen Halt geben. In einem Kontext ohne solche Rollen und Funktionen dagegen begegnet man sich sozusagen nackt in seiner bloßen Existenz, und das aktiviert verschiedene Formen von Angst. Beispielsweise

- die Angst vor dem Verlassenwerden: Du siehst und erlebst mich in meiner bloßen, gegenwärtigen Existenz und könntest mich in diesem Zustand stehenlassen und dich abwenden;
- Die Angst vor dem Ignoriertwerden: Du nimmst gar nicht wahr, daß ich mich dir in meiner bloßen Existenz zuwende und zeige, sondern sprichst mich auf einer nicht-existentiellen, beispielsweise einer handlungsorientierten Ebene an und gibst mir Ratschläge;
- die Angst vor dem Zerstörtwerden: Du nimmst wahr, daß ich mich dir in bloßer Existenz zeige und erträgst das nicht, so daß du den Impuls hast, mich in meinem So-Sein zu zerstören.

Diese Ängste haben eine wichtige Schutzfunktion, wenn man sich vergegenwärtigt, daß sie immer in der Interaktion mit Menschen auftreten können, mit denen man gern in Kontakt kommen möchte. Man geht das Risiko eines konkreten Kontaktangebotes ein - und das heißt nichts anders, als daß man seine Grenze durchlässig macht und empfindsam ist, aber eben auch besonders verletzlich und angreifbar.

Diese existentiellen Ängste lösen Scham aus; keine neurotische Scham, kein übliches Sich-Schämen aufgrund verletzter Regeln und Normen, basierend auf Introjekten oder externalen Kontrollüberzeugungen, sondern eine existentielle Scham: eine massive, beunruhigende Reaktion auf Verletzungen des Selbst beim Kontaktangebot, die als starke Gefühlsregung auftritt. Scham im existentiellen Sinn zu erleben, ist von starker Aufregung begleitet, die psycho-physisch abreagiert werden kann. Dies kann beispielsweise durch Intellektualisieren oder Bagatellisieren geschehen, wobei man auf eine nicht-emotionale Ebene zu gelangen versucht, oder man »bremst« diese Gefühle soweit, bis sie harmlos erscheinen - nach dem Motto: »Was war denn schon? Hat sowieso keiner bemerkt ...«

Das Herausgehen in die Welt als Erwachsener, der seinem Bedürfnis nach Selbstausdruck nachgibt, muß notwendigerweise Scham als Thema aufkommen lassen, da immer auch Identitätsfragen dabei eine Rolle spielen: Ich trete als Mann, als Frau, mit meinen Ideen, Kompetenzen, meiner Kreativität heraus und dies oft in unbeholfener und ungeübter Weise. Während sich W. Rost in seinem Buch *Emotionen* mit Scham beispielsweise nur auf der neurotischen Ebene auseinandersetzt (vgl. Rost 1990), ist bei Adler ein Verständnis von Scham anzutreffen, das auch die existentielle Ebene mit einbezieht. So tritt nach Adlers Auffassung Scham auf, wenn die Gefahr besteht, daß durch einen Eingriff in die seelische Sphäre der Wert der eigenen Persönlichkeit sinkt. Insbesondere tritt Scham dann auf, wenn die Würde, deren sich ein Mensch bewußt ist, verloren zu gehen droht (vgl. Adler 1966)

Existentielle Scham ist nichts, was ich einem Klienten beispielsweise dadurch nehmen könnte, daß ich ihm sage, er bräuchte sich wegen mir nicht zu schämen, denn er habe meine Schamgrenzen nicht übertreten. Bei Peinlichkeitsgefühlen ist das etwas anderes: diese können sich ein wenig vermindern, wenn man erfährt, daß die anderen keinen Anstoß nehmen. Für existentielle Scham macht das jedoch so gut wie keinen Unterschied. Daher sind große Behutsamkeit und Respekt beim Aufkommen existentieller Scham - gerade in Beratungssituationen - unabdingbar: sie ist ein Signal dafür, daß sich die Person in ihrem Kern bedroht fühlt. Wird dieses Signal übersehen, kann es zu dramatischen Schutzreaktionen des Organismus kommen (wie Panik oder Psychosen).

Kontakt und Beziehung

Mit jemandem in Kontakt zu sein und zu jemandem eine Beziehung zu haben, sind Aussagen, deren Bedeutungen häufig nicht klar unterschieden werden. Kontakt und Beziehung haben zwar etwas miteinander zu tun, und doch beschreiben sie grundsätzlich unterschiedliche Qualitäten von Interpersonalität. Als Merkmal des *Kontaktes* im Unterschied zur *Beziehung* tritt die sich nur gegenwärtig einstellende *Erstmaligkeit*, verbunden mit starker Erregung und Intensität hervor. Beziehung dagegen beschreibt eine Entwicklung, den Verlauf von Interpersonalität in der Zeit, also ausgehend von der Vergangenheit bis zum gegenwärtigen Status quo. Kontakt und Beziehung unterscheiden sich also in der Perspektive, mit der jeweils Interpersonalität betrachtet wird.

Kontakt - zumindest im Verständnis der Gestalttherapie und der Selbstorganisationstheorie - ist Erstmaligkeit, Beziehung ist Entwicklung. Ein gelungener Kontakt ergibt sich, ist ein Geschenk. Beziehung dagegen will erarbeitet sein. Zwar ist in einem gelungenen, organischen Kontaktprozeß der Theorie der Gestalttherapie zufolge das ganze Selbst in integrierter Weise wirksam (die Funktion des Selbst an der Grenze); viele gelungene Kontaktprozesse, wie sie sich beispielsweise zwischen den Teilnehmern in Selbsterfahrungs- oder Ausbildungsgruppen ereignen, sind dennoch nicht ausreichend für eine dauerhafte, tragfähige Beziehung. Denn eine Beziehung lebt nicht nur von gelungenen Kontaktprozessen mit hoher Aufregung, sondern auch von den »unterbrochenen« Kontaktprozessen des Alltags. Wie sollte man auch in einer zivilisierten, entfremdeten Welt ständig »im Kontakt« sein können? Um eine vertrauensvolle, dauerhafte Beziehung aufzubauen, sind intensive Kontakterfahrungen keine notwendige Voraussetzung; entscheidend dagegen ist der Wille, ist Eros, das Interesse am Wohlergehen des anderen und die Sorge (im Sinne von *care*) bis hin zu einer Art von Liebe, die im anderen die noch versteckten Potentiale »herauslieben« will. Beziehung in diesem Sinne verlangt also ein ganze Reihe von personalen Fähigkeiten.

Gibt es Beziehungen ohne Kontakt?

Wenn voller Kontakt zwischen Menschen auch nicht notwendigerweise eine Voraussetzung dafür ist, daß sie eine tragfähige Beziehung haben, so sind das Vorhandensein oder das Fehlen von Kontakterfahrungen doch wichtige Beschreibungsmerkmale für die Art einer Beziehung. Beziehungen, in denen auch Kontakterfahrungen stattfinden, unterscheiden sich grundsätzlich von Beziehungen, die eher durch anderes zusammengehalten werden, wie es beispielsweise bei Abhängigkeit oder beim Aufeinander-Angewiesen-Sein in Arbeitsverhältnissen der Fall sein kann. Ein Büroangestellter war vielleicht noch nie in Kontakt mit seinem Vorgesetzten, trotzdem haben sie eine Beziehung.

Gibt es Kontakt ohne Beziehung? Es gibt, wie ich bereits sagte, durchaus Beziehungen, denen das Element der Kontakterfahrung fehlt. So, wie es Beziehungen ohne Kontakt gibt (das trifft wohl für die Mehrheit von Beziehungen zu), kann es auch Kontakterfahrungen zwischen Menschen geben, ohne daß dies zu einer Weiterentwicklung ihrer Beziehung führen muß. Damit die Beziehung von den Kontakterfahrungen profitiert, müssen sie im Nachkontakt in die gemeinsame Geschichte eingebettet werden, die man bereits miteinander hat. Dabei wird die herausragende Qualität der Kontakterfahrung, die Erstmaligkeit und das gemeinsam als neu Erfahrene, nun in Relation zu der bis dahin vertrauten Art der Beziehungsgestaltung gesetzt. Kontakterfahrungen, die man integriert, sind daher eine Quelle für eine lebendige und tragfähige Beziehung.

»Der Versuch, es [das Gewebe von Strukturen und Verknüpfungen] zu erkennen, lohnt sich, da bin ich sicher. In gewissem Sinn wissen wir es auch schon. Gleichzeitig tappen wir aber auch im Dunkeln, weil uns zu viel 'gesunder Menschenverstand' ins Ohr gebrüllt wird und niemand über seinen eigenen Tellerrand hinausguckt ... [Die Alternative] wäre Weisheit. Falls es so etwas gibt.«
(Bateson 1978)

Was Bateson hier über umfassende Systeme sagt, daß sie letztlich für uns nicht begreifbar sind und es dennoch sinnvoll sei, es immer weiter zu versuchen, ist die Kernaussage beim Streben um mehr ganzheitliche Erkenntnis und Persönlichkeitsentwicklung. Dies gilt auch für dialogische Beratung, sowohl für ihre Darstellung als auch für ihre Praxis. In den ersten Kapiteln haben wir erkenntnistheoretische und anthropologische Grundannahmen für die dialogische Beratung dargestellt und veranschaulicht; in den folgenden Kapiteln werden wir das Konzept und die Praxis dialogischer Beratung so exakt wie möglich zu beschreiben versuchen. Dabei muß uns und dem Leser klar sein, daß dialogische Prozesse auf diese Weise zwar nur in Ansätzen und niemals ganzheitlich erfaßt werden können, aber daß sich die Mühe um eine nachvollziehbare Formulierung der theoretischen Grundlagen dennoch ebenso lohnt wie eine erfahrungsbezogene Entwicklung von Praxismodellen. Die Praxiskonzeption dialogischer Beratung und die Darstellung von Praxisanleitungen, die wir im folgenden darstellen, enthalten nun das Handwerkszeug des dialogischen Beraters. Auch damit muß sich der dialogische Berater auseinandersetzen und vieles neu lernen. Selbst die bedeutenden Schriftsteller und Wissenschaftler mußten schließlich irgendwann einmal mehr oder weniger mühsam das Handwerk ihrer »Kunst« erlernen. Das allein hat Menschen nicht zu genialen Künstlern oder Wissenschaftlern gemacht, aber schließlich war es das Handwerkzeug, daß sie zunächst einmal beherrschen mußten. Entsprechend gibt es auch für dialogische Beratung ein solches Handwerkzeug. Inwieweit man das Wesen dialogischer Beratung erahnt und mit Leben erfüllen kann, zeigt sich allerdings erst darin, wie man sich dieses Handwerkzeugs bedient. Wenn man es erlernt hat, muß man es auch wieder loslassen können.

»Wozu hat man sich dann so lange abgemüht?« könnte man fragen. Wenn wir noch einmal an Künstler und Wissenschaftler denken, wird schnell klar, daß es einen Unterschied gibt, ob wir von den eigenen Kompetenzen loslassen können oder ob wir keine Kompetenzen haben. Von den Kompetenzen loszulassen ist nicht gleichbedeutend damit, sie niemals erworben zu haben; sie sind nach dem Loslassen nicht etwa verloren, sondern vielmehr zu einem Hintergrund geworden und können mit vielem anderen zusammen ein stimmiges Ganzes ergeben, aus dem heraus sich nun alles Empfinden, Denken und Handeln speist. So ist es auch bei Denkern und Künstlern immer wieder. Der dialogische Berater ist, was das betrifft, nun weder Denker noch Künster, er ist vielmehr etwas von beiden und in seinen besten Momenten vielleicht am ehesten mit einem weisen, alten Clown zu vergleichen, der über viele Kompetenzen verfügt, vor deren Hintergrund er uns in seiner staunenden, empfindsamen und kindlich neugierigen Unschuld begegnet und uns diesen beiden Seiten gleichzeitig aussetzt.

[1] Der Empathiebegriff stammt aus der Ästhetik. Durch Freud gelangte er in die Psychotherapie. Der Therapeut stellt sich seine Selbstrepräsentanz und die Repräsentanz des Patienten zusammen im gleichen Raum vor (Rothenberg 1990, 89). Es kommt zu einer Überlagerung der Lebensräume von Therapeut und Patient, also dem mentalen Modell, das sich der Therapeut von den Gefühlen, Gedanken und Erfahrungen des Patienten sowie von seinen eigenen macht. Dabei ist sich der Therapeut seines Getrenntseins vom Patienten klar bewußt und hat doch gleichzeitig vorübergehend das Erleben, mit diesem eins zu sein. - Diese Art der Empathie erfordert sowohl in der Kunst wie in der Therapie ein Aufnehmen des Materials, dann focussierte Art der Aufmerksamkeit und schließlich das Sich-Lösen von früheren Vorstellungen.

[2] Diese Begriffe habe ich dem auf Tanztraining und Wahrnehmungsschulung basierenden Persönlichkeitsentwicklungs-Ansatz von Detlef Kappert entnommen (Kappert 1990).

[3] Das entspricht der »bedingten Bestätigung« bei Friedman, einer »Bestätigung, die mit Bedingungen verknüpft ist« (Friedman 1987, 181; vgl. auch in diesem Kapitel, S. 73)

II. Teil

Das dialogische Beratungskonzept

6. Kapitel

Das Grundmodell

> Nach meiner Ansicht kommen die Fortschritte im wissenschaftlichen Denken von einer Verbindung lockeren und strengen Denkens, und diese Kombination ist das wertvollste Werkzeug der Wissenschaft. Meine mystische Sicht der Phänomene trug besonders dazu bei, diese doppelte Gewohnheit des Geistes aufzubauen - sie führte mich in wilde »Ahnungen« und zwang mich gleichzeitig zu mehr formalem Nachdenken über diese Ahnungen.
>
> Gregory Bateson

Dies schreibt Gregory Bateson in *Ökologie des Geistes* zur Charakterisierung seiner Vorgehensweisen bei seinen ethnologischen Studien (Bateson 1981, 117; vgl. auch Holl 1986).

In unseren eigenen Versuchen, lockeres und strenges Denken zu verbinden, stehen wir ganz am Anfang, insbesondere, wenn es um ein so komplexes Geschehen wie Dialog geht. Haben wir im I. Teil dem lockeren Denken und den »wilden Ahnungen« einen gewissen Vorrang eingeräumt, so halten wir es nun für gegeben, unsere Gedanken in eindeutigere Strukturen zu bringen. Ich bin mir dessen bewußt, daß bei dieser Formalisierung vieles von der Vielfalt und notwendigen Uneindeutigkeit der Versuche verloren geht, dialogische Prozesse in der Beratung sowie ganzheitliches Denken überhaupt zu beschreiben und zu erforschen. Wir werden im dritten Teil bei der Darstellung und Reflexion dialogischer Beratungspraxis versuchen, einiges von dieser Eindeutigkeit und Strukturiertheit wieder durchlässiger zu machen. Auf diese Weise hoffen wir, eine Balance zwischen lockerem und strengem Denken herzustellen zu können.

Um uns in dem komplexen Geschehen dialogischer Beratung orientieren zu können, greifen wir auf solche Konzepte zurück, um die sich Erkenntnisse und Ahnungen über dialogisches und ganzheitliches Denken herumranken lassen. Es sind kognitive Ankerpunkte, die uns zum Nachdenken über erfolgreiche und verfehlte Begegnungen in Beratungssituationen leiten sollen und uns helfen können, unsere Erfahrungen auszuwerten und dabei zu lernen.

Schlüsselbegriffe

Die Begriffe, die wir auswählen, um ein Praxiskonzept für dialogische Beratung zu entwickeln, sind »Person«, »Beziehung« und »Ganzheit«. Die Konzepte, die sich hinter diesen Schlüsselkonzepten verbergen, stehen wiederum in einer Wechselbeziehung miteinander und können daher nur im Zusammenhang bedeutsam werden.

Mit der Anordnung der Schlüsselkonzepte in einem Dreieck, also einem einfachen Modell von Wechselbeziehungen, will ich andeuten, daß ein so komplexes Geschehen wie dialogische Beratung nur dann einigermaßen angemessen reflektiert und zur Sprache gebracht werden kann, wenn wir zyklisch denken, also in prozeßhaften Kreisläufen und nicht in linearen Ursache-Wirkungszusammenhängen. Auch der Klient in einer dialogischen Beratungssituation erhält demnach beim gemeinsamen Versuch, sein Anliegen zu erforschen, sein Problem handhabbar werden zu lassen oder eine neue Lebensperspektive zu entwickeln, stillschweigend oder ausdrücklich das Angebot, seine Welt nicht als komplizierten maschinenähnlichen Mechanismus zu konstruieren, den er glaubt, kontrollieren zu können oder dem er sich machtlos ausgeliefert wähnt. Nein, er soll sie konstruieren als Wechselspiel vielfältiger Impulse, Einflüsse und Wirkungen, in das er seinen Teil an Verantwortung und Gestaltungskraft einbringen kann.

Wir verwenden bewußt den Begriff »Person«, weil wir nicht das Individuum meinen, das sich abgrenzt und in Konkurrenz zu anderen Individuen zu verwirklichen sucht. »Person« steht für die Einzigartigkeit jedes Menschen, der sich in Beziehung zu anderen Menschen und den Dingen in seiner Umwelt entfaltet und sich mit anderen Personen den gleichen existentiellen Herausforderungen unserer menschlichen Situation stellt. Mit »Beziehung« wollen wir darauf hinweisen, daß jede Person andere Personen braucht, die sie in ihrem So-Sein bestätigen und akzeptieren und von denen sie sich abgrenzen kann; im Wechselspiel von »Geben und Nehmen« (Boszormenyi-Nagy/Krasner 1986) leistet jede Person ihren Beitrag zur Lebenserhaltung und kreativen Lebensgestaltung. Die Beziehung, also die Kontinuität des - mehr oder weniger erfolgreichen - Dialogs über einen bestimmten Zeitraum hinweg, weist über sich selbst hinaus: »Beziehung« deutet auf die Möglichkeit hin, unsere Entfremdung, Abgespaltenheit und grundlegende Isolation immer wieder ein Stück weit zu überwinden, »Ganzheit« zu erfahren und das eigene Bewußtsein zu erweitern. Ganzheit ist also das gemeinsame Anliegen von Berater und Klient.

Die Erläuterung der Konzepte in kurzen Sätzen birgt die Gefahr, pathetisch und allzu utopisch zu wirken. Um dieser Gefahr vorzubeugen, will ich die einzelnen Schlüsselkonzepte für dialogische Beratung etwas detaillierter beschreiben, bevor ich dann einzelne Aspekte des Gesamtkonzepts herausgreife und ausführlicher untersuche.

Person

Es macht einen Unterschied, ob wir uns selbst und andere als »Individuen«, als »Kollektivwesen« oder als »Personen« sehen (siehe 3. Kapitel). Mit »Individuum« assoziieren wir meist ein Einzelwesen, das seinen Interessen folgt und sie gegen andere durchsetzt - oder es fügt sich den Interessen anderer; bestenfalls kommt ein Kompromiß der Interessen zustande. Das Individuum versteht sich demnach in Konkurrenz zu anderen Individuen, es kämpft und wird bekämpft. Die hauptsächliche Denkrichtung des Individuums ist zentripetal, auf sich selbst gerichtet. Dem steht das »Kollektivwesen« gegenüber. Hier ist die Denkrichtung zentrifugal, auf andere gerichtet: der kollektivistische Mensch erfüllt seine Pflichten im Interesse der Gemeinschaft, er paßt sich den allgemein geltenden Normen weitgehend an und neigt zur Konformität. Sehe ich mich dagegen als »Person«, als einen einzigartigen Menschen, der seine Potentiale in Wechselbeziehung zur Umwelt verwirklicht, dann vereinigt sich die zentrifugale mit der zentripetalen Denkrichtung: Eigeninteressen und das Interesse am Wohlergehen anderer sind keine unüberwindlichen Gegensätze mehr, weil eine umfassendere Perspektive möglich wird, die die gegensätzlichen Tendenzen in Einklang miteinander bringt.[1]

Wenn ich mich als Person[2] begreifen lerne, versuche ich, meine Aufgabe in der Welt und in der jeweils gegenwärtigen Situation - also meine innere Bestimmung - zu erkennen, um mich orientieren und nur der inneren Folgerichtigkeit oder Widersprüchlichkeit meines Denkens und Handelns bewußt werden zu können. Diese innere Bestimmung (oder altmodischer: die Berufung) erlaubt es mir, Wünsche und Visionen entstehen zu lassen, die zu verfolgen stimmig zu sein scheint; und ob etwas stimmig ist, kann ich beispielsweise daran erkennen, daß die Befriedigung meiner Bedürfnisse und Ansprüche keine Schuldgefühle anderen gegenüber auslöst. Diese Art von Wünschen und Visionen soweit wie möglich zu realisieren, bedeutet, sich selbst zu verwirklichen und gleichzeitig einen Beitrag zum Wohlergehen anderer - auch zukünftiger Generationen und ihrer Lebensgrundlagen - zu leisten.

Auf diese Art der Selbstentdeckung und Selbstverwirklichung hat die Person ein auch politisch begründbares Anrecht. Sie hat aber auch die Pflicht, sich so weit wie möglich zu verwirklichen, andernfalls wird sie immer wieder im existentiellen - nicht im moralischen - Sinn schuldig an sich selbst und an anderen, weil sie ihre Potentiale nicht in bestmöglicher Weise nutzt. Diese Pflicht stellt sich natürlich ganz anders dar, je nachdem ob Menschen um ihr Überleben und die Befriedigung ihrer Grundbedürfnisse kämpfen müssen, oder ob sie das Privileg einer relativ gesicherten Existenz haben.

Das Verständnis der Person als Schlüsselkonzept dialogischer Beratung hat Konsequenzen für die Lernwege, die im Beratungsprozeß ausgelöst und unterstützt werden: Der Lernprozeß setzt bei der Selbsterkenntnis und Selbstakzeptanz der Person und ihrer Lebenssituation an. Die Aufmerksamkeit richtet sich vorrangig auf das, was ist, nicht auf das, was sein soll. Für das, was ist, braucht die Person Unterstützung, um schmerzliche Einsichten und wieder aktuell werdende Erlebnisse aushalten zu können, und sie braucht einen Widerhall, eine Resonanz durch den Berater und durch andere Menschen; in diesem Bedürfnis nach Unterstützung und existentieller Bestätigung durch andere sehen wir keine neurotische Störung, sondern ein

Grundbedürfnis und Grundrecht jedes Menschen. Die meisten Klienten (und Berater) müssen erst dazu angeleitet werden, das, was ist, aushalten, verstehen und auch schätzen zu lernen, da es die Basis für Selbstwertschätzung und die Hebelkraft für tiefgehende persönliche Lernprozesse ist. Dieser Lernweg ist risikoreich und herausfordernd, denn er führt immer wieder dazu, daß man sich selbst in seinem Selbstverständnis und Selbstausdruck in Frage stellt, um die eigenen, einzigartigen Seinsweisen und Ausdrucksformen neu entdecken, akzeptieren und auf neue Art mit ihnen umgehen und leben zu lernen.

Die gesellschaftlichen Bedingungen für die Entwicklung eines personalen Selbstverständnisses sind nicht eben günstig (vgl. Gottschalch 1988, 123). Die Person wird in unserer Gesellschaft heftig bekämpft, nicht zuletzt, weil man als solche dann im besten Sinne des Wortes anarchistisch ist und kritisch die vorgezeichneten Rollen und Normen prüft. Wer sich als Person begreifen lernen will, gerät in Gefahr, für verantwortungslos gehalten zu werden, weil er die vorgegebenen Rollenerwartungen nicht klaglos und ohne Widerstand akzeptiert. Die Person erkennt ja keine externen moralischen Instanzen als absolut gültig an, die ihr sagen könnten, was richtig und was falsch ist und von denen sie sich Absolution erhoffen könnte, wenn sie den Ansprüchen nicht genügt. Nicht einmal an universell gültigen Werten und Normen kann sich die Person abarbeiten, um eigene Positionen zu gewinnen, da diese heute weitgehend fehlen; sie kann daher nur den selbstgesetzten Prinzipien der Selbstverwirklichung in sozialer Verantwortung folgen, so wie sie sie jeweils erkennen und einlösen kann. In unserer heutigen »postmodernen« gesellschaftlichen Situation kann die Entwicklung einer Personalität (oder Ich-Identität im Sinne Eriksons) daher nur in einem ständigen Problemlösungsprozeß erfolgen, den Beratung unterstützen, aber nicht aufheben kann. Insofern halte ich es auch für folgerichtig, in Bildungszusammenhängen (wie Beratung) eher von »Identitätsproblematik« zu sprechen als von einer »Identität«, die man »hat« (vgl. Mollenhauer 1983, 155 ff.).

Aus der Skizzierung dessen, was wir unter Person verstehen (siehe 3. Kapitel), werden auch noch einmal die Grenzen von Beratung deutlich. Wenn ein Klient über keinerlei Selbstwertschätzung verfügt, ist er für dialogische Beratungsprozesse kaum erreichbar, denn er braucht erst einmal über einen gewissen Zeitraum hinweg die bedingungslose Akzeptanz und Zuwendung in einem geschützten Raum, in dem die Anforderungen des Erwachsenseins zeitweilig außer Kraft gesetzt sind. Dies ist in einem therapeutischen Kontext eher möglich. In dialogischer Beratung ist die Akzeptanz und Wertschätzung des Beraters nicht bedingungslos. Zwar ist die grundsätzliche Akzeptanz im Sinne einer Bestätigung der Person in ihrer gegenwärtigen Existenz nicht von Bedingungen abhängig; dies darf aber nicht mit unkritischer Toleranz gegenüber den Verhaltensweisen der Person verwechselt werden. Der dialogische Berater konfrontiert den Klienten neben allem Verständnis für seine Einstellungen und Verhaltensweisen auch mit dessen ethischer Verantwortung für sich und seine Mitmenschen. Dabei kann sich der Berater letztlich nur auf sein eigenes, personales Wertempfinden stützen, da es kaum universell gültige Prinzipien und Normen gibt.

Beziehung

Das Schlüsselkonzept »Beziehung« bietet uns einen Rahmen für Fragen danach, wie sich Personen aufeinander und auf ihre Umwelt beziehen. Wir gehen von der Annahme Kurt Lewins aus, daß Person und Umfeld eine untrennbare Einheit bilden (Portele 1990). In dieser Annahme ist die Verallgemeinerung des bekannten Axioms von Paul Watzlawick enthalten, daß wir nicht nicht kommunizieren können. Es ist demnach auch nicht plausibel, von der Vorstellung auszugehen, Personen könnten nicht in Beziehung sein: wir machen immer Beziehungsmitteilungen an die Umwelt. Wenn sich jemand von seiner Umwelt gänzlich abkapselt, oder wenn ein Schizophrener in seiner eigenen Phantasiewelt gefangen ist, so sind darin auch immer Beziehungsmitteilungen an die Umwelt enthalten: daß sie für feindlich, störend, unerreichbar gehalten wird.

Beziehung - so hatten wir erläutert (siehe 5. Kapitel) - ist nicht das gleiche wie Kontakt (vgl. auch Petzold 1986). Kontaktprozesse, wie sie von der Theorie der Gestalttherapie verstanden werden, beziehen sich auf aktuelle Ereignisse zwischen Menschen oder generell zwischen Mensch und Umfeld. Die Art der Kontaktprozesse ist von der jeweiligen Situation abhängig. Während jemand in einer sicheren Situation sehr kontaktvoll sein kann, »unterbricht« er den Kontaktprozeß, sobald die Situation für ihn als bedrohlich eingestuft wird. Beziehungen sind übergreifenderer Natur als Kontakte und wir müssen sie uns erarbeiten. Die Qualität einer Beziehung wird zwar von der Art der Kontaktprozesse, die wir miteinander erleben, genährt, aber es kommt noch etwas anderes hinzu, was aus den Kontakterfahrungen über die Zeit hervorgeht: Sympathie oder Antipathie, Zuverlässigkeit oder Unzuverlässigkeit, Vertrauen oder Mißtrauen, Fairneß oder Unfairneß. Die Qualität einer Beziehung bezieht sich neben den Empfindungen und Gefühlen also immer auch auf ein Wissen, das aus längerfristigen, vielfältigen Erfahrungen kommt und auf zukünftige Möglichkeiten hinweist.

Unter dem Schlüsselkonzept »Beziehung« forschen wir also danach, wie Personen ihre Relation zur Umwelt gestalten, und dies schließt die Vielfalt der Kontakterlebnisse ein. Unser besonderes Interesse gilt nun der dialogischen Beziehung: Wir suchen nach den Merkmalen im Beziehungsgeschehen, die auf eine dialogische Qualität hindeuten. Dabei stellen wir keine Normen für eine grundsätzlich neue Art der Beziehung zwischen Personen auf, sondern treten für eine besondere Perspektive ein: Wir versuchen, dialogische Merkmale im Beziehungsgeschehen aufzuspüren, zu unterstützen und zu verstärken. Es ist die engagierte und fortgesetzte Suche nach diesen dialogischen Momenten im Beziehungsgeschehen, die einen dialogischen Berater ausmachen, nicht die Tatsache, ob er den Kriterien eines Dialogs in jeder Situation gerecht wird oder nicht.

Ganzheit

Mit dem Schlüsselkonzept »Ganzheit« wollen wir auf das hinweisen, was Berater und Klient in ihrem Streben verbindet. Ganzheit läßt sich weder direkt anstreben noch jemals erreichen, und doch können wir uns auf den Weg begeben oder uns dessen bewußt werden, wie wir auf dem Weg sind. Wir können Momente des Einsseins mit uns selbst und mit einem Beziehungspartner und unserem Umfeld bewußt erleben und auf diese Weise eine Ahnung von Ganzheit erhalten.

Das Streben nach Ganzheit, nach Vervollständigung, halten wir für einen im Menschen tief verwurzelten Wunsch. Das Gewahrwerden von Unordnung, Unausgewogenheit, Verkümmerung, Versehrtheit, Disharmonie, Verworrenheit, Erstarrung oder Widersprüchlichkeit erweckt in uns einen Drang zum »Heilmachen«, zum Schließen unvollendeter Gestalten (vgl. Meier 1990 nach Christian Ehrenfels). Die Versuche des »Heilmachens« sind allerdings oft skurril. Wenn wir in unlösbaren Konflikten gefangen sind oder mit unserem analytischen, sezierenden Denken an die Grenzen des Verstehens stoßen und jeglicher Zusammenhang verloren gegangen ist, löst dies ein so starkes Streben nach Ganzheit aus, daß wir Schwierigkeiten haben, die chaotische, verworrene, unharmonische Situationen eine Zeitlang auszuhalten. Der Klient (und manchmal auch der Berater) stürzt sich - bevor die problematische Situation ausreichend erforscht und verstanden wurde - auf die erstbesten Lösungsmöglichkeiten, weil dies zumindest kurzfristig eine Verbesserung der unerträglichen Situation verspricht.

In unserem Modell-Dreieck von »Person«, »Beziehung« und »Ganzheit« kommt dem Schlüsselkonzept »Ganzheit« auch die Funktion zu, eine Orientierung für unsere Suche nach Sinn anzubieten: Ganzheit weist über die persönliche Entwicklung und die Beziehung hinaus auf das Verwobensein in größeren Zusammenhängen. Das Wissen um die Möglichkeit von Ganzheit und die momentanen Erlebnisse von Ganzheit im dialogischen Geschehen können uns in Krisen auch Sicherheit bieten: wir wissen, daß wir in ein größeres Ganzes eingebunden sind, daß wir auf die Selbstregulation lebendiger Entwicklungsprozesse vertrauen können und nicht alles davon abhängt, ob wir »es richtig machen«. Auch wenn wir keine Krise zu bewältigen haben, hat das Wissen um Ganzheit eine Bedeutung: wir können uns herausfordern lassen von der Diskrepanz zwischen der alltäglichen Routine und dem, was noch sein könnte, der »ungelebten Möglichkeit« (wie sich Paulo Freire ausdrücken würde). Selbstverständliches wird in Frage gestellt und löst eine konstruktive Verunsicherung und kreative Unruhe aus, die für befreiende persönliche und gemeinschaftliche Lernprozesse fruchtbar werden können.

Wissen und Erleben von Ganzheit

Ganzheitserlebnisse lassen sich nicht gut beschreiben. Sobald wir sie in Sprache auszudrücken versuchen, fallen wir aus der Ganzheit heraus, denn Sprache drückt sich in Symbolen und Zeichen für etwas aus, schafft eine Distanz zum Erleben, sie entfremdet uns. Trotzdem ist es sinnvoll, sich auch über Sprache zu verständigen, beispielsweise, um Pseudo-Ganzheit von Ganzheit im dialogischen Beratungsgeschehen unterscheiden zu können. Die Verschmelzung etwa zwischen Klient und Berater in intensiven Gefühlen und der Gleichgestimmtheit der Meinungen läßt uns nicht Ganzheit in einem für Erwachsene angemessenen Sinn erleben, sondern Symbiose oder Konfluenz, die wir für Ganzheit halten mögen. Diese Art von Verschmelzung ist deshalb keine Ganzheit, weil die Unterschiede zwischen den einzigartigen Personen ausgeblendet werden. Ganzheit dagegen ist Einheit in der Unterschiedlichkeit: die Unterschiede zwischen Personen sind nicht aufgehoben, sondern sie werden transzendiert, gehen in der Ganzheit auf, aber nicht verloren.

Ganzheit ist ein Phänomen des vollen Kontakts, wenn wir das Modell des Kontaktzyklus der Theorie der Gestalttherapie zugrundelegen. Mit Hilfe dieses Kontaktzyklus läßt sich die Wechselbeziehung im Person-Umwelt-Feld ganz gut beschreiben: Die Personen suchen und orientieren sich, gehen aufeinander zu, berühren sich an ihren Grenzen und entfernen sich wieder voneinander, um die Kontakterfahrung verarbeiten, integrieren und daran wachsen zu können. Dieser Kontaktzyklus von Orientierung, Annäherung, Begegnung und Ablösung wird den Phasen Vorkontakt, Kontaktnahme, voller Kontakt und Nachkontakt zugeordnet. Voller Kontakt ist durch ein hohes Maß von Erregung, den Wechsel von Anspannung und Entspannung, durch das Sich-Einlassen auf Unvorhersehbares, Neues, Überraschendes und einen klaren Focus der freischwebenden Aufmerksamkeit gekennzeichnet. Die Grenzen der sich berührenden Partner sind durchlässig, fast nicht mehr wahrnehmbar: Wir erleben die Einheit in der Vielfalt mit dem anderen. Solche »reinen« Momente der Begegnung sind äußerst selten. Meist müssen wir uns damit zufrieden geben, daß wir von ihrer Möglichkeit wissen.

Ganzheit - oder genauer gesagt: eine Ahnung von Ganzheit - können wir aber nicht nur im vollen Kontakt mit anderen Menschen erfahren. Erlebnisse in der Natur, die Betrachtung von Kunst sowie das Erschaffen eines Kunstwerkes oder auch Meditation können Ganzheitserfahrungen auslösen. Der Begründer der Humanistischen Psychologie, Abraham Maslow, nannte diese Erfahrungen »Gipfelerlebnisse«. Der Dialog, den ich als Berater mit dem Klienten zu verwirklichen suche, ist also nur eine von vielen Möglichkeiten, Ganzheit anzustreben und gelegentlich zu erleben, aber sie ist eine bedeutsame Möglichkeit dialogischer Beratung. Diese Möglichkeit weist uns einen Weg, uns mit dem Ungeborgenen, Widersprüchlichen, Chaotischen und Verkümmerten, dem »Unheilen« in uns und im anderen zu versöhnen und die Erfahrung der Ganzheit in den Lebensalltag hereinzuholen. Das ist das Faszinierende an dialogischer Beratung im Unterschied zu manchen anderen Wegen der Bewußtseinserweiterung: dialogische Beratung kann Ganzheitserfahrungen in den Alltag bringen und zu einem wie immer bescheidenen Teil unserer Normalität werden lassen.

Zugänge zur Ganzheit in dialogischer Beratung
»Eine Rose ist eine Rose, ist eine Rose ...« Diese östliche Weisheit der amerikanischen Schriftstellerin Gertrude Stein pflegte Fritz Perls oft zu zitieren, einer der Begründer der Gestalttherapie - einer Therapie der Ganzheit. Ganzheit läßt sich nicht zergliedern in Aspekte und Dimensionen,

zumindest bringt dieses Analysieren keinen Erkenntnisgewinn im Hinblick auf Ganzheit. Es gibt jedoch verschiedene Annäherungsversuche an Ganzheit, die wir in der dialogischen Beratung unternehmen können. Ich möchte die wichtigsten Möglichkeiten, Ganzheitserfahrungen im Dialog eine Chance zu geben, noch einmal in Anschluß an das fünfte Kapitel kurz zusammenfassen.

Beratung kann technisch gesprochen als Auswertung von Erlebnissen und Erfahrungen verstanden werden. Der Klient bringt Erlebnisse in die Beratung ein und beide, Klient und Berater, machen Erfahrungen in der Beratungssituation. Diese Erlebnisse können auf vielfältige Weise verarbeitet werden: Wir können uns der Empfindungen im Erlebnis bewußt werden und die Gefühle ausdrücken, wir können dem Grundempfinden nachspüren und diesem in Gesten und Bewegungen Ausdruck verleihen, wir können Bilder, Phantasien und Träume zu dem Erlebnis zulassen oder erzeugen und wir können auch assoziativ oder vernünftig und logisch geordnet darüber reden. Nicht die Vor- und Nachteile der einzelnen Verarbeitungs- und Repräsentationsformen sind für das Streben nach Ganzheit entscheidend, sondern ihre vielfältige Nutzung.

Die Vielfalt persönlicher Verarbeitungs- und Ausdrucksmöglichkeiten kann vor allem dann fruchtbar werden, wenn die Dialogpartner bei ein und demselben Thema von der einen Form in die andere wechseln. Sie transponieren das Erlebte in verschiedene Modi und tragen damit der Tatsache Rechnung, daß wir eine Einheit aus Körper, Geist und Seele sind, daß wir also über Körperreaktionen, Gefühle, Gedanken und Visionen verfügen und sie alle ihre besondere Aussagekraft und Bedeutung haben. Auf diese Weise kommen Widersprüche und Ungereimtheiten zum Tragen, die unsere Neugier anstacheln und unseren Wunsch aktivieren, die Unausgewogenheiten und Disharmonien zu heilen.

Solche vielfältigen Annäherungsversuche an Ganzheitserfahrungen können sich im beratenden Dialog auf zwei unterscheidbaren Ebenen abspielen. Der Berater kann den Klienten dabei begleiten, in Kontakt mit seinen Ungereimtheiten, Widersprüchen und Verkümmerungen, seinen Träumen, Visionen und Wünschen zu kommen. Andererseits können Berater und Klient in der direkten Begegnung die Einheit in der Vielfältigkeit bewußt erleben. Und natürlich wirken beide Ebenen auch oft zusammen.

Der Berater kann auf verschiedene Weise dazu beitragen, daß Annäherungen an Ganzheitserfahrungen möglich werden. Angeregt durch seine Neugier und sein Engagement fühlt er sich in die Welt des anderen ein. Das ist ein emotionales Mitschwingen, wobei er sich seiner selbst bewußt bleibt und nicht mit dem Klienten verschmelzt. Zur emotionalen Komponente kommt aber auch noch eine kognitive hinzu: der Berater phantasiert sich in die Welt des Klienten hinein, um sie mit ihm erforschen und verstehen zu lernen (wir nannten es »Empathie« im Sinne der »Umfassung« oder »Realphantasie« Martin Bubers). Dieses gemeinsame Erforschen dient dem Aufdecken von Bedeutungen, die das, was der Klient bewußt erlebt und wessen er sich gewahr wird, sowie das, was sich zwischen Berater und Klient in der Beziehung ereignet, in einen größeren Sinnzusammenhang stellt (wobei der »existentiellen Bestätigung« eine wichtige Funktion zukommt). Dies kann den Boden dafür bereiten, daß sich der Klient (und der Berater) mit seinem Schicksal, seinen Macken, Enttäuschungen und Entbehrungen, seinem »Unheilsein«, schließlich versöhnen und auf diesem Fundament neue Perspektiven entwickeln kann.

Um Bedeutungen für das Erleben erarbeiten zu können, müssen die Dialogpartner immer wieder die Perspektive wechseln. Sie können die Muster des Gestaltens von Lebenssituationen sowie von Beziehungen und Kontaktprozessen in den Zusammenhang der persönlichen Lebensgeschichte stellen, der Familiengeschichte, der Geschichte der Sippe, des institutionellen Rahmens, in dem sie tätig sind, der gesellschaftlichen Verhältnisse und der Kultur. Sie können sie weiterhin in den Kontext der *condition humaine* stellen und die Umgehensweisen der Person mit der grundlegenden Angst vor der existentiellen Isolation, der Verantwortung und Freiheit, dem Tod sowie der Sinnlosigkeit des menschlichen Daseins aus einer kosmischen Perspektive erforschen. Das, was wir oft schmerzhaft erleben, kann auf diese Weise Bedeutung erhalten, und wir können lernen, uns mit unserem Schicksal zu versöhnen. Da wir es sind, die den Ereignissen Bedeutungen geben, liegt es auch in unserer Macht, Umdeutungen vorzunehmen, um auf diese Weise neue Perspektiven und Handlungsmöglichkeiten zu gewinnen. Ganzheitserfahrungen sind bei diesem Prozeß der Bedeutungsgebung auf zweierlei Weise möglich: Was als isoliertes Ereignis sinnlos erscheint, dem kann ein Sinn abgewonnen werden in einem größeren Kontext, in den wir eingebunden sind; und wir können erfahren, daß wir mit dem grundlegenden Erleben der besonderen Schicksalhaftigkeit und der existentiellen Isolation nicht allein sind, daß wir dieses Erleben mit anderen teilen und uns darüber verständigen können.

Das Hin- und Herpendeln zwischen verschiedenen Perspektiven und das Akzeptieren von Polaritäten kann uns sowohl zum Bewußtwerden von

Mustern führen, die uns trennen, als auch solchen, die uns verbinden. Wir können uns dessen bewußt werden, daß es in ganzheitlichen Erlebnissen und ihren Bedeutungen immer Pole gibt, auch wenn zunächst nur ein Pol dem Bewußtsein zugänglich sein mag. Auf der Rückseite von Haßgefühlen gegenüber einem anderen Menschen ist auch ein Rest Liebe zu entdecken, hinter Dankbarkeit verbirgt sich oft auch Enttäuschung, Ablehnung kann die Kehrseite von Verständnis sein und eine destruktive Verhaltensweise hat auch positive Aspekte. Wenn wir uns immer wieder solcher Polaritäten bewußt werden, besteht die Möglichkeit, daß wir sie transzendieren, daß wir beide Pole sehen und fühlen können, wodurch sie uns nicht mehr als getrennte Seinserfahrungen erscheinen, sondern als unterschiedliche Aspekte ein und desselben. Dadurch können wir immer wieder einmal Zugang zu einem Grundempfinden interessierter Gelassenheit finden und somit eine Ahnung von Ganzheit erhalten.

Das Wechselspiel von Erfahrung und Reflexion, von Eintauchen in das Erleben und Loslösung sowie das bewußte Wahrnehmen von Polaritäten kann zu einer grundlegenden Veränderung unserer Denkgewohnheiten führen. *Ganzheitliches Denken* ist die Überwindung linearer Logik von Ursache-Wirkung, von Entweder-Oder, Einerseits-Andererseits als einzigem Modus der Welterklärung. An die Stelle des linearen Denken kann das Denken in Wechselbeziehungen und in variierenden Zusammenhängen treten, und das ist immer dann angemessen, wenn wir es mit lebendigen Prozessen und nicht mit Maschinen zu tun haben. Wir können dabei lernen, die Perspektiven zu wechseln, zwischen ihnen zu pendeln und die Zusammenhänge zwischen verschiedenen Perspektiven zu erkennen. Wir können uns auch dessen bewußt werden, daß wir bei unseren Erklärungsversuchen für bestimmte Ereignisse überschaubare Ausschnitte aus dem komplexen Wechselspiel auswählen, um Abläufe und ihre Gründe verstehen zu können: Wir sind es, die die Perspektiven und Ausschnitte wählen, und wir sind frei, immer wieder andere zu wählen, um uns einem ganzheitliches Erfassen unserer Wirklichkeit anzunähern und uns immer wieder neu zwischen vielfältigen Möglichkeiten zu entscheiden.

[1] Wir gehen davon aus, daß der Mensch »von Natur aus« weder egoistisch noch altruistisch ist, sondern daß beide Einstellungs- und Verhaltensmöglichkeiten als Potentiale vorhanden sind. Es kommt im Verlauf der Persönlichkeitsentwicklung und der Sozialisation darauf an, welche der Potentiale gefördert und welche vernachlässigt oder negativ sanktioniert werden. So kann das altruistische Potential als Einfühlungsvermögen bzw. die Fähigkeit, sich in andere Menschen (oder Lebewesen allgemein) hineinzudenken, geördert oder auch unterdrückt werden (vgl. Kohn, Alfie 1989 und 1990).

[2] Der Begriff Person, wie wir ihn verstehen, beinhaltet sowohl die über die Zeit konstante grundsätzliche Einzigartigkeit des Menschen, seine Spontaneität und Kreativität (im wesentlichen das, was Erikson als personale Identität bezeichnet) als auch den Umgang des Menschen mit den Anforderungen und Normen der Gesellschaft, also den Rollenerwartungen. Zwischen »personaler Identität« und gesellschaftlichen Rollenanforderungen kann ein (labiles) Gleichgewicht bei Erwachsenen hergestellt werden, was dann die Person - oder die »Ich-Identität« nach Erikson - ausmachen würde. Die Identitätstheorien von Mead, Erikson und Goffman setzen zwar zwischen dem, was der personalen Identität entspricht, und den Rollenerwartungen jeweils unterschiedliche Akzente, halten aber dieses Gleichgewicht grundsätzlich für möglich, solange die personale Identität nicht vollkommen unterdrückt wird. Wenn in sozialen Gebilden Rollendistanz, Handlungsfreiheit und relative Autonomie jedoch verweigert werden, bilden sich Pseudogemeinschaften heraus. Aus der Beratungsgruppe (einschließlich der Zweiergruppe in einer klassischen Beratungssituation) wird also dann eine solche Pseudogemeinschaft, wenn der personale Anteil, der sich durch Einzigartigkeit, Spontaneität und Kreativität auszeichnet, unterdrückt wird oder unterdrückt bleibt (vgl. Gottschalch 1988, 114 ff.).

7. Kapitel

Dialogische Prinzipien

Wie können diese Grundideen eines personalistischen Beziehungsverständnisses und ganzheitlichen Denkens in der alltäglichen Beratungspraxis verwirklicht werden? Mit dieser Frage werde mich ich bei der Beschreibung des Konzepts dialogischer Beratung etwas näher an die Praxis heranwagen und versuchen, deutlich zu machen, worin sich ein Dialog von anderen Formen des Gesprächs unterscheidet und woran die besondere Haltung und Einstellung des Beraters sichtbar werden können.

Merkmale des Dialogischen

Akzeptieren und Bestätigen des Andersseins
Wir reagieren im Beziehungsgeschehen nicht auf Ereignisse und die Wahrnehmung von Ereignissen, sondern auf die Bedeutungen, die wir diesen geben (Fuhr/Portele 1990). Stellen wir uns zwei Personen vor, die sich über ein Ereignis oder über ein Problem verständigen wollen, ob das Wetter beispielsweise für einen gemeinsamen Ausflug geeignet ist oder nicht. Jeder der Beteiligten nimmt die Witterungsverhältnisse (Wolken, Wind, Wärme oder Kälte usw.) wahr, aber es gibt Unterschiede sowohl in der Auswahl dessen, was man wahrnimmt, als auch in der Bedeutung, die jeder diesen Wahrnehmungen zuschreibt. Die Selektion der Wahrnehmungen und ihre Bedeutungen sind abhängig von der Befindlichkeit, von Motiven, von Erfahrungen, letztlich also von der Lebenssituation. Im Austausch über gemeinsam betreffende Ereignisse oder Probleme gibt es nun zwei grundsätzlich verschiedene Möglichkeiten: Jeder der Beteiligten kann versuchen, den anderen von seiner Sicht der Dinge zu überzeugen oder er kann

akzeptieren, daß unterschiedliche Sichtweisen und unterschiedliche Einschätzungen auftreten. Dialogisch nennen wir die zweite Alternative: Ich akzeptiere, daß die andere Person eine andere Realitätswahrnehmung hat und diese anders interpretiert als ich.

Zum Dialogischen gehört also, daß wir Unterschiede in der Welt- und Selbstkonstruktion wahrnehmen und akzeptieren, statt sie zu nivellieren, zu bekämpfen oder uns der Sichtweise des anderen zu unterwerfen. Wir gehen davon aus, daß jede Person ihre eigene Welt konstruiert, daß es keine objektive Sichtweise der Realität gibt, der jeder der Beteiligten glauben könnte, ein Stückchen näher zu sein; und wir gehen davon aus, daß wir uns über die unterschiedlichen Sichtweisen verständigen können.

Wenn es um schwerwiegendere Probleme geht als um die Frage, ob sich das Wetter für einen gemeinsamen Ausflug eignet, stellt die Annahme, daß es andere »Realitäten« gibt als die meine, oft eine Bedrohung dar; denn dies konfrontiert mich mit der Einsicht, daß es keine »richtigen« und »falschen« Sichtweisen gibt, daß ich keine objektiven Maßstäbe habe, an denen ich mich orientieren könnte, daß jede Person in ihrer eigenen Welt lebt und diese auch nicht verlassen kann, letztlich also allein und isoliert ist. Es gibt folglich keine Sicherheit außer der, die ich in meiner eigenen Realität in der Auseinandersetzung mit der Umwelt finde. Für den Berater bedeutet dies, daß er sich prüfen muß, inwieweit er die Andersartigkeit des anderen zulassen und akzeptieren kann, ohne sich existentiell gefährdet zu fühlen und ohne die Realität des anderen abwerten, verändern oder gar vernichten zu wollen. Das wiederum ist entscheidend dafür, inwieweit er den Klienten dabei unterstützen kann, sich seinem Anderssein auszusetzen und es zu akzeptieren.

Neugier und unverbrauchter Blick
Wenn ich Andersartigkeit bei meinen Dialogpartnern prinzipiell zulassen und akzeptieren kann, wird oft Neugier ausgelöst: Ich werde neugierig darauf, wie der andere seine Welt konstruiert, welche Ereignisse er wie wahrnimmt und welche Bedeutungen sie für ihn haben. Ich gehe als Dialogpartner mit dem anderen auf Entdeckungsreise in dessen Welt, gebe der Andersartigkeit des anderen Raum, sich zu entfalten und darzustellen. Bei dieser oft sehr spannenden und aufregenden Erforschung berühren wir existentiell immer bedeutsamere Realitätsausschnitte und Bedeutungen, die entscheidend sind für die Art und Weise, wie der andere in der Welt ist, woran er leidet und sich erfreut, und wie er sein Leben gestaltet. Wenn der

andere sich auf diese Entdeckungsreise mit mir einläßt, die oft auch schmerzliche Gefühle auslöst, dann ist dies gleichsam ein Geschenk, das er mir macht: er schenkt mir vor allem das Vertrauen, daß ich an seiner inneren Welt teilhaben darf. Dieses Vertrauen kann ich »belohnen«; ich kann einen Ausgleich schaffen in der Balance des Gebens und Nehmens in der Beziehung (Boszormenyi-Nagy/Krasner 1986), indem ich ihn in seiner Andersartigkeit bestätige: »Ich nehme dich in deiner Existenz wahr. Ich versuche, dich in deiner Existenz zu verstehen, wie du sie siehst. Ich akzeptiere dich so, wie du jetzt bist, auch wenn ich anders bin.«

Konfrontation mit dem Anderssein

Das Akzeptieren und Bestätigen des Andersseins ist jedoch nur ein Teil des Weges, den die Dialogpartner zusammen gehen können. Es ist, wie Friedman uns in seiner gründlichen Studie über die existentielle Bestätigung in der Psychotherapie auf der Grundlage der Philosophie Martin Bubers nachweist (Friedman 1987), ein wesentliches Moment im Prozeß der Heilung und Persönlichkeitsentwicklung. Jeder, der diese existentielle Bestätigung durch andere Menschen bewußt erfahren hat und sich ihrer erinnert, kann das vermutlich bezeugen. Für einen dialogischen Beratungsprozeß ist aber noch ein anderer Aspekt bedeutsam: Die Konfrontation mit der Realität des anderen. Der Berater setzt der Realität des anderen seine eigenen Wahrnehmungen und Bedeutungen entgegen, die seiner eigenen Realität gemäß sind. Die Schwierigkeit ist hierbei, die Ambivalenz nicht aus dem Blick zu verlieren: »Ich sehe Dich in Deiner Realität und bestätige Dich so wie Du bist. Allerdings ist meine Sichtweise von Dir, Deinen Einstellungen und Verhaltensweisen eine andere.« Mehr noch: »Ich selbst sehe die Welt in dem betreffenden Bereich anders als Du.« Der andere erfährt durch mich außerdem, wie seine Sichtweise der Realität und die damit verbundene Handlungsweise auf mich wirkt, daß sie mich vielleicht verletzt, traurig und aggressiv macht oder auch freut. Diese Ambivalenz aufrecht zu erhalten ist deshalb so schwierig, weil wir aufgrund unserer Bildung und mechanistisch geprägten Denkweise dazu neigen, entweder die Realität des anderen zu akzeptieren oder unsere Realität grundsätzlich für besser zu halten. In der ambivalenten Haltung des Beraters jedoch steckt die Möglichkeit der Begegnung. Der Berater macht dem Klienten das Angebot, daß dieser ihn gleichfalls in seiner Realität wahrnehmen und akzeptieren kann, daß er sich davon anregen und beeinflussen lassen kann oder auch nicht, so wie sich der Berater vom Klienten anregen und beeinflussen lassen kann.

Anwalt sein für die Lernmöglichkeiten des anderen

Die Wechselseitigkeit zwischen Berater und Klient ist über weite Strecken eines dialogischen Beratungsprozesses wahrscheinlich unausgewogen. Der Berater erbringt Vorleistungen an Bestätigung und Akzeptanz der Andersartigkeit des anderen, bis der Klient diese Vorgaben im Laufe eines längerfristigen Lernprozesses wenigstens teilweise erwidern kann; aber darauf kann der Berater nicht zählen. Durch die Erforschung und Akzeptanz des Andersseins des Klienten und der Konfrontation mit seiner eigenen Reaktions- und Sichtweise wird der Berater zum Anwalt für die transformativen Lernprozesse des anderen (Fuhr/Gremmler-Fuhr 1988, 153 ff.).

Der Berater macht dem Klienten klar, was er als mögliche Lernherausforderung für den Klienten ansieht. Der Klient entscheidet, ob er diese Herausforderung prüfen will, d.h. ob er sie modifizieren oder verändern mag, sie also als Anregung aufgreift, um so zu einer stimmigen persönlichen Formulierung zu gelangen. Die Intention des Beraters ist dabei nicht, den Klienten zu überreden, sondern diejenigen Potentiale im Klienten zu evozieren, die möglicherweise aktiviert werden könnten: er bietet dem Klienten nicht etwas Fremdes an, sondern ermöglicht es ihm, sich dessen bewußt zu werden, was in ihm schlummert. Das besondere Augenmerk des Beraters liegt also auf dem, was er für ein mögliches Samenkorn im Klienten hält, das keimen und zu einer originären Ausdrucksform heranreifen könnte.

Der Berater stellt sich in den Dienst des Entwicklungspotentials des Klienten. Er setzt auf etwas, wozu der Klient vielleicht noch kein oder zu wenig Vertrauen hat: er leiht dem Klienten sein Zutrauen in die Selbstregulationskraft des Organismus, also die ungelebten Möglichkeiten und die Gestaltungskraft. Diese Kraft kann aktiviert werden, indem der Klient sich in der zunächst schwierig oder ausweglos erscheinenden Situation so zu akzeptieren lernt, wie er ist, ihr Bedeutungen zuordnet und einen Sinn darin erkennt. Vom Berater erfordert dies, daß er sowohl den Klienten in seinem Leiden an der Situation bestätigt, als auch, daß er der Möglichkeit vertraut, daß der Klient sein Leiden transzendiert. Er bestätigt den Klienten, wie er ist, und weckt gleichzeitig dessen Zutrauen in neue Möglichkeiten. Wenn der Klient schließlich bereit ist, sich in seiner Situation zu akzeptieren und seiner Herausforderung Sinn gegeben hat, kann der Berater ihn beim Entwickeln neuer Perspektiven, beim Experimentieren mit neuen Einstellungen und Verhaltensweisen und beim wiederholten Auswerten und Reflektieren dieser Experimente begleiten.

Natürlich kann der Berater nur dann zum Anwalt transformativer Lernprozesse des Klienten werden, wenn er selbst gelernt hat, sich auch in schmerzlichen und ausweglosen Situationen und Seinsweisen zu akzeptieren, auf die Selbstregulation seines eigenen Organismus und auf die eigenen ungelebten Möglichkeiten zu vertrauen. Er gibt das, was er aus seinen eigenen transformativen Lernprozessen und durch die Vorgaben seiner Lehrer und Berater gewonnen hat, an seine Klienten weiter und leistet damit einen Beitrag zur Ausgewogenheit der Beziehungen in der menschlichen Ordnung.

Die Haltung des Beraters

Über das Beziehungsgeschehen werde ich nun noch eine zweite Folie legen, die sich mit den speziellen Einstellungen und Haltungen des dialogischen Beraters befaßt. Diesmal lautet meine Frage: *Welche menschlichen Grundqualitäten kann der Berater in das Beziehungsgeschehen einbringen und wie kann er dies tun?* Hier geht es wieder nicht darum, Normen zu formulieren, wie der dialogische Berater zu sein habe. Mein Anliegen ist vielmehr, dem, was da ist, was aber vielleicht nicht bewußt ist oder zu wenig beachtet wird, erhöhte Aufmerksamkeit zu schenken, es zu unterstützen und zu verstärken.

Persönliches Engagement für den anderen
Dialogische Beratung setzt ein wie immer geartetes persönliches Interesse des Beraters am Klienten voraus. Beratung als reine Dienstleistung zur Informationsweitergabe oder zur Lösung von Problemen kommt möglicherweise ohne persönliches Engagement aus, nicht jedoch dialogische Beratung. Wenn ein Berater kein Interesse am anderen entdeckt oder gar Antipathie für ihn empfindet, müßte er konsequenterweise auf dialogische Beratung mit ihm verzichten. Bei der Beschreibung dialogischer Beratung gehen wir also davon aus, daß dem Berater am Klienten liegt, selbst wenn sein Interesse und seine Sympathie zunächst nur vage spürbar und diffus sind: Er fühlt sich in irgendeiner Weise vom Klienten angezogen, ein wie auch immer geartetes Interesse am anderen ist geweckt. Die archetypische Gestalt für diese Kraft ist - wie wir im zweiten Kapitel erläuterten - Eros. Im Gegensatz zum Sex als einer Kraft, die »von hinten schiebt«, ist Eros eine Kraft, die »von vorn zieht«. Eros ist die Kraft, die die Neugier am Anders-

sein des anderen auslöst, am Wissen-wollen, wie die Welt des anderen aussieht, wie sie sich anfühlt und welche Potentiale in ihr verborgen sind. Eros ist ein Dämon, der auch eine zerstörerische Seite hat. Im Angezogensein durch andere Menschen steckt auch eine urwüchsige, aggressive Kraft. Ohne diese Kraft käme Eros einem stundenlangen Bad im warmen Wasser gleich, es ist ganz angenehm, aber auf die Dauer fade. Dieses Gefühl kann leicht nachvollziehen, wer einmal miterlebt hat, wie die Gesprächsführung nach Carl Rogers als reine Technik des Empathisch- und Verständnisvoll-Seins eingeübt und gehandhabt wird (was wohl nicht im Sinne des Begründers der personenzentrierten Gesprächspsychotherapie wäre). Da der Dämon sehr grausam sein kann, muß er gezähmt werden. Das setzt jedoch voraus, daß ich mir als Berater dieser zerstörerischen Kräfte in mir bewußt werde und sie akzeptiere. Mit gezähmter dämonischer, von Sorge getragener Power versucht der Berater das aufzudecken, was im Untergrund rumort, was hinter der Maske, dem Schein, der Lebenslüge verborgen ist und in ihr aufscheint. Wenn er seinen eigenen Dämon kennt, dem nichts Unheiliges fremd ist, kann er sich auch mit den zerstörerischen Kräften des Klienten im Untergrund verbünden, kann deren Existenz bestätigen, damit sie in verantwortlicher Weise wirksam werden können. »Verantwortlich« soll dabei nicht heißen: nicht mehr destruktiv. Zerstörung ist notwendig in jedem transformativen Lernprozeß: alte Selbst- und Weltbilder, liebgewordene Gewohnheiten, allzu edle Motive müssen immer wieder zerstört werden, damit sich neue Möglichkeiten entfalten können. Aber die Neugier, die ein Ausdruck des Dämons Eros ist, ist eben eine Gier, die Gier nach Neuem, die für den anderen zersetzend und verletzend sein kann, auch wenn das nicht die Absicht des Beraters ist. Das persönliche Engagement des Beraters stößt überall da an ethisch begründete Grenzen, wo die Integrität des Klienten verletzt wird. Dies ist beispielsweise immer dann der Fall, wenn die Neugier des Beraters von Motiven begleitet ist, die nicht im Interesse des Klienten liegen können wie etwa Voyeurismus, Delegation eigener unbewältigter Probleme oder auch nur Aufregung. Leider erkennen wir die Grenzen oft erst, wenn wir sie überschritten haben, zum Beispiel an unerwarteten Reaktionen des Klienten, an einer aggressiven Antwort oder an seinem Rückzug. Diese Grenzen zwischen Berater und Klient müssen immer wieder neu ausgelotet werden, weil sie sich im Verlauf der Beratung verändern. Konflikte dieser Art gehören daher ebenso zur dialogischen Beratung wie zum Alltag von bedeutsamen persönlichen Beziehungen. Auch sie sind Lernherausforderungen für Klient und Berater.

Sorge für die Entfaltungsmöglichkeiten des anderen
Mittels unserer Neugier am Anderssein des anderen - so hatten wir gesagt - erforschen wir die Realität des anderen, um die Lernherausforderungen zu erkennen und die ungelebten Möglichkeiten zu entdecken. Die Haltung, die den Hintergrund dieser Intention bildet, ist Sorge (siehe 2. Kapitel). Damit ist natürlich nicht die helfende Fürsorge (statt respektvoller Unterstützung) als eine gesellschaftlich akzeptierte Form der Entmündigung gemeint, sondern das Bedürfnis, zur Entfaltung des Lebendigen im anderen beizutragen. Rollo May betrachtet diese Form von Sorge als einen Aspekt von Liebe und sieht in ihr ein notwendiges Moment menschlichen Mitseins. Diese Art von Sorge wird auch von Boszormenyi-Nagy eingefordert: Sie sei in der menschlichen Ordnung begründet, der zufolge die Heranwachsenden umsorgt werden und dadurch ein positives Anrecht erwerben. Dieses Anrecht sei der Auslöser dafür, daß sie ihrerseits für die nachfolgenden Generationen und deren Lebensgrundlagen sorgen (Boszormenyi-Nagy/Krasner 1986).

Sorge ist das Interesse aneinander dahingehend, daß sich das Leben entfalten kann. Aber Sorge ist nicht nur altruistisch. Sie befreit uns auch, und sie gewährleistet, daß wir auf unserem persönlichen Lernweg nicht allein bleiben. Gelegentlich bekommt der Berater auch etwas für sein Sorgen vom Klienten zurück, selbst wenn er kein Anrecht darauf geltend machen kann. Aber die eigentliche »Belohnung« für das Sorgen liegt im Sorgen selbst und in der anteilnehmenden Freude, wenn sich das Leben im anderen entfaltet.

Wille als Einheit von Gefühl und Vernunft
Ein dritter Aspekt der Haltung, die in der dialogischen Beratung eine wichtige Rolle spielt, ist der Wille. Die Bestätigung des anderen in seinem So-Sein ist kein sachlicher, neutraler Vorgang, sondern wird von Gefühlen getragen. Auch reagiert der Berater auf die Realität des anderen und dessen Handlungsweise mit Gefühlen und Impulsen. Aber Gefühle und Wünsche allein reichen für die Aufrechterhaltung dauerhafter, vertrauensvoller Beziehungen nicht aus. Hinzu kommen Zuverlässigkeit, Verantwortlichkeit und Fairneß als tragende Momente in Beziehungen, die zwar von Gefühlen gespeist werden, aber deren Inhalt nicht Gefühle sind, sondern das Resümee von Erfahrungen und Wissen, die wir Vernunft nennen können. Gefühle und Vernunft wirken zusammen als Wille, der auf die Zukunft gerichtet ist und uns Entscheidungen ermöglicht. Dieser Wille des Beraters und der Wille, den der Berater beim Klienten evoziert, sind Orientierungen in der Beziehung und verhüten, daß wir uns widersprüchlichen Gefühlen und Wünschen

ausliefern und auf ihnen eine unstete Beziehung aufbauen. Der Wille ist auch das Moment in der dialogischen Beziehung, das es uns immer wieder ermöglicht, Erfahrungen auszuwerten, zu reflektieren, uns von der Verwicklung in widersprüchlichen Gefühlen und Wünschen oder allzu schmerzlichen Gefühlen zu distanzieren und Bedeutungen für unsere Wahrnehmungen und Interpretationen zu suchen. Letztlich ermöglicht es uns unser Wille, daß wir uns in der Beziehung ethisch verhalten können, das heißt: wir orientieren uns an unserer Mitverantwortung für das künftige Wohlergehen des anderen, ohne uns selbst dabei aufzugeben.

Der Berater als Lernender
Die vorrangige Intention dialogischer Beratung besteht darin, persönliche, ethisch begründete und sozial verantwortliche Lernprozesse auszulösen und zu unterstützen; es geht nicht in erster Linie um die Lösung von Problemen und Aufgaben; dies ist ein erwünschter Nebeneffekt und kann Anlaß für grundlegendere Lernprozesse sein. Um diese Intention dialogischer Beratung zu verwirklichen, sollte sich der Berater jener Aspekte im Beziehungsgeschehen bewußt werden und sie transparent für den Klienten werden lassen, die seinen eigenen Lernprozeß im Beziehungsgeschehen betreffen. Er wird dadurch zum Modell eines Lernenden, von dem sich der Klient anregen lassen kann. Diese Akzentuierung ist nicht damit zu verwechseln, daß der Berater seine eigenen Probleme und Lernherausforderungen in den Mittelpunkt stellt. Das ist das Privileg des Klienten, für das er mit seiner Zeit, seiner Bereitschaft und in der Regel auch mit Geld bezahlt. Es geht darum, daß der Berater sich bewußt wird, wie er mit dem Klienten lernt. Er erforscht mit dem Klienten dessen Realitätswahrnehmung und -deutung; dies ist immer eine reichhaltige Lernmöglichkeit, denn er kann sein Wissen von der Vielfalt persönlicher Welten anderer erweitern und sich darin üben, diese immer tiefergehend zu verstehen. An diesen Andersartigkeiten kann er seine eigene Realität überprüfen und in Frage stellen, auch wenn dieser Prozeß nicht das vorrangige Thema im Beziehungsgeschehen ist.

Das Bewußtsein, daß wir in unserer eigenen Welt leben und sie nicht verlassen können, bringt uns immer wieder in Berührung mit dem Empfinden des Isoliertseins, das tiefgehende existentielle Ängste auslöst (Yalom 1989, S. 419 ff.). Diese existentielle Isolationsangst kann dadurch erträglich werden, daß wir mit anderen Menschen in einen Dialog treten, uns mit ihnen über das Anderssein und die damit verbundene existentielle Angst verständigen und sie so kreativ nutzen lernen. Auch hier geht es wieder um das Aushalten einer Polarität: »Ich nehme dich wahr und verstehe dich in deinem Anderssein, in welchem du allein bist und ich teile deine existentiellen Ängste, auch wenn ich sie wahrscheinlich anders erlebe und anders mit ihnen umgehe als du!«

Respektieren existentieller Scham
Im dialogischen Beziehungsgeschehen berühren sich die Partner von Zeit zu Zeit an ihren Grenzen, wo intensiver Austausch und Verständigung oder konstruktive Auseinandersetzung zwischen ihnen stattfindet. Bei dem Annäherungsprozeß der Partner ist es unvermeidlich, daß diese Persönlichkeitsgrenzen auch immer wieder einmal überschritten werden. Wenn dabei eine Grenze berührt wird, die die Intimität der Person schützt, tritt Scham auf. Diese Scham, die - wie wir erläuterten - zum Mensch-Sein gehört, ist eine organismische Geste des Rückzugs, der Flucht vor anderen, sie schützt unsere Würde (Adler 1966, 242). Wenn Scham auftritt, weist sie also auf die existentielle Angst hin, unseren persönlichen Wert in der Gemeinschaft zu verlieren. Und diese Gefahr kann eben dann auftreten, wenn wir uns unserer selbst in einer Weise bewußt werden, daß wir uns vor den anderen verstecken möchten. Von Scham begleitet können auch die unbeholfenen Versuche sein, in einer ungewohnten, neuartigen Weise auf die Welt zuzugehen und uns zu zeigen. Wir stehen dann nackt und bloß da und sind leicht in unserer Würde zu verletzen.

Diese beiden Gefahren sind im dialogischen Beziehungsgeschehen tatsächlich oft gegeben: Der Berater stößt mit seinem personalen Interesse oder mit seiner Neugier an die Schamgrenzen des Klienten oder er wird Zeuge der unbeholfenen Versuche seines ungewohnten Selbstausdrucks: Er sieht, was er eigentlich nicht sehen sollte. Die Reaktionsweisen des Beraters auf Anzeichen von Scham können sehr unterschiedlich sein: sie reichen vielleicht von sadistischen Impulsen über liebevolle (väterliche oder mütterliche) Zuwendung bis dahin, daß er selbst wegschauen, sich zurückziehen möchte, weil er (vielleicht ebenso wie der Klient) an seine eigene Schamgrenze stößt und sich seiner Scham vor dem Klienten schämt. Dialogisch scheint uns am ehesten diejenige Haltung zu sein, die die Scham sehr ernst nimmt und respektiert, indem der Berater selbst einen Schritt zurücktritt, ohne wegzugehen, und mit dem Klienten sehr behutsam Anlaß und Grund der Scham erkundet, seine eigene wie der des Klienten. Die respektvolle, tastende Haltung gegenüber der Scham verlangt vom Dämon Eros des Beraters, daß er seine Neugier zügelt und zurückhält; andernfalls könnte er viel Schaden anrichten und das Vertrauen des Klienten in ihn nachhaltig zerstören.

Die Darstellung des Konzepts dialogischer Beratung in strukturierter und zusammenfassender Form hat sicherlich utopische Züge. Ich bin jedoch davon überzeugt, daß wir solche Utopien als Gegenpol zur »schmuddeligen Wirklichkeit« brauchen, die uns in unserer täglichen Arbeit begegnet und an der wir selbst Teil haben. Auch hierbei gilt es, Polaritäten zu akzeptieren: die von den »anderen Möglichkeiten«, wie wir sie in den vorhergehenden Kapitel akzentuiert haben, und die des widerspenstigen Alltagsgeschäfts, dem ich mich im folgenden Teil zuwenden werde.

III. Teil

Die Gestaltung des Dialogs

8. Kapitel

Das Setting für dialogische Beratung

Äußere Voraussetzungen

Dialogische Beratung ist immer auch ein Angebot für einen zeitlich begrenzten Ausstieg aus dem alltäglichen Geschehen, aus Beziehungsverwicklungen und Belastungen, aus Streß und Hektik oder aus Routine und Langeweile. Diese »Auszeit« benötigt einen formalen Rahmen, eine äußere Form, damit »Nichttun« (Wu-wei) erfolgen und sich das Wesen des Klienten und des Beraters entfalten kann (vgl. auch Portele 1990, 24). Es mag erst eines längeren Weges bedürfen, damit Berater und Klient diese Möglichkeit in solcher Weise nutzen können, aber der Rahmen dafür muß von Anfang an gegeben sein. Dazu gehört, daß die Beratung in einem dafür geeigneten Raum stattfindet, daß die Funktionen der Beteiligten klar sind und einige vertragliche Bedingungen über Zeit und Geld geklärt sowie einige Regeln vereinbart werden. Diese Rahmenbedingungen dienen Berater und Klient als Schutz und sie bieten ein gewisses Maß an Sicherheit für ein ansonsten recht risikoreiches Unterfangen. Man mag bedauern, daß es solcher künstlich organisierten Gelegenheiten bedarf, um intensive Gespräche über persönlich bedeutsame Angelegenheiten führen zu können. Angesichts des Zerfalls gewachsener Strukturen und sozialer Institutionen, die einst häufiger Gelegenheiten boten, sein Herz anderen Menschen gegenüber auszuschütten und in Ruhe angehört und unterstützt zu werden, mag professionelle Beratung als zweifelhafter Notbehelf erscheinen. Beratung könnte sich aber auch als Experimentierfeld für neue Formen der Beziehung verstehen und als Modell der gegenseitigen Loyalität und des Dialogs, ohne den unser Leben immer mehr zu verarmen droht.

Der Ort
Professionelle Beratung kann eigentlich überall stattfinden. Ich erinnere mich einiger sehr fruchtbarer Beratungsgespräche auf Spaziergängen, am Rande von Parties oder bei einer Fahrt im Intercity. Dies waren zwar oft sehr anregende und hilfreiche Beratungsgespräche, aber sie sind wohl die Ausnahme im beruflichen Alltag eines Beraters. Für beraterische Tätigkeit als tägliche Berufsaufgabe brauchen wir einen relativ störungsfreien Ort, der erkennen läßt, daß er dem Innehalten, Sich-Besinnen, Sich-Orientieren und Ausprobieren dienen kann. Dieser Raum gibt dem Geschehen eine äußere Struktur: Klient und Berater wissen, wo ihr Platz ist, der Raum kann mit der Zeit an Vertrautheit gewinnen und so ein Moment der Sicherheit bei der ansonsten von Verwirrungen und Unsicherheiten gekennzeichneten Pilgerreise bieten, die Berater und Klient gemeinsam unternehmen.

Professionelle Beratungsgespräche haben meist einen zeitlichen Rahmen, nicht nur, weil der Berater damit vielleicht sein Geld verdient und seine Zeit einteilen muß, sondern auch, weil der Aufmerksamkeit der Beteiligten füreinander natürliche Grenzen gesetzt sind und die zeitliche Struktur notwendige Grenzen markieren kann.

Damit Beratung im professionellen Sinn geschehen kann, brauchen Klient und Berater einen Vertrag miteinander, auch wenn die Vertragsbedingungen nur in einigen Fällen - etwa bei Beratung in Institutionen - schriftlich fixiert sein dürften. Aber anders als in alltäglichen Beratungsgesprächen, müssen die Vertragsbedingungen im professionellen Kontext ausgesprochen und ausdrücklich vereinbart worden sein. Dieser Vertrag beinhaltet Vereinbarungen über die mögliche Dauer der Beratung, den zeitlichen Rhythmus, Regeln über die Einhaltung von Terminabsprachen, über die Bezahlung sowie über Bedingungen eines möglichen Abbruchs der Beratung von beiden Seiten.

Die Art und Weise, wie solche Vertragsbedingungen gesetzt oder ausgehandelt werden, ist nicht unwichtig für das, was im Rahmen dieses Vertrages geschehen kann. Es macht einen Unterschied, ob die Bedingungen vom Berater oder der Institution, in der die Beratung stattfindet, rigide gesetzt werden oder ob der Klient Stellung nehmen und eigene Vorstellungen einbringen kann. Es ist auch von Bedeutung, ob der Klient diesen Bedingungen explizit zustimmt oder nicht. Dialogische Beratung strebt das gegenseitige Sich-Einlassen an, das von Anfang an durch ein Ungleichgewicht belastet sein kann, wenn der Klient oder die Klientengruppe keinerlei Mitspracherecht an den Rahmenbedingungen hat. Ich habe mir angewöhnt, einige wenige unverzichtbare Bedingungen von Anfang an deutlich zu machen, die ich für notwendig erachte, um »untadelige« Arbeit tun zu können, wie es der bekannte Psychotherapeut und Schriftsteller Sheldon B. Kopp ausdrückt (Kopp 1977). Dazu gehört beispielsweise, daß ich auf der Einhaltung der vereinbarten Termine bestehe oder daß ich mir das Recht einräume, jederzeit die Beziehung zwischen dem Klienten und mir zum Thema unseres Gesprächs zu machen, wenn es mir notwendig erscheint. Über die meisten anderen Dinge lasse ich gewöhnlich mit mir verhandeln.

Zu meinen Vorstellungen von Professionalität gehört es, daß ich dem Klienten gegenüber deutlich mache, was ich leisten kann und wo die Grenzen meiner Kompetenzen liegen. Es zählt beispielsweise nicht zu meinen Aufgaben, psychische Krankheiten zu heilen oder für Spezialgebiete Beratung anzubieten, von denen ich nichts oder nicht genügend verstehe wie etwa Aids, somatische Erkrankungen oder spezielle Organisationsfragen in einem Betrieb. Für die Bereiche, in denen ich mich kompetent fühle, gestehe ich dem Klienten das Recht zu, Auskunft über meine Legitimation für Beratung zu verlangen. Die Ausbildungsrichtlinien sind für Beratung allerdings noch weniger als für Therapie klar definiert, verbindlich festgelegt und aussagekräftig. Formale Qualifikationen werden dem berechtigten Anspruch des Klienten zu wissen, auf wen er sich einläßt, daher kaum gerecht werden. Statt dessen kann ich dem Klienten aber inhaltliche Angaben über meine Erfahrungen und meine Ausbildung machen, wenn er es wünscht. Eine nicht unübliche Alternative besteht darin, daß der Berater den Klienten auf Fragen nach seiner Legitimation hin konfrontiert: »Wozu möchtest du das wissen?« Damit dokumentiert er, wer das Sagen hat und wer Fragen stellen darf und wer nicht. Die alte Gestaltregel von Fritz Perls, der zufolge der Klient seine Fragen grundsätzlich in die Aussageform verwandeln sollte, kann im Verlauf der Beratung gelegentlich hilfreich sein. Als Grundregel dient sie wohl eher der Definition von Machtpositionen als dem möglichen Beginn eines Dialogs.

Experte oder professioneller Freund

»... [die Patienten] führen ihr Leben. Ich arbeite mit dem Patienten und sorge mich um den Patienten, aber es kümmert mich wahrlich nicht, was der Patient [in seinem Leben] tut.« (Kopp 1977, 6). Mit dieser Position liegt Sheldon Kopp an dem einen Pol der Dimension, die die Abgrenzung von

Beratungsarbeit und Lebenskontext betrifft. Mit seiner abstinenten Rollendefinition als Berater und Therapeut folgt Kopp scheinbar der psychoanalytischen Tradition und geht dabei so weit, daß es ihm gleichgültig ist, ob sich eine Klientin während des Wochenendes umbringen will oder nicht, solange sie ihm nur rechtzeitig Bescheid gibt, damit er den vorgesehenen Beratungstermin anderweitig vergeben kann (Kopp 1977, 113). Irvin Yalom weist aufgrund seiner umfangreichen Recherchen in seinem Hauptwerk *Existentielle Psychotherapie* allerdings nach, daß die Fallberichte in der psychoanalytischen Tradition um der wissenschaftlichen Objektivität willen eben jene Momente ausklammern, die die aktive Anteilnahme des Beraters und Therapeuten am Leben des Klienten belegen könnten, und auf eben diese Momente führt er einen wesentlichen Teil des Erfolgs der Fälle zurück (Yalom 1989, 14)[1].

Am anderen Ende der Skala der Abgrenzung von Beratung und Lebenskontext befindet sich ein Kollege von mir: Er leiht den Klienten sein Auto, läßt sie seine Fenster streichen, wenn es Ihnen an Geld fehlt, um die Beratungsstunden zu bezahlen, und ist Tag und Nacht für sie telefonisch erreichbar.

Die Frage, wie sich der Berater gegenüber dem Klienten versteht, ob als Experte, der auf bestimmte Zeit begrenzt eine ganz bestimmte Rolle ausübt, oder als wichtiger Bezugspartner im Leben des Klienten, hängt vom Beratungskontext ab und ist auch eine Angelegenheit des persönlichen Stils, aber nicht nur. Sie könnte, wie Yalom dies immer wieder anklingen läßt und wie es Maurice Friedman gründlich für alle bedeutsamen Therapie- und Beratungstraditionen untersucht hat (Friedman 1987), eine entscheidende Frage für die Wirksamkeit von Beratung als Persönlichkeitsentwicklung sein, deren Nachweis mit herkömmlichen wissenschaftlichen Methoden allerdings kaum zu führen sein dürfte. Darüber hinaus hängt die Beantwortung dieser Frage vor allem jedoch vom grundlegenden Beratungs- und Lernverständnis des Beraters sowie seinen Intentionen und Zielen ab.

Als dialogischer Berater verstehe ich mich zunächst und vor allem einmal als Person, die aus diesem Selbstverständnis heraus eine bestimmte Funktion ausübt. Das schließt eine radikale Trennung zwischen meiner Beraterrolle und mir als »Alltagsperson« aus, wie sie Sheldon Kopp vornimmt. Dieses Selbstverständnis als Berater wirkt sich auf meine Grundhaltung gegenüber dem Klienten sowohl innerhalb als auch außerhalb der Beratungssituation aus. Entscheide ich mich jedoch für eine radikale Trennung zwischen meiner Beraterrolle und meinem Lebensalltag sowie dem des Klienten, dann muß ich als Person weitgehend unsichtbar bleiben und meine Beziehung zum Klienten strikt auf die Beratungssituation begrenzen. Ich spiele eine Rolle, wobei ich durchaus auch Persönliches von mir einbeziehen kann, wenn dies zu meinem Rollenverständnis gehört. Ich werde zum lebendigen Werkzeug für den Lernprozeß des Klienten. »Es ist daher entscheidend«, schreibt Rollo May noch im Jahr 1939, daß dieses Selbst [des Beraters] ein wirksames Instrument ist.« (May 1989, 131) In seinen späteren Arbeiten - etwa in seiner Kritik am psychoanalytischen Übertragungsverständnis - wird dagegen deutlich, daß er am anderen Pol der Dimension anzusiedeln ist und dem Klienten als ungeteilte Person gegenübertreten möchte.

Der sich vorwiegend in seiner Rolle verstehende Berater verliert eine wesentliche menschliche Eigenschaft: sein Schuldbewußtsein. Jeder Berater greift einmal daneben, verärgert seinen Klienten, schießt übers Ziel hinaus. In alltäglichen Beziehungssituationen setzen nach solchen Mißgriffen, Unstimmigkeiten oder Ausbrüchen gewöhnlich Schuldgefühle ein, die eine Versöhnungsphase einleiten können (vgl. Rost 1990, 349 f.). Diese sehr menschliche Verhaltensweise steht aber nur einer um ihre Fehlbarkeit wissenden Person zur Verfügung - eine Rolle empfindet keine Schuld und bittet nicht um Verzeihung. Vielleicht hat es deshalb so großen Seltenheitswert und fällt daher besonders auf, wenn sich ein Therapie- oder Beratungsausbilder bei seinen Ausbildungskandidaten für Fehler, Mißgriffe und Unstimmigkeiten, die er auslöste, entschuldigt. Häufiger geschieht es, daß sie zum Problem des Klienten umdefiniert werden, das dieser bearbeiten sollte. Je professioneller und erfahrener ein Berater wird, desto größer ist die Gefahr, daß er zur perfekten Rolle wird.

Dann ist es leicht, sich vom Klienten und dessen Leben abzugrenzen: die professionelle Rolle selbst und der Praxisraum setzen klare und dauerhafte Grenzen. Allerdings muß sich auch der dialogische Berater abgrenzen, denn er kann schwerlich in ständiger Sorge für seine Klienten leben und lebenslanges Interesse an ihnen aufrechterhalten, und er muß sich auch vor unangemessenen Ansprüchen und Angriffen schützen können. Dies ist eine ständige Herausforderung, denn die Abgrenzung wird von Person zu Person sehr verschieden sein, sie muß sich immer wieder der Beziehung anpassen und die Autonomie des Klienten achten.

Die Grenzen des personalen Beraters sind durchlässig und flexibel. Damit geht er ein hohes Risiko ein: Was er dem Klienten anbietet, ist immer etwas, was mit ihm als Person verbunden ist, was auf seinen eigenen Lebenserfahrungen gründet und mit seinen ethischen Prinzipien vereinbar ist. Wird sein

Angebot abgelehnt, diskriminiert oder bewundert, dann trifft diese Abwertung oder Bewunderung teilweise auch immer ihn als Person. Auch der umgekehrte Fall kann schwierig für ihn sein: Seine Methoden und Modelle werden zwar akzeptiert, aber als Person hält der Klient sich ihn vom Leibe; Der Berater wird aufgespalten in den Professionellen und die Person. Es lohnt sich jedoch, diese Risiken auf sich zu nehmen und mit ihnen umgehen zu lernen, denn darin stecken gleichzeitig die unerschöpflichen kreativen Möglichkeiten, die in einer dialogischen Beziehung liegen: die Partner lernen, ihre Begrenztheit zu akzeptieren und die Potentiale, die innerhalb dieser Grenzen liegen, zu erkennen und zu nutzen (vgl. Perls, L. 1988, 116)

Der Unterschied zwischen einem Berater, der sich als ganzheitliche Person und jenem, der sich selbst als wichtigstes Instrument seiner Arbeit begreift, ist äußerlich minimal, aber in seiner Wirkung auf Klienten gravierend. »Bei Trainer A. weiß ich genau«, sagt die Teilnehmerin einer Ausbildungsgruppe nach dreijähriger Erfahrung mit verschiedenen Beratern, »daß sein Interesse an mir genau bis zum Ende der jeweiligen Sitzung reicht. Bei Trainer B. dagegen spüre ich, daß er sich für mich als ganze Person interessiert, auch wenn ich mit keinem von beiden außerhalb der Sitzungen zu tun habe.«

Wenn der Berater an der Person des Klienten interessiert ist und sich als ganze Person in der Beratungssituation einbringt, kann das für den Klienten verwirrend und bedrohlich sein: »Am Anfang hat mir das den Boden unter den Füßen weggezogen«, berichtet Gernot[2] am Ende einer Langzeitberatung, »ich wußte nicht mehr, was ich tun konnte, fühlte mich vollkommen verloren. Ich habe ein Verhaltensrepertoire für die verschiedensten Rollen. Aber keines paßte auf dich, du warst nicht berechenbar. Es war furchtbar. Ich mußte mich da mühsam durcharbeiten und in mir selbst nach spontanen Möglichkeiten suchen, auf dich zu reagieren. Das war die wichtigste Herausforderung für mich. Heute weiß ich, daß ich genau das wollte; hättest du dich hinter einer Rolle versteckt, dann hätte ich die Beratung bald abgebrochen.«

Was für Gernot eine wichtige Herausforderung war, scheint für Katharina ein unlösbares Problem zu sein. »Wenn es möglich ist, dich als Mensch zu verletzen, zu langweilen oder zu interessieren, dann muß ich ja auf dich Rücksicht nehmen. Das ist mir zuviel, damit komme ich nicht klar.« Da es mir nicht möglich ist, ihr in überzeugender Weise deutlich zu machen, daß ich mir als Berater zwar von ihr wünsche, daß sie auch dafür Verantwortung zu übernehmen lernt, was sie bei mir als Mensch auslöst, nicht jedoch, daß sie für mich Verantwortung übernimmt und Rücksichtnahme mir gegenüber übt, entscheidet sie sich für einen anderen, einen »neutralen« Berater, wie sie sagt.

Auch für Julia stellte es zunächst eine schier unlösbare Aufgabe dar, sich mit mir als Person auseinanderzusetzen. So war es nahezu eine Horrorvorstellung für sie, mich in der Stadt zu treffen und dann nicht zu wissen, wie sie sich verhalten sollte. Als wir uns nach einigen Monaten der gemeinsamen Arbeit dann tatsächlich beim Einkaufen trafen, hielten wir für ein kurzes, lockeres Gespräch an. Für Julia markierte dies ihrem späteren Eingeständnis zufolge einen Wendepunkt in ihrer Persönlichkeitsentwicklung: sie begann, mich als ganz gewöhnlichen Menschen zu sehen, der im Schlußverkauf auch nur darauf aus ist, ein Schnäppchen zu machen.

»Rolle«[3] und »Funktion« werden leicht verwechselt. Als dialogischer Berater habe ich eine Funktion, die sich von der des Klienten deutlich unterscheidet: es ist meine Aufgabe, den Klienten zu unterstützen, mich auf ihn und sein Anliegen zu konzentrieren, und meine Kompetenzen zur Verfügung zu stellen. All dies kann sowohl aus der Person als auch aus einer Rolle heraus geschehen. In der Beraterrolle bin ich nicht wirklich verletzt, gelangweilt oder interessiert und engagiert, aber ich kann all das rollenhalber empfinden, um den Klienten mit seiner Verhaltensweise mir gegenüber zu konfrontieren. Als Person bin ich tatsächlich verletzt, gelangweilt oder interessiert - gleichgültig, ob ich den Klienten damit konfrontieren will oder nicht. Als Rolle mache ich konfrontierende Interventionen, als Person bin ich konfrontierend, indem ich authentisch (wenn auch selektiv) auf den Klienten reagiere. Der Unterschied zur »Als-ob-Qualität« ist oft nur intuitiv spürbar, objektiv ist er kaum nachweisbar. Aber viele Klienten scheinen ein feines Gespür für diesen Unterschied zu haben, und sie reagieren mehr oder weniger deutlich darauf. Die authentische, personale Reaktionsweise eines Beraters nehmen die meisten Klienten allerdings mit ambivalenten Gefühlen auf. Zwar sehnt sich wohl jeder von uns im Grunde nach der Begegnung mit einer authentischen, mit sich selbst weitgehend identischen Person, gleichzeitig scheuen wir davor auch zurück, sind verunsichert oder fühlen uns sogar bedroht (vgl. auch Hycner 1989, 141).

Das dialogische Funktions- und Beziehungsverständnis wird im Rahmen der meisten humanistischen Therapie- und Beratungskonzeptionen auch gefordert und gelehrt. In meiner eigenen Ausbildung zum Gestalttherapeuten beispielsweise ging es vorwiegend darum, daß ich lernte, mich auch in der Berater- oder Therapeutenrolle als ganze Person wahrzunehmen und gegenüber dem Klienten möglichst authentisch zu zeigen. Aber es bleibt die Gefahr, daß der so in seiner (Selbst-)Wahrnehmungsfähigkeit geschulte und kontaktfähige Berater seine Kompetenzen erneut instrumentalisiert. Der Split zwischen seiner Funktion als Berater und ihm als Alltagsperson wird dabei nicht aufgehoben, sondern auf eine andere Ebene verlagert: Die Person des Beraters ist abgespalten von der Alltagsperson, und in der Umgehensweise zwischen Berater und Klienten und auch Kollegen läßt sich dann möglicherweise in alltäglichen Zusammenhängen wenig von der Bewußtheit, Authentizität und Kontaktfähigkeit erkennen, die für die Beratungsarbeit der gleichen Person so kennzeichnend ist.

In der Therapie im engeren Sinn mag eine deutlichere Trennung von Person und Rolle damit begründbar sein, daß der als »psychisch krank« definierte Klient durch Abhängigkeitsphasen hindurchgehen muß, in denen er sich dem Therapeuten wie ein Kind anvertraut, damit alte Wunden geheilt werden können. Der so beanspruchte Therapeut schützt sich durch die Trennung von professioneller Rolle und Person vor psychischer Überlastung. Auch bei einem dialogischen Selbstverständnis des Beraters muß natürlich zwischen dem Alltagsverhalten und dem Verhalten in der Beratungssituation unterschieden werden. Dieser Unterschied ist jedoch durch die besondere Funktion des Beraters gegenüber dem Klienten und durch die Rahmenbedingungen von Beratung begründet, aber er ist nicht kennzeichnend für die Beziehungsqualität zwischen Berater und Klient. Die oft behauptete Unvereinbarkeit von einer Berater-Beziehung einerseits und einer alltäglichen oder kollegialen Beziehungen zum Klienten andererseits ist nach diesem Selbstverständnis des Beraters nicht mehr generell zu begründen. Daher ist nicht einzusehen, weshalb sich nicht auch Partner, Kollegen und Freunde gegenseitig in professioneller Weise beraten können sollten, sofern sie in der Lage sind, ihre Beziehung immer wieder zu klären, sich eigennütziger Interessen in der Beraterfunktion bewußt zu werden und in der jeweiligen Beratersituation unterschiedliche Funktionen anzuerkennen.

Die Frage, ob sich ein Berater eher als Experte oder professioneller Freund versteht oder welche Anteile davon jeweils in sein Selbstverständnis einfließen, ist natürlich nicht aufgrund einer einfachen Willensentscheidung zu beantworten. Die Vision einer ganzheitlichen Person läuft unserer gesellschaftlichen Tendenz zur Aufspaltung, zur Entpersönlichung und zur Entfremdung zuwider, und diese Tendenz findet sich in vielfältiger Gestalt in unseren Persönlichkeitsstrukturen wieder. Ich möchte die Vision der ungeteilten Person deshalb aber nicht aufgeben und sie vor jeder neuen Beratungsaufgabe zum Anlaß nehmen, mir meines Selbstverständnisses als Berater bewußt zu werden. Mein Wunsch, dem Klienten als ungeteilte Person begegnen zu wollen, werde ich dem Klienten zwar kaum zu Beginn der Beratung in einem Vortrag erläutern, aber ich kann meine Sensibilität schärfen für mein eigenes Verhalten in und außerhalb der Beratungssituation sowie für die Reaktion des Klienten auf mich als Person und Experten für Beratung.

Die Ausgangslage: Einander fremde Welten

Was ist meine Funktion und mein Anliegen als Berater und welchen Sinn kann meine Tätigkeit in unserer gegenwärtigen gesellschaftlichen, politischen und ökologischen, von globalen Krisen erschütterten Situation ergeben? Kann sie überhaupt irgendeinen Sinn ergeben? Diese Fragen beschäftigen mich immer wieder in stillen Momenten, nachdem es mir vielleicht wieder einmal gelungen ist, einen Menschen zu grundlegenden Lernprozessen angeregt zu haben oder wenn ich in einem Beratungsvorhaben gescheitert bin.

In meiner Beratungspraxis treffe ich auf Klienten, die Probleme und Symptome haben oder die auf eine mehr oder weniger diffuse Art und Weise unzufrieden sind. Deshalb lassen sie sich auf Beratungsgespräche mit mir ein. Klienten sind motiviert zu lernen (was immer jeder einzelne darunter auch verstehen mag), sofern sie nicht zwangsweise zur Beratung verpflichtet werden. Das ist die günstige Ausgangssituation dieser Art von Beratung, die sich erheblich von vielen anderen Bildungssituationen unterscheidet. Sofern ich als Berater das Interesse habe, mich mit diesem Klienten auf einen Austausch, einen gemeinsamen Lernprozeß, einzulassen, verfügen wir also über eine gute Grundlage für unsere Arbeit.

Der einzelne Klient, das Team oder die Beratungsgruppe spüren also ein wie auch immer geartetes Defizit in ihrer Lebenssituation. Woher kommt dieses Defizit? Über alle psychologischen, interaktionellen und entwicklungstheoretischen Erklärungsmöglichkeiten für diese Defizite hinweg komme ich zu der Auffassung, daß der kreative Anpassungsprozeß der Person mit der Umwelt in einer Weise gestaltet wird, die unlösbar erscheinende Probleme und Schwierigkeiten oder schwer zu bewältigende Herausforderungen hervorbringt. Was dem Klienten also fehlt, sind Alternativen zu den inzwischen nicht mehr angemessenen Verhaltensweisen, Problemlösungsstrategien und Bewältigungsversuchen für die Herausforderungen des Lebens.

Um solche Alternativen im Verlauf der Beratung mit dem Klienten entwickeln und erproben zu können, muß ich ihn erreichen, so daß unsere unterschiedlichen Sichtweisen, Einfälle und Erfahrungen in der Begegnung aufeinandertreffen und sich daraus Anstöße für andere Möglichkeiten der Lebensbewältigung ergeben können. Doch zu Beginn jeder Beratungssitzung sind diese Welten, in denen Klient und Berater leben, einander fremd und weitgehend unvereinbar. Das ist immer wieder unsere Ausgangssituation.

Jochen ist seit zwei Jahren in unserer Beratungsgruppe. Im Gespräch über ein aktuelles Problem von ihm fallen mir bei seinen Ausführungen viele kleine abwertende Bemerkungen und Gesten auf. Ich spreche ihn daraufhin an. Rasch kommen wir wieder an den Punkt, an den wir schon viele Male gelangt sind: seine ständige Selbstabwertung. Ich teile ihm in sehr engagierter Weise mit, daß er mir auf diese Weise keine Chance läßt, ihn zu erreichen, denn alles, was ich ihm anbiete, entwertet er sofort für sich; ich zeige ihm auch meine Ratlosigkeit und Verzweiflung, daß es mir so wenig gelingt, ihm meine Sorge, meine Wertschätzung für das, was er tut und wie er sein Leben zu meistern versucht und meine ungeteilte Sympathie für ihn deutlich zu machen. Jochen wirkt sehr berührt und betroffen.

Meine Annahme, ich hätte Jochen in dieser Sitzung an einem wichtigen Punkt erreicht, wird in den nächsten Sitzungen Lügen gestraft. Jochen hatte in unserer Auseinandersetzung nur gehört, daß ich ihn verurteile, weil er sich immer wieder selbst abwertet. Er hat Angst, daß ich ihn aus der Gruppe werfen könnte, weil ich nun nichts mehr mit ihm zu tun haben wolle. Schlagartig wird mir wieder einmal bewußt, wie unterschiedlich die Welten sind, in denen wir leben, wie anders wir jeweils die Umwelt wahrnehmen und interpretieren, selbst wenn wir uns wechselseitig sehr verbunden fühlen und schätzen.

Auch Berater und Klient leben in weitgehend abgeschlossenen Welten. Wir stehen zwar in ständigen Austauschprozessen mit unserer Umwelt (einschließlich unseres eigenen Organismus, der zur Umwelt wird, wenn wir ihn bewußt wahrnehmen), indem wir atmen, Nahrung zu uns nehmen und auf Mitteilungen, die wir verstehen, reagieren. Und doch dringt in unsere Welten nur das ein, wofür wir »Antennen« oder »Sensoren« haben; diese sind durch unsere Veranlagung und jeweils einzigartige Lebensgeschichte, durch kulturelle und gruppenspezifische Herkunft und unsere jeweilige Befindlichkeit in unserer Lebenssituation geprägt und beeinflußt. Diese Unterschiedlichkeit und Fremdheit ist der Ausgangspunkt der Beratung. Die Chancen, uns zu verpassen, sind ebenso groß wie die, uns in der Begegnung auf gemeinsamen abenteuerlichen Entdeckungsreisen wiederzufinden.

Die Aufgabe des Beraters

Was kann angesichts dieser Ausgangslage ein realistisches Anliegen von mir sein und welche Aufgaben habe ich gegenüber dem Klienten? Meine Intention ist es, dazu beizutragen, daß unser Leben lebenswerter wird (vgl. Perls, L. 1989, 84). Wie das im einzelnen für den Klienten aussehen kann, muß ich ganz allein ihm überlassen: er muß seine eigenen Wege und Möglichkeiten entdecken, sich aus sich selbst heraus fortentwickeln, sein Leben aus eigener Kraft gestalten. Dabei ist meine Aufgabe als dialogischer Berater, Lernprozesse zu initiieren, zu unterstützen und anzuleiten - nicht etwa heilen zu wollen (vgl. Portele 1988). Um meiner Aufgabe als Berater gerecht werden zu können, muß ich mich immer wieder freimachen von der Fixierung auf Ergebnisse. Ich werde dem Klienten zwar gelegentlich Vorschläge machen, wie er mit anderen Einstellungen und Verhaltensweisen experimentieren könne, aber ich werde mich immer wieder bremsen müssen, um ihn auch dann seine eigenen Lösungen finden zu lassen, gerade wenn bestimmte Lösungen aus meiner Sicht auf der Hand liegen würden. Das erfordert von mir ein hohes Maß an Disziplin, sofern ich meine Zuversicht in unsere schöpferischen Kräfte nicht soweit integriert habe, daß sie mir zur Selbstverständlichkeit geworden ist.

Der Weg, den ich mit jedem Klienten beschreiten möchte, um diesen Intentionen und Aufgaben zu folgen, geht über Bewußtheit und Beziehung. Es geht mir also in erster Linie darum, dazu beizutragen, daß sich die Wahrnehmungsmöglichkeiten des Klienten erhöhen. Ich mache ihn mit unterschiedlichen Herangehensweisen, Interpretationsmöglichkeiten und Weltsichten vertraut und versuche, seine Zuversicht in die eigene Gestaltungskraft anzusprechen und zu unterstützen. Mein Ziel ist dabei nicht unbedingt, daß es dem Klienten am Ende jeder Beratung besser geht, sondern daß sein Zutrauen in seine Möglichkeiten gestärkt ist. Der Bereich, in dem die Potentiale von Klient und Berater am ehesten freigesetzt werden können, ist die Beziehung. In der Beziehung, im Dialog der Gesprächspartner können Eros und Sorge ihre Kräfte entfalten und die Grundlage bilden für den Mut zur eigenen Schöpfungskraft.

Alle anderen Anliegen, die ich als Berater habe, sind sekundär und situationsbedingt. Sie können darin bestehen, daß ich Modelle für Problemanalysen zur Verfügung stelle, Anregungen gebe, wie das Leben des Klienten lebenswerter und konstruktiver gestaltet werden könnte (vgl. Perls, L. 1989, 84), sei es im privaten, beruflichen oder öffentlich-politischen Bereich, oder daß ich einen Beitrag dazu leiste, wie wir ganzheitlicher und vernetzter Denken und sorgsamer mit uns selbst, mit anderen und mit unseren Lebensgrundlagen umgehen können.

Mit diesen Anliegen und Intentionen stoße ich vermutlich nicht unmittelbar auf Gegenliebe beim Klienten. Viele Klienten wollen Lösungen für ihre Probleme, sie suchen vielleicht im Berater jemanden, der ihnen die Qual von Entscheidungen abnimmt oder sie wollen schnelle Hilfe in kritischen Situationen. Andere sind nicht so sehr an unmittelbaren Problemlösungen interessiert, sondern an persönlichen Wachstumsprozessen. Sie erwarten von mir möglicherweise, daß ich ihnen Wege aufzeige, wie solche Persönlichkeitsentwicklungen in Gang gesetzt werden können, damit sie ihr Leben neu organisieren und sinnvoller gestalten können; doch sie möchten diesen Weg gehen, ohne die Schmerzen zu ertragen, die ein solcher Prozeß erfahrungsgemäß auch mit sich bringt. Sie sind überdies voller Skepsis gegenüber Autoritäten, die sie an Lehrer und Lehrmeister erinnern, prüfen erst sehr genau, ob sie sich überhaupt auf mich einlassen wollen oder versuchen, es mir recht, es »richtig« zu machen und mich zu imitieren.

All diese Voraussetzungen auf Seiten des Klienten passen erst einmal schlecht zu meinen Intentionen. Der Grundkonflikt zwischen ihren und meinen Erwartungen ist vorgezeichnet und wird uns möglicherweise lange Zeit im Beratungsprozeß begleiten. Es kommt für mich als Berater darauf an, daß ich Verständnis für ihre Erwartungen aufbringe, in denen sich ja häufig nur die in Schule, Ausbildung und Beruf erlernten Einstellungs- und Verhaltensmuster widerspiegeln; gleichzeitig will ich meine Intentionen und das, was mir wichtig ist und was ich auch als Teil meiner Berufung begreife, nicht einfach aufgeben. Ich hoffe darauf, daß es uns gelingt, einen gemeinsamen Weg zu finden, wenn ich den Grundkonflikt spüre und immer wieder offenlege und wenn ich mit dem Klienten immer wieder versuche, nach Möglichkeiten Ausschau zu halten, zu denen wir beide »ja« sagen können. Ich muß allerdings auch in Rechnung stellen, daß der eine oder andere Klient den zweifellos mühevolleren Weg dialogischer Beratung nicht beschreiten will, daß er schließlich »nein« sagen kann und sich bei anderen die Hilfe holt, die er für richtig hält.

---

[1] So soll Freud seiner durch seine Fallbeschreibung berühmt gewordenen Klientin Elisabeth von R. bei der Regelung finanzieller Schwierigkeiten geholfen, ihre Mutter besucht und ihretwegen an einem Tanzvergnügen teilgenommen haben, um miterleben zu können, wie sich die wegen psychogener Gehschwierigkeiten behandelten Klientin wieder frei bewegen konnte. Solche »Zugaben« in der therapeutischen Behandlung blieben jedoch um der Wissenschaftlichkeit willen unerwähnt (Yalom 1989, 14).

[2] Namen und konkrete Umstände in den Beispielen wurden hier und im folgenden Text zu unserem eigenen Schutz und zum Schutz der Klienten verändert.

[3] Ich verwende den Begriff »Rolle« hier nicht im soziologischen, sondern im landläufigen Sinn als unpersönliche Ausdrucksform einer öffentlichen Aufgabe, während »Funktion« dem Rollenbegriff Jacob L. Morenos nahekommt, der Rolle »... als aktuelle und greifbare Form, die das Selbst annimmt«, begreift. (Moreno 1989, 105)

9. Kapitel

Strukturen des Beratungsgesprächs

In den folgenden Kapiteln will ich dialogische Beratungsgespräche beschreiben und reflektieren. Und auch darin liegt ein Widerspruch; denn das Beratungsgeschehen ist ein lebendiger Prozeß, der sich weder exakt vorherbestimmen noch ganzheitlich und in seiner Totalität beschreiben läßt. Wenn er vorhersagbar ist, fehlt es ihm an lebendiger Spontanität und Erstmaligkeit; Ganzheitlichkeit läßt sich in sachlicher Sprache nur unzureichend ausdrücken, soweit wir sie überhaupt erfassen können. Um dennoch meine Absicht verfolgen zu können, die komplexen Wechselbeziehungen im Dialog auf der Grundlage von Erfahrungen und ihrer theoretischen Verarbeitung darzustellen, muß ich auf abstrakte Kategorien und Strukturen zurückgreifen. An diese Kategorien und Strukturen habe ich jedoch den Anspruch, daß sie die Komplexität des dialogischen Geschehens nicht in einer Weise reduzieren, die allzu sehr in Widerspruch zur Vielfalt und Lebendigkeit des Geschehens steht. Die Kategorien und Strukturen sollten daher weder eindimensional noch normativ sein, indem sie Vorschriften für den Ablauf sowie für die Einstellungen und Verhaltensweisen von Berater und Klient machen.

In den Kapiteln zehn bis dreizehn werde ich die Struktur eines Beratungsgesprächs mit Hilfe eines Phasenmodells verdeutlichen. Für jede der vier Phasen des Modells werden die Besonderheiten der persönlichen Prozesse der Beteiligten und des Beziehungsgeschehens sowie die methodischen Vorgehensweisen des Beraters untersucht und veranschaulicht. Das vierzehnte Kapitel widmet sich dem Prozeßverständnis, das über die Phasenstruktur hinausgeht. Dabei werde ich auf einige Dynamiken im Gesprächsverlauf hinweisen, Aspekte der persönlichen Entwicklungsdynamik des Klienten und der übergreifenden Beziehungsdynamik zwischen Berater und Klient aufzeigen und im fünfzehnten und letzten Kapitel Vorschläge für eine Diagnostik im Beratungsprozeß machen.

Phasenmodelle

In der Literatur zu Beratung und Therapie tauchen immer wieder Phasenmodelle auf: Das Gespräch wird in aufeinander folgende Abschnitte eingeteilt und jedem dieser Abschnitte werden bestimmte Vorgehensweisen und Methoden zugeordnet. Schon im ersten Grundlagenwerk über Beratung in den USA, das Rollo May vor über 50 Jahren verfaßte, findet sich ein Phasenmodell:

1. Kontaktaufnahme und Herstellen eines Rapports
2. Bekenntnis
3. Interpretation und
4. Transformation (May 1989).

Dies scheint mir ein sehr einsichtiger Versuch zu sein, Beratung so zu beschreiben, daß die Wechselbeziehungen zwischen Berater und Klient eingefangen werden, anstatt beispielsweise nur die Bewußtseinsprozesse des Klienten oder die Methoden des Beraters zu berücksichtigen. Zumindest gilt dies für die Phasen 1 und 3: »Kontaktaufnahme« geschieht zwischen Berater und Klient, und auch »Interpretation« ist ein gemeinsamer Akt. Die meisten nachfolgenden Phasenmodelle beschränken sich entweder einseitig auf die Handlungsweise des Beraters oder auf die Prozesse des Klienten (vgl. die Übersicht in Rahm 1990, 34 ff.). Anders Dorothea Rahm in ihrem Buch »Gestaltberatung«. Rahm wählt unter Bezugnahme auf Arbeiten von Petzold (z.B. Petzold 1982) vier Kategorien zur Phasenbeschreibung, die sich überwiegend auf das Gesamtgeschehen in der Beratung beziehen:

1. Initialphase (Identifizierung und Formulierung des Problems)
2. Aktionsphase (Auseinandersetzung über Daten und Problemstellung)
3. Integration (Integration der Materialien der Aktionsphase) und
4. Neuorientierung (Umsetzung in die Praxis).

Abgesehen von der mißverständlichen Bezeichnung für die zweite Phase (»Aktionsphase« für die Auseinandersetzung mit Daten) kann auch dieses Modell in seiner Grundstruktur Anregung sein für die Entwicklung eines Phasenmodells, das zu unserem Konzept dialogischer Beratung paßt. Dabei müßte jedoch der Akzent, den das Modell von Petzold/Rahm auf Problemlösungen legt, zugunsten der Beziehungs- und Lernprozesse im Beratungsgeschehen verschoben werden. Die Aufgabe, eine »tragfähige Beziehung zwischen Klient und Berater/Therapeut« zu entwickeln, wird im Modell von Rahm beispielsweise der Initialphase zugeschrieben. Wir sehen dagegen die kontinuierliche Entwicklung und Pflege der Beziehung zwischen Berater und Klient als ständige und wichtige Aufgabe von Beratung an. Wichtige Erfolgskriterien sind für uns auch nicht so sehr »veränderte Verhaltensweisen« des Klienten in der Phase der Neuorientierung (Rahm 1990, 125 ff.), sondern seine Bewußtheit und eigenständige Lernfähigkeit.

Während das Phasenmodell von Petzold/Rahm aus dem Psychodrama hervorging, orientiert sich die *Cleveland School of Gestalt* am Kontaktzyklus der Gestalttherapietheorie. Auch der Kontaktzyklus ist ja in vier Abschnitte unterteilt: Vorkontakt, Kontaktnahme, voller Kontakt und Nachkontakt. Den vier Phasen entsprechen unterschiedliche Qualitäten, die vor allem an den Erregungsniveaus der Beteiligten verdeutlicht werden: Die Erregung der Kontaktpartner steigt im Übergang vom Vorkontakt zur Kontaktnahme an, erreicht mit dem vollen Kontakt ihren Höhepunkt und flacht im Übergang zum Nachkontakt wieder ab. Im Laufe dieses Prozesses tritt aus einem diffusen Hintergrund eine Figur (ein Interesse, Bedürfnis oder Impuls) in den Vordergrund. Die Person »greift die Figur an« (aggressiv im Sinne von »auf etwas zugehen«, »zupacken«), verwirklicht also beispielsweise den Impuls, und schließlich verschwindet die Figur wieder im Hintergrund, die neuen Erfahrungen werden in das Selbst integriert. Dieser Gestaltbildungsprozeß ist natürlich ein idealtypisches Modell und kein Abbild der Wirklichkeit. Wir »unterbrechen« den Fluß des Kontaktgeschehens immer wieder, sei es durch das, was Konfluenz (z.B. Verwischen der Unterschiede), Introjektion (z.B. unbewußte Regeln und Normen), Projektion (z.B. nicht wahrgenommene eigene Impulse, die wir anderen »anhängen«) oder Retroflektion (alle Arten von Zurückhaltung) genannt wird. Für den Berater können dies sehr hilfreiche Konstrukte sein, die er »im Hinterkopf« speichert, aber da Beratung seltener direkt und explizit an den aktuellen Kontaktprozessen und »Kontaktstörungen« arbeitet, spielen sie nicht die zentrale Rolle wie in therapeutischen Prozessen.

In den letzten Jahren wurde dieses Grundmodell des Kontaktzyklus weiterentwickelt und nicht nur für verschiedene Therapiekonzepte (z.B. Kepner 1988), sondern auch für Beratung nutzbar gemacht. Edwin Nevis legt seinem Gestaltansatz für Organisationsberatung das Phasenmodell

1. Bewußtsein
2. Energie
3. Handlung und Kontakt
4. Lösung zugrunde (Nevis 1988, 37 ff.).

Diese Kategorien sind allerdings so abstrakt, daß sie für ganz verschiedenartige Beratungskonzepte passend sein können. Da wir in der dialogischen Beratung den Akzent eindeutig auf Persönlichkeitsentwicklung legen (der beispielsweise in der Organisationsberatung gegenüber der Problemlösung nur marginale Bedeutung zukommen dürfte), kommen wir zu einem spezifischen Phasenmodell für dialogische Beratung:

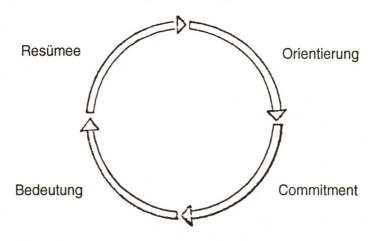

Orientierung
Am Anfang dient das Gespräch der Orientierung: In welcher Lage befindet sich der Klient und in welcher Situation befindet sich der Berater gegenüber dem Klienten, worum könnte es heute gehen? Berater und Klient stimmen sich aufeinander ein und kreisen das Anliegen des Klienten ein. In dieser Phase geht es auch darum, daß Berater und Klient angeregt werden, sich auf einen gemeinsamen Erforschungs- und Lernprozeß einzulassen.

Commitment

Nachdem die Gesprächspartner sich aufeinander eingestellt haben und das Anliegen eingekreist und näher bestimmt werden konnte, geht es jetzt darum, sich auf einen gemeinsamen Erkundungsprozeß einzulassen: Das Erkunden dient dem Zweck, das wahrzunehmen, was ist, Fakten festzustellen und den Empfindungen, Gefühlen, Gedanken und Phantasien Ausdruck zu verleihen, sowie die Handlungs- und Reaktionsweisen der an der problematischen Situation Beteiligten zu ermitteln. In der Commitment-Phase geht es um die Rekonstruktion der Wirklichkeit, in erster Linie aus der Sicht des Klienten, dann auch aus der Perspektive seiner relevanten Bezugspersonen sowie aus der Perspektive des Beraters. Es ist eine Problemanalyse in emotionaler, kognitiver und relationaler Weise aus unterschiedlichen Perspektiven. In dieser Phase suchen wir nicht schon nach Lösungen, sondern arbeiten ausschließlich die Ist-Situation heraus. Problemlösungsabsichten werden nach Möglichkeit auf später vertagt.

Bedeutung

Nachdem die Ist-Situation phänomenologisch erarbeitet ist, versuchen Berater und Klient nun, die Bedeutung der Ist-Situation aufzuspüren. Sie arbeiten die aktuellen Muster der Reaktions- und Verhaltensweisen, der inneren Dialoge und der Kommunikationsweisen zwischen Beziehungspartnern oder anderen Bezugspersonen heraus und stellen sie in lebensgeschichtliche, generationsübergreifende, soziale und kulturelle sowie existentielle Zusammenhänge. Die gegenwärtig erlebten Muster werden dadurch als sinnhaft erkannt, auch wenn sie in aktuellen Situationen Leid und Zerstörung mit sich bringen. Es ist meist die emotional schwierigste und dichteste Phase, in der der Klient am meisten der existentiellen Bestätigung und oft auch einigen Humors bedarf.

Resümee

In einer letzten Phase schließlich geht es darum, Rückblick zu halten und Bilanz zu ziehen und Perspektiven für die Zukunft zu entwickeln. Unerledigtes aus dem vorhergehenden Prozeß wird soweit wie möglich aufgearbeitet. Die Zukunftsperspektiven beziehen sich nicht nur auf Handlungsalternativen, die ansatzweise in der Beratungssituation erprobt werden können, sondern auch auf den (selbst-)lernenden Umgang mit den Einsichten in die Muster und auf die Entwicklung von Visionen und konkreten Utopien. Diese Phase ist immer auch mit Abschiednehmen, Sich-Trennen und Sich-Lösen verbunden.

Diese Phasenfolge ist nicht als straffes Ordnungsschema zu verstehen, sondern als ein zyklischer Vorgang, der sich in Variationen wiederholt. Manchmal, insbesondere in der Anfangsphase einer Beratung, kommt das Gespräch nicht über die Orientierung hinaus. In einem fortgeschritteneren Stadium mag die Commitment-Phase den größten Raum einnehmen, weil es dem Klienten noch schwerfällt, sich einzulassen und genau wahrzunehmen, was ist und Ausdrucksformen für seine Wahrnehmungen zu finden. In der Endphase der Beratung kann die Resümee-Phase größeren Raum einnehmen, weil die Gesprächspartner gelernt haben, relativ rasch zu einer differenzierten Bestandsaufnahme, zu einer ganzheitlichen Problemanalyse und Sinngebung zu gelangen.

Das Vierphasenmodell legen wir im folgenden als Folie über eine »Beratungseinheit«. Damit meinen wir eine einzelne Sitzung mit einem Einzelklienten, die vielleicht von 20 Minuten bis zu zwei Stunden dauern kann, oder einen Beratungsblock für eine Gruppe von vielleicht zwei bis drei Stunden. Wir können diese Folie auch verkleinern und auf Teilabschnitte solch einer Beratungseinheit legen, da solche Prozesse von der Orientierung bis zur Perspektiventwicklung in einer Beratungseinheit manchmal mehrfach durchlaufen werden.

Bei der Auflistung und kurzen Erläuterung all dieser Strukturmomente und Qualitäten des Gesprächsverlaufs wird ein übergreifendes Merkmal dialogischer Beratungsprozesse deutlich: Sie sind durch Wechsel gekennzeichnet, den Wechsel bestimmter zeitlicher Modi, bestimmter Spannungs- und Erregungszustände sowie Bewußtseinszustände, den Wechsel von Gesprächsebenen und Ausdrucksformen sowie von Ordnungsprinzipien. Dieser Wechsel vollzieht sich in einer mehr oder weniger organischen, stimmigen Weise. Unstimmigkeiten in diesem Wechsel können immer zum Anlaß für Bewußtwerdung und Reflexion genommen werden, und wenn uns einmal Stimmigkeit des Wechsels gelungen ist, können wir das Gespräch als einen Tanz, als ästhetisches Geschehen genießen und uns davon berühren lassen.

---

[1] Der Begriff »Commitment« stammt von Laura Perls, die in einer eindrücklichen Rede auf einer Jahreskonferenz über die Theorie und Praxis der Gestalt-Therapie am Beispiel des Films »Die Frau in den Dünen« deutlich macht, welche Möglichkeiten darin liegen, wenn wir uns auf eine äußerlich begrenzte Situation einlassen. Der Begriff ist nur schwer ins Deutsche übersetzbar. »To commit oneself« heißt hier soviel wie sich einlassen, sich verpflichten, sich binden, sich engagieren (Perls, L. 1989, 115 ff.)

10. Kapitel

Erste Gesprächsphase: Orientierung

Gesprächsbeginn

Der Klient setzt sich mir gegenüber, die Stühle stehen etwas schräg zueinander. Wir schauen uns an. Ich vergewissere mich, ob ich »da« bin für das Geschehen zwischen uns. Wenn ich präsent, leer und empfänglich sein kann, lasse ich den Klienten auf mich wirken: seinen Gesichtsausdruck, wie er zu sprechen anfängt, seine Gestik und Mimik. Manchmal fällt mir ein neues Kleidungsstück an ihm auf oder eine Veränderung der Frisur. Wenn es mich neugierig macht, spreche ich ihn darauf an.

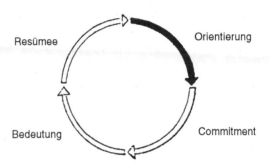

Während der Klient etwas erzählt, manchmal unzusammenhängend, manchmal zögernd oder hastig, registriere ich, was ich sehe und höre. Mir fällt eine besondere Geste auf, eine Diskrepanz zwischen dem, was er sagt und was er körperlich ausdrückt. In der Haltung »desinteressierten Interesses« bemerke ich, daß er bei einer Passage seufzt, die Luft anhält, seine Augen umwölkt werden oder ein Lächeln über sein Gesicht huscht.

Dies ist nicht die Zeit, in der ich unbedingt auf diese Beobachtungen »anspringen« muß, indem ich ihn auf das Lächeln, die traurig blickenden Augen oder auf die diskrepante Geste anspreche. Wir haben noch keine

Vereinbarung darüber, was zum Gegenstand unseres Gesprächs werden soll, ich habe noch nicht die Erlaubnis, an irgendeiner Stelle in die Arbeit mit ihm einzusteigen. Ich speichere also die Informationen, die ich vom Klienten erhalte, die verbalen ebenso wie die non-verbalen und ich kann aufgrund meiner Wahrnehmungen vorsichtige Angebote machen.

Wenn ich vom Redeschwall des Klienten überschüttet werde, halte ich ihn auch manchmal an, teile ihm vielleicht mit, daß ich ihm jetzt nicht mehr folgen könne, bitte ihn, mir mitzuteilen, weshalb er mir etwas im Detail erzählt, damit ich ihm wieder zuhören oder er bewußter entscheiden kann, was er mir mitteilen möchte und was nicht.

Sofern der Klient nicht von sich aus die Erfahrung benennt, die ihn beschäftigt, oder das Thema, an dem er arbeiten möchte, mache ich ihm Vorschläge. Sie kommen aus meiner Zusammenschau dessen, was mir der Klient in den ersten Minuten mitgeteilt hat. Ich sage ihm vielleicht, was mir bei seinen ersten Statements aufgefallen ist, wo ich mit meiner Aufmerksamkeit hängen blieb oder abgelenkt wurde. Manchmal spricht er darauf an, manchmal kann er nichts mit meiner Rückmeldung anfangen und erzählt weiter oder benennt jetzt das Thema, das er bearbeiten möchte. Manchmal veranlaßt ihn meine Rückmeldung, innezuhalten und nachzuschauen, was ihm im Moment wichtig ist. Wenn er überhaupt nicht klar darüber ist, womit er anfangen soll, weil es so viel ist, was ihm durch den Kopf geht, oder er sich leer fühlt und gar nicht weiß, was er im Augenblick will, schlage ich ihm vor, ruhig zu werden, sich zurückzulehnen, vielleicht die Augen zu schließen, auf den Atem zu achten und darauf, was an inneren Bildern, an Gefühlen und an Gedanken in ihm auftaucht.

Meine eigenen Interessen, die in dieser Phase bei mir auftauchen, versuche ich ebenso wichtig zu nehmen wie die vorhandenen oder im Laufe des Gespräch auftauchenden Interessen des Klienten. Ich mache allerdings einen Unterschied zwischen meinen Interessen und denen des Klienten: meine Interessen sind normalerweise nur Angebote an den Klienten, die dieser dahingehend prüfen kann, ob er auf sie eingehen will oder nicht. Manchmal muß ich ihn zu dieser Prüfung anleiten, denn er ist es vielleicht gewohnt, den Interessen der Autoritätsperson ungeprüft zu folgen. In Ausnahmefällen bringe ich mein Interesse nachhaltiger ein. Ich habe beispielsweise einen Rest der vorhergehenden Sitzung, habe mir Gedanken oder Sorgen darüber gemacht, was der Klient wohl mit einer Intervention, einer Erkenntnis oder einer Verwirrung angefangen hat, die in dieser vorhergehenden Sitzung aufgetaucht war, wie er damit fertig geworden ist, ob ihm ein Vorhaben gelungen ist oder ob er eine »Hausaufgabe« erfüllen konnte, die wir vereinbart hatten. Ich lege dann Wert darauf, daß wir erst darüber sprechen, weil ich sonst nicht frei sein kann für das, was beim Klienten gegenwärtig vorhanden ist.

Es kann auch vorkommen, daß ich dem Klienten kurz etwas erzählen möchte, was mich gerade beschäftigt hat, ein Anruf, ein Brief, die kurz vor unserem Gespräch eintrafen und von denen ich mich noch nicht lösen konnte. Ich gehe dabei selektiv vor, nur damit der Klient weiß, ich bin noch nicht ganz da, ich brauche noch einen Augenblick Zeit, um mich umzustellen. Manchmal erleichtert es den Klienten, wenn er erlebt, daß auch ich meine Sorgen habe, nicht alles »light and easy« ist bei mir, wo er doch glaubte, daß nur er so viele Probleme und Sorgen hat, weil er noch nicht weit genug sei.

Manchmal äußert der Klient, daß er über etwas sprechen möchte, sich aber nicht traut und es ihm zu schwerfällt; vielleicht spüre ich das auch nur, ohne daß er es direkt äußert. Ich untersuche dann mit ihm, wo das Hemmnis liegt, es anzusprechen, welche Ängste er hat, welche Katastrophenphantasien oder welche Schwierigkeiten mit mir, die im Wege stehen. Diese Schwierigkeiten müssen wir erst besprechen, um sie realistisch einschätzen und eventuell beseitigen zu können, oder wir müssen auch akzeptieren, daß sie zu groß sind und der Klient sich deshalb entscheidet, nicht oder ein anderes Mal über dieses Anliegen zu sprechen. Oder aber seine Unentschiedenheit wird zum Hauptgegenstand unseres Gesprächs.

Aufspüren des Standorts

In der Orientierungsphase geht es darum, daß Berater und Klient *Beziehung* miteinander aufnehmen, so gut es ihnen in der gegebenen Situation möglich ist, und daß sie das *Thema* des Gesprächs finden. Wir müssen herausfinden und uns gegenseitig mitteilen, wo wir mit unseren Gedanken und Gefühlen gerade sind, damit wir von dort, wo wir sind, aufeinander zugehen können. Da der Klient das Vorrecht hat, daß der Berater sich auf ihn konzentriert und nicht umgekehrt, betrachte ich es als meine Aufgabe, den Klienten da abzuholen, wo er sich befindet, ohne daß ich meine Position dabei vollständig aufgebe. Diese Standortbestimmung wird sich auch im Verlauf des weiteren Gesprächs wiederholen müssen, wenn wir uns verirrt haben, nicht mehr weiterwissen.

Neben der Funktion, die solch eine wiederholte Standortbestimmung hat, kann der Klient dabei eine erste Form der Bestätigung empfinden: Er macht die Erfahrung, daß er da sein kann, wo er gerade ist; er muß nicht woanders sein, um von mir wahrgenommen zu werden; er muß seine Schwierigkeiten beispielsweise nicht in Form eines klaren, bearbeitbaren Problems formulieren können. Meist hat er selbst genügend Schwierigkeiten, sich da zu akzeptieren, wo er gerade in seinem Entwicklungsprozeß steht. Dieses Gefühl des Akzeptiert-Werdens ermöglicht es dann auch, sich auf das Anliegen oder das Thema des Gesprächs einzupendeln.

Erika kommt nach den Weihnachtsfeiertagen in die Beratungssitzung. Sie sieht erschöpft aus und wirkt unzufrieden. Sie habe heute nichts Bestimmtes, meint sie mit einem kleinen Lächeln. »Warum kommst du dann überhaupt zu mir«, fragt sie der Berater. »Das frage ich mich auch.« Beide scheinen zu wissen, daß dieser Wortwechsel ein Spiel ist, ein kleiner Flirt. Dann erzählt sie, daß sie über die Feiertage bei ihrer Mutter und ihrer Schwiegermutter war und sie alles »ganz normal« fand. Sie habe gut funktioniert und nichts dabei gefühlt, aber es sei schrecklich gewesen, wenn auch gelegentlich ein wenig rührend. Sie beklagt sich, daß sie wenig Zeit für sich nutzen konnte und die »Illusion« habe, einmal einige Tage alleine wegzufahren, ohne Mann und Kinder, um lauter schöne Dinge zu tun. Der Berater schlägt ihr vor, etwas mehr über die Unzufriedenheit in ihrem Leben zu erzählen. Dies könne sie nicht, weil sie im Augenblick des Gesprächs nicht unzufrieden sei. Der Berater teilt ihr mit, daß auch er jetzt nicht unzufrieden sei und ihr trotzdem einiges über seine Unzufriedenheiten erzählen könnte, die ihm während der privat ereignislosen aber politisch sehr gespannten Weihnachtsferien (es war die Zeit vor Ausbruch des Golfkrieges) deutlich geworden seien, und er nennt ihr auch ein Beispiel. Erika holt tief Luft und beginnt dann in verändertem Tonfall, über ihre unbefriedigende Rolle zu sprechen, die sie in ihrer Herkunftsfamilie immer noch hat und die sie sehr belastet. Berater und Klientin scheinen den Gegenstand ihres Gesprächs gefunden zu haben, nachdem sie ihre »Wellenlängen« wieder aufeinander eingestellt und ihre Rollenfunktionen erneut definiert haben.

Die Frage des Beraters: »Wo bist du?« bezieht sich, wie an diesem Beispiel deutlich wird, nicht nur auf die momentane Befindlichkeit, sondern auch auf den Ort in der Lebensgeschichte und im persönlichen Prozeß. In seinem entwicklungstheoretischen Ansatz arbeitet der Gestalttherapeut Peter F. Mullen heraus, wie wichtig es ist, diesen Standort aufzuspüren. Trotz der Schwierigkeiten des Klienten, die dem präpersonalen Entwicklungsabschnitt zugeordnet werden, hat sich der erwachsene Klient in seiner Persönlichkeit weiterentwickelt. Für die Arbeit an präpersonalen »Störungen« (Kontaktunterbrechungen) ist der Entwicklungsstand des Klienten wesentlich für die Art, *wie* der Therapeut an diesen Störungen mit dem Klienten arbeitet. Umso bedeutsamer ist es für den dialogischen Berater, herauszuspüren, wo sich der Klient in seiner personalen Entwicklung befindet, da er ihn sonst leicht verpassen und möglicherweise verletzen kann (Mullen 1991).

Durchlässigkeit und Zentrierung

Um ein Gespür dafür zu bekommen, wo ich mich zu Beginn eines Gesprächs befinde und wo der Klient ist, muß ich mich leer machen können und durchlässig werden, damit ich sensibel auf die Mitteilungen des Klienten achten, Informationen speichern, Widersprüche entdecken und Neugier entwickeln kann. Die Orientierungsphase ist laut Nevis durch Sinneserregung gekennzeichnet: Wir aktivieren unsere Sinne, um die Informationen in einer Situation aufnehmen und speichern zu können (Nevis 1988, 37). Dieser Zustand der Durchlässigkeit und Zentrierung kann natürlich immer nur partiell gelingen; in unserem Organismus gibt es immer wieder Verkrampfungen, vielleicht sogar Blockierungen als Spuren unserer eigenen Lebensgeschichte und unserer Zivilisation. Aber ich gehe davon aus, daß jeder Berater über ein gewisses Maß an aktiver Sensibilität verfügt, daß er Empfindungen und Gefühle in seinem Organismus spürt und unterscheiden kann zwischen Gedanken, Gefühlen und Phantasien; und daß ihm die Vorgänge in seinem Organismus auch zu einem gewissen Grad vertraut sind, so daß er aus seiner »Mitte« heraus etwas erspüren kann, was für den Klienten wesentlich sein könnte. Jeder Berater hat darüber hinaus seinen eigenen Stil, sich auf ein Gespräch einzustimmen und nutzt vielleicht auch Techniken, die es ihm ermöglichen, sich einzustimmen und zu zentrieren. Entscheidend für den Beginn eines Dialogs ist, daß der Berater die Anfangszeit nutzt, um »auf Empfang« zu gehen, damit er als Person aus seiner existentiellen Situation heraus antworten kann.

Es gibt meiner Ansicht nach zwei extreme Haltungen und Verhaltensweisen des Beraters, die einen Dialogbeginn erschweren oder gar unmöglich machen; diese beiden Extreme sind hinderlich (»Postskripts« im Sinne Porteles), alle anderen Stilvarianten sind »erlaubt«, wenn es um dialogische Beratung gehen soll.

Das eine Extrem besteht darin, daß der Berater (vielleicht aufgrund langjähriger Erfahrung und scharfer Wahrnehmung) das Problem des Klienten schon an den dessen ersten Reaktionen und Mitteilungen erkannt zu haben glaubt.

> Martha erzählt dem Berater zu Beginn der Sitzung von ihrem Problem, das sie wieder einmal mit ihren Eltern hat; diese wollen sie immer wieder in die Pflicht nehmen, damit Martha sich mehr um sie kümmert. Diese Anforderungen würden sie immer wieder ärgern. »Ah«, erwidert der Berater, »da hast du also Abgrenzungsprobleme und Schuldgefühle.« Martha murrt etwas Unverständliches und lenkt dann von diesem Thema ab. »Ich wollte heute eigentlich über etwas ganz anderes reden«, meint sie rasch.

Der Berater reagiert hier nicht als Person aus seiner Existenz heraus, sondern als Experte mit einer »treffsicheren Diagnose«. Vermutlich hat er die Klientin damit tatsächlich »getroffen«, so daß sie sich schnell entzieht.

Das andere Extrem scheint mir darin zu bestehen, daß der Berater erst einmal nur »auf Empfang« ist, bis der Klient eine ernstzunehmende Mitteilung macht. Sheldon Kopp gibt uns dafür ein Beispiel aus seiner eigenen Praxis:

> [Kopp pflegte meditativ die Augen zu schließen und bewußt zu atmen und in dieser Haltung zu verharren, bis der Klient sich an ihn wendete.]
> Klient: »Wie geht es Ihnen heute?«
> Therapeut: Schweigen
> Klient: »Fahren Sie zum Erntedankfest nach Hause?«
> Therapeut: Schweigen
> Klient: »Ich dachte mir, Sie würden an einem altmodischen Familien-Dinner am Erntedankfest teilnehmen.«
> Therapeut: Schweigen
> Klient: »Ich weiß nicht, warum Sie mir nicht antworten. Ich bin nur

freundlich. Wissen Sie, meine Familie schert sich um so etwas nicht. Ich hatte einfach die Hoffnung, daß Sie wenigstens jemanden hätten, mit dem Sie das Erntedankfest verbringen könnten.«
Therapeut: »Letztes Mal sagte ich Ihnen, daß ich am Erntedankfest keinen Termin mit Ihnen haben würde...« (Kopp 1977, 60 f.)

Als Klient wäre ich gegenüber einer solchen Mauer aus meditativer Präsenz sehr irritiert und ich würde die Botschaft vernehmen: »Das, worüber Du gerade redest, gehört nicht hierher und ich warte, bis du etwas Vernünftiges von Dir gibst.«

Irgendwo zwischen diesen beiden Extremen wird die für dialogische Beratung angemessene Form liegen, sich auf den Klienten einzustellen, ihn wahrzunehmen und herauszufinden, wo er sich gerade in Beziehung zum Berater und zu seinem Anliegen befindet.

Lernbereitschaft

Neben der Standortbestimmung und der Beziehungsaufnahme hat die Orientierungsphase auch die Funktion, die Lernbereitschaft des Klienten zu aktivieren, damit er sich intensiv mit seinem Anliegen auseinandersetzen kann. Den Klienten da zu sehen, wo er ist, und ihn darin zu bestätigen, ist sicher eine wichtige Grundlage für die gemeinsame Arbeit. Aber reicht sie aus, um den Klienten anzuregen, nicht nur nach Lösungen seiner Probleme zu suchen, sondern sich auch auf einen persönlich bedeutsamen Lernprozeß einzulassen?

In einer Paarberatung sitzt uns ein Mann gegenüber, der in seinem technischen Beruf als Führungskraft sehr erfolgreich ist und dessen Ehe 14 Jahre lang so lief, wie sie laufen sollte. In den letzten zwei Jahren änderte sich das, und seine Frau will sich sogar von ihm trennen. Der Mann erhofft sich von der Paarberatung nichts anderes, als daß ihm geholfen wird, den alten Zustand wiederherzustellen. Immer wieder fragt er seine Frau oder einen von uns Beratern, was er tun solle, damit sie wieder so ist wie früher und ihm wieder das gibt, was ihm fehlt: Sex, häusliche Geborgenheit und Pflege. Er betrachtet sein Problem wie eine technische Schwierigkeit, die wir als Berater-Experten möglichst rasch und effektiv lösen helfen sollen. Er spürt keine Neugierde auf seine eigenen, inneren Erfahrungen; er ist auch nicht interessiert daran zu erfahren, welchen Sinn die Ehekrise für ihn haben könnte.

Ich entdecke im Gespräch mit diesem mir recht sympathischen Mann immer wieder ein Interesse, eine Neugier, seine innere Welt kennenzulernen. Aber seine Reaktionen sind einsilbig: »Das macht mich traurig«, »Mir geht es schlecht«, »Mir geht es nicht schlecht«. Als er über sein Berufsleben spricht, bemerke ich erstmals Interesse und Aufregung bei ihm, sogar ein wenig Begeisterung. Dies regt meine Neugier weiter an, die ich ihm offen mitteile und auf die ich mit einigen Erfahrungen aus meinem Berufsleben reagieren kann. Durch meine Neugier, meine Bereitschaft, etwas über ihn als Person zu erfahren, hoffe ich, ihn anzustecken und diese Bereitschaft dann auch auf andere Dimensionen, die in seiner Ehe eine Rolle spielen könnten, zu lenken. Aber es wird noch viele Stunden dauern, bis wir vielleicht einen Weg gefunden haben, konstruktiv zusammenzuarbeiten.

Möglicherweise liegt hinter dem Wunsch dieses Klienten, seine Probleme so rasch wie möglich zu lösen, die Sehnsucht nach einer heilen Welt. Probleme sind dann nur etwas Störendes, zu Beseitigendes, jedenfalls nichts, woran man etwas Wichtiges lernen könnte. Aber diese heile Welt, dieser Wunsch nach Einheit ist eine Illusion. Die Aufgabe von Beratung im Sinne der Persönlichkeitsentwicklung sehe ich nicht in der Beseitigung von Spannungen, Problemen und Widersprüchen, sondern im kreativen Umgang mit ihnen (vgl. May 1989, 35). Dafür muß ich Vorleistungen erbringen, muß dem Klienten meinen Eros, insbesondere meine Neugier, »leihen«, um diese Energien vielleicht auf diese Weise bei ihm zu wekken, und ich muß ihn gleichzeitig in seinem Problemlösungsstreben akzeptieren. Zu diesem Balanceakt gehört, daß ich dem Klienten immer wieder die Mitverantwortung deutlich mache, die er für seine Lebenssituation übernehmen könnte, so daß er sich allmählich als Lernender begreifen kann, der sein Leben in eigener Verantwortung gestalten, der seine Würde bewahren und der lernen kann, seine Probleme immer wieder neu zu lösen statt zu versuchen, seine Verantwortung auf den anderen, den Berater-Experten, abzuwälzen und den braven Jungen zu spielen, der die Ratschläge der Autorität kritiklos akzeptiert und (meist vergeblich) zu befolgen versucht.

In solchen Fällen kann die Orientierungsphase sehr lange dauern, bis es uns gelingt, ein Mindestmaß an Vertrauen zueinander zu schaffen, auf dessen Basis dann die eigentliche Arbeit an Problemen und Schwierigkeiten im Sinne einer persönlichen Auseinandersetzung beginnen kann. Ich muß dabei mit dem Risiko leben, daß dieser Versuch auch immer wieder einmal scheitern kann.

In Beratungsgruppen ist der Prozeß der Orientierung, der Beziehungsaufnahme, der Aktivierung der Lernbereitschaft und der Fokussierung auf ein bedeutsames Anliegen gleichzeitig komplexer und leichter. Einzelne Teilnehmer können mit ihrer Neugier und Risikobereitschaft andere Teilnehmer mitziehen. Durch die Beziehungen der Teilnehmer untereinander, die sich in der Anfangsphase spontan ergeben oder die schon bestehen, können die Teilnehmer vielleicht mehr Sicherheit gewinnen, ihre eigenen Interessen zu entdecken. Andererseits besteht die Gefahr, daß sie sich an die Vorreiter in der Gruppe anhängen und es dann irgendwann zur Revolte oder zur Apathie kommt, weil sie allmählich merken, daß sie selbst zu kurz kommen. Die Schwierigkeit besteht darin, aus der Vielzahl der möglichen Interessen und Anliegen die Themen herauszukristallisieren, die die ganze Gruppe bewegen und in denen sich alle wiederfinden können. Andernfalls finden nur Einzelberatungen in der Gruppe statt, bei der die Synergie und die besonderen Lernmöglichkeiten, die die Gruppe bietet, nicht ausgeschöpft werden.

11. Kapitel

Zweite Gesprächsphase: Commitment

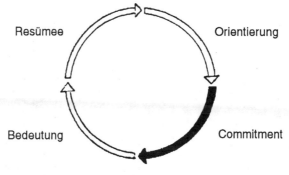

Wir gehen jetzt davon aus, daß Berater und Klient sich ein wenig eingependelt haben. Sie haben geprüft, wie tragfähig ihre Beziehung ist, und sie haben einen inhaltlichen Rahmen für das Gespräch abgesteckt.

Mit dem Einkreisen des Anliegens des Klienten und der mehr oder weniger stillschweigenden Einigung auf ein Thema tritt das Beratungsgespräch in eine neue Phase ein. Es geht jetzt darum, sich auf das einzulassen und das zu betrachten, was mit dem aktuellen Thema zusammenhängt, und gleichzeitig geht es darum, sich aufeinander einzulassen. Das ist gewöhnlich sehr schwierig, herausfordernd und bewegend, denn mit diesem Sich-Einlassen legen wir uns auch fest, sowohl auf den Gesprächsgegenstand als auch auf den Gesprächspartner.

Ein erster Schritt des Sich-Einlassens kann darin bestehen, daß der Klient Situationen benennt, in denen sein Anliegen oder Thema sichtbar wird. Berater und Klient wählen dann eine Situation aus, die ihnen beispielhaft erscheint, um sie genauer zu erforschen. Häufig treten die Probleme des Klienten auch unmittelbar in der aktuellen Gesprächssituation mit dem

Berater oder (in Gruppen) mit anderen Teilnehmern auf. Wenn es dem Klienten nicht zu brenzlig erscheint, ist diese unmittelbar erlebte Situation am geeignetsten für eine genauere Betrachtung und Analyse.

In der Phase des Commitment kommt es darauf an, die Situation des Klienten im Hinblick auf das Anliegen oder Thema so zu betrachten, wie sie ist. Das fordert zunächst unsere Wahrnehmungsfähigkeit und Bewußtheit heraus. Idealtypisch gesehen ist diese anteilnehmende Bestandsaufnahme ein rein phänomenologisches Vorgehen. Es bezieht sich auf die Person oder die Personen und Dinge in einer Situation; das heißt, daß sowohl die äußeren Fakten der Situation benannt werden als auch die Befindlichkeiten der Person(en) sowie ihre Interpretationen und Bewertungen dieser Fakten aufgespürt werden. All diese inneren und äußeren Wahrnehmungen werden so weit wie möglich offengelegt, einschließlich der Freuden und Leiden, die bei der Betrachtung der Situation und ihrer Analyse erfahren werden.

Eine wesentliche Bedingung für die Erforschung der Ist-Situation besteht im Bündnis, das die Gesprächspartner miteinander eingehen. Sie verpflichten sich gegenseitig, in einer Weise wie die Teilnehmer an einer nicht ganz ungefährlichen Forschungsreise: Sie lassen sich auf einen Prozeß ein, der Kontinuität und Verbindlichkeit erfordert und der das Risiko mindert, daß einer den anderen im Stich läßt, wenn es schwierig oder beängstigend werden sollte. Zumindest muß sich der Berater auf diese Verbindlichkeit festlegen und - wenn es dem Klienten noch schwerfällt und er sich ein »Hintertürchen offenhalten« möchte - seinen Anspruch deutlich machen, daß die Verbindlichkeit nicht beliebig ausgesetzt werden kann und eine Art von »Beziehungsdisziplin« eingehalten werden muß.

Auch in der Sache, die es zu erforschen gilt, verlangt die Phase des Commitment von Berater und Klient Disziplin. Während in der Orientierungsphase die Gedanken schweifen und der Klient frei zu dem assoziieren konnte, was ihn beschäftigt, bis ein Thema eingekreist, eine problematische Situation identifiziert wurde, beschränken sich die Gesprächspartner jetzt auf einen Ausschnitt aus dem Lebenspanorama. Sie fokussieren ihre Aufmerksamkeit auf die konkreten Aspekte eines Themas oder die Details einer Situation. Der Klient läßt mit der Unterstützung des Beraters das in sein Bewußtsein dringen, was er eigentlich schon lange wußte, aber nie wahrhaben wollte, was er verleugnete, rationalisierte, entschuldigte oder immer wieder umdeutete.

Im Leben von Gruppen entsprechen die verleugneten Wahrheiten den »Non-dits«, also den Dingen, die jeder weiß, aber über die niemand spricht, oder den Mythen, die als nicht hinterfragbare Wahrheiten gelten, obwohl sie einer genaueren Überprüfung kaum standhalten dürften. Es betrifft weiterhin die Regeln, die sich in der Gruppe unmerklich eingenistet haben, das »Parteiprogramm« der Gruppe oder Institution, wie es Harald Pühl in seiner tiefgehenden Analyse von Gruppenprozessen bezeichnet (Pühl 1988, 43).

Die Betrachtung dessen, was ist, kann ganz rational und distanziert erfolgen: dann berichtet der Klient beispielsweise von einem haarsträubenden Ereignis oder Problem in seinem Leben mit unberührter, monotoner Stimme und wohlgesetzten Worten. Wenn Berater und Klient sich dagegen ganzheitlich auf das einlassen können, was ist, kann diese Arbeit von starken Empfindungen und Gefühlen begleitet sein.

Das Aufspüren und Aussprechen dessen, was ist, kann schon für sich genommen eine kathartische Funktion haben: wir werden durch das Aussprechen dessen, was uns auf der Seele liegt, entlastet und entgiftet (vgl. May 1989, 111; Ernst 1990). Dieser heilsame Aspekt des vorbehaltlosen Betrachtens und Benennens der Dinge, wie sie sind, soll nicht darüber hinwegtäuschen, daß die Phase des Commitment voller Risiken ist und Schmerzen auslösen kann: vor dem, was wir einmal bewußt wahrgenommen und gespürt haben, können wir künftig nicht mehr so leicht die Augen verschließen - wir »verlieren unsere Naivität« und sind herausgefordert, für uns und unsere Situation unseren Teil an Verantwortung zu übernehmen. Zwar können wir uns immer noch dagegen entscheiden, diese Mitverantwortung zu tragen, aber wir können schwerlich weiterhin so tun, als gäbe es sie nicht. Dementsprechend muß der Berater in dieser Phase des Beratungsgesprächs mit Hemmnissen und Schwierigkeiten rechnen, sowohl beim Klienten als auch bei sich als mitempfindenden Teilhaber selbst.

Hemmnisse und Schwierigkeiten

Fortschrittsdenken

> Karin ist mit sich in Beziehung zu ihrer Herkunftsfamilie und ihrem Ehepartner unzufrieden. Sie meint, sie könne sich jetzt - nach zweijähriger Mitarbeit in der Beratungsgruppe - zwar von den toxischen Familieneinflüssen ganz gut abgrenzen, die sie an jeder Art von persönlicher Entwicklung hindern wollten, aber sie setze sich noch nicht richtig durch. Die Berater der Gruppe weisen sie darauf hin, daß

sie erst einmal interessiert daran wären herauszufinden, wo sie jetzt stehe und nicht so sehr an dem, was sie noch nicht geschafft habe. Sie reagiert darauf mit der Schilderung eines Vorfalls, bei dem sie sich im ersten Moment von ihrer Großmutter überfahren ließ und dies erst später merkte. Die Berater lassen nicht locker: sie wollen wissen, wie sich Karin in Beziehung zu ihren Verwandten und ihrem Partner gegenwärtig fühlt und selbst versteht. Mit viel Unterstützung und Beharrlichkeit durch die Gruppe gelingt es Karin, von Aussagen darüber, was sie alles noch nicht geschafft hat (z.B. ihre Interessen deutlicher zu zeigen, sich hartnäckiger durchzusetzen usw.) überzuwechseln zu Aussagen darüber, wo sie tatsächlich im Augenblick steht und wie sie dahin gelangte. Dabei wird deutlich, daß Karin in den vergangenen zwei Jahren einen sehr bedeutsamen Prozeß der Ablösung von der alles Lebendige abwürgenden Herkunftsfamilie und der Abgrenzung gegenüber ihrem Partner vollzogen hat, daß sie gegenüber ihren Eltern ein freundlich-distanziertes, zu ihrem Partner ein entspannteres und liebevolleres Verhältnis gefunden hat und sie sich sicherer und zuversichtlicher in ihrem Leben fühlt; gleichzeitig wird offensichtlich, daß sich Karin trotz aller Fortschritte nicht so akzeptieren kann, wie sie ist, weil sie glaubt, sie müßte eigentlich viel weiter sein.

Karin läßt eine weit verbreitete Schwierigkeit dabei erkennen, sich auf die Betrachtung der Dinge einzulassen, wie sie sind: sie hat in ihrer Erziehung und Ausbildung gelernt, daß sie immer nach vorne blicken muß, um ernst genommen zu werden. Was zählt ist der Fortschritt; das Verweilen bei dem, was ist, wird mit Stillstand, Sich-Hängen-Lassen oder eitler Selbstzufriedenheit assoziiert und kann nicht auf Anerkennung hoffen, noch nicht einmal darauf, geduldet zu werden: »Wer sich nicht ständig bemüht, wird bestraft und landet in der Gosse«. Sich einzugestehen, was ist, erlegt uns außerdem ein höheres Maß an Verantwortung auf: an Vergangenem läßt sich nichts mehr, an Zukünftigem noch nichts ändern; wir können nur das Gegenwärtige unmittelbar beeinflussen.

Vermischung von Wahrnehmung und Interpretation
Eine andere Schwierigkeit bei der Betrachtung dessen, was ist, besteht in der Verwechslung oder Vermischung von Wahrnehmung, Interpretation und Bewertung.

Michael, ein angehender Körpertherapeut, spricht in der Supervisionsgruppe über ein Problem, das er in der Ausbildungsgruppe mit einer Klientin hatte. Während einer Körperarbeit mit ihr habe sie plötzlich angefangen, ihn heftig anzuschreien. Diese Erfahrung habe ihn schockiert und jetzt zweifle er daran, ob er für therapeutische Arbeit kompetent genug sei. Ich versuche mit ihm zu rekonstruieren, was geschehen war. Er habe sie bedroht, sagt er. Ich möchte von ihm wissen, was er getan hat und was mir seine Aussage »ich habe sie bedroht« nachvollziehbar erscheinen lassen könnte. Er habe sie ganz leicht berührt, als sie am Boden lag, und daraufhin habe sie ihn angeschrien, er sei ein Schwein. »Und was hast du dann getan?« frage ich zurück. »Offensichtlich hatte ich sie bedroht«, wiederholt er. Wieder will ich zunächst nur wissen, was er tatsächlich getan hat. »Ich bin einfach dagestanden, habe sie nicht mehr berührt und mich ein wenig weiter weggesetzt.« Ich teile ihm mit, daß ich noch immer nicht erkenne, wie er sie bedroht haben könnte. Nachdem sie so geschrien habe, berichtet er, seien schon einen kurzen Moment lang aggressive Gefühle gegen sie aufgekommen, aber die habe er nicht geäußert. Er habe ihr immer wieder einmal mitgeteilt, daß er noch da sei und ihr nichts antun wolle. Daraufhin habe sie sich beruhigt und normal mit ihm sprechen können.

Michael hatte offensichtlich Schwierigkeiten, Wahrnehmung und Interpretation zu unterscheiden. Er glaubte, wie er erklärte, daß an ihm etwas Bedrohliches sei, und erst nach einiger Zeit gelang es mir mit Hilfe der anderen Gruppenmitglieder, ihm deutlich zu machen, daß die Bedrohung, die von ihm auszugehen schien, eine Interpretation sei. Diese Interpretation hätte durchaus plausibel sein können, aber um das überprüfen zu können, mußten wir auf die Wahrnehmung zurückgreifen. Eine genauere Prüfung seiner Wahrnehmung ergab dann, daß er selbst nichts davon gespürt hatte, die Klientin bedroht zu haben, er seiner Wahrnehmung jedoch nicht getraut und daher die Wahrnehmung und Interpretation der Klientin als gültig übernommen hatte.

Die Kompetenzfrage, die sich der angehende Körpertherapeut stellte, zeugt zunächst einmal von angemessener Selbstkritik. Im Alltag neigen wir dazu, Interpretationen mitzuteilen und sie für Wahrnehmungen zu halten. Die in Selbsterfahrungsgruppen häufig zu hörende Formel »Ich habe das Gefühl, daß du ... traurig bist, deinem Nachbarn etwas auswischen willst etc.« halte ich für unbeabsichtigte Versuche, Interpretationen als Wahrnehmungen geltend zu machen. Die Verwechslung oder Vermischung von Wahrnehmung und Interpretation - letztere geht ja oft auch noch mit einer Bewertung einher - mag im einen oder anderen Fall mit einer Störung der Persönlichkeitsstruktur zusammenhängen. Zu einem erheblichen Teil dürfte sie jedoch auch auf die Entsinnlichung des Lernens in unseren Bildungsinstitutionen zurückzuführen sein.

Sinnliche Wahrnehmung wird gegenüber klug erscheinenden Interpretationen abgewertet (vgl. Rumpf 1986). Die Lücke an bewußtem sinnlichen Erleben wird mit Phantasien und Gedanken »über«kompensiert. Ein Berater sollte in seiner sinnlichen Wahrnehmungsfähigkeit so weit geschult sein, daß er die Unterscheidung von Wahrnehmung und Interpretation vollziehen kann, denn ihm fällt in der Phase des Commitment oft die Aufgabe zu, den Klienten zur Wahrnehmung anzuleiten und ihn die Unterscheidung von Wahrnehmung und Interpretation zu lehren. Das ist deshalb von so großer Wichtigkeit, weil kein Commitment erfolgen kann ohne die Fähigkeit zur sinnlichen Wahrnehmung dessen, was ist.

Schwierigkeiten bei der Wahrnehmung und Beschreibung von Beziehungsqualitäten

Es fällt besonders schwer, Beziehungsqualitäten bewußt wahrzunehmen und auszudrücken. Eine Beziehung zu betrachten heißt, einen sich ständig verändernden Prozeß sinnlich und sprachlich zu erfassen. Bei dieser Aufgabe, unsere Beziehungen zu anderen Personen zu erfassen, können wir kaum auf ein Repertoire an Kategorien und Begriffen aus unserer Ausbildungszeit in den verschiedenen Bildungsinstitutionen zurückgreifen. Der weit verbreitete »Beziehungsjargon«, der dieses Defizit beheben soll, hilft auch oft nicht viel weiter, weil die Begriffe zu abstrakt oder verschwommen sind. Was heißt schon »Ich fühle viel Nähe/Distanz zu dir«, wenn man sich in zwei Meter Entfernung einander gegenübersitzt?

Bei der Bestandsaufnahme von Beziehungen zwischen Personen geht es darum, Reaktionen und Gegenreaktionen wahrzunehmen und sie so konkret und begreifbar wie möglich auszudrücken. Dann wird aus einem »Ich fühle mich dir nahe«, möglicherweise ein: »Ich fühle mich in deiner Gegenwart sicher«, »Ich habe den Wunsch, dich zu berühren« oder »... einmal von dir in den Arm genommen zu werden« oder »Ich möchte Anteil an deinen Problemen und Sorgen haben«. Aus einem »Ich spüre Distanz zu dir« kann dann werden: »Ich habe Angst, von dir verletzt zu werden« oder »Ich möchte körperlichen Kontakt, aber ich traue mich nicht« oder »Etwas stört mich an dir, wenn ich dich anschaue«. Bei der sinnlichen Konkretisierung solcher abstrakten Beziehungsaussagen werden die Unterschiede deutlich, die uns zu dem Problem führen, um das es geht. Drei Leitfragen helfen mir und meinen Gesprächspartnern oft dabei, Beziehungsaussagen sinnlich konkret werden zu lassen:

- Wie erlebe ich mich in Beziehung zu dir (Empfindungen, Gefühle, Ängste etc.)?
- Welche Impulse, Wünsche, Bedürfnisse spüre ich in Beziehung zu dir?
- Welche Schwankungen und Veränderungen nehme ich in Beziehung zu dir hinsichtlich meines Erlebens und meiner Impulse dir gegenüber wahr?

Das wichtigste Übungsfeld für die Wahrnehmung und Beschreibung von Beziehungsqualitäten ist die aktuelle Beziehung zwischen Berater und Klient. Das persönliche Bündnis, von dem ich sprach, ist ja nicht ein für alle Mal festgelegt, sondern muß immer wieder neu erarbeitet werden. In diesem beständigen Bemühen um Klärung der Beziehung zwischen Berater und Klient liegt ja ein Teil des Sich-aufeinander-Einlassens.

»Individualistische Leistungskultur«
Jeder Mensch trägt wohl auch den Wunsch in sich, sich auf andere Menschen einzulassen, aber die vorherrschende Beziehungskultur macht es uns nicht leicht. In Gruppen beobachte ich oft, daß die Teilnehmer sich bei der Betrachtung und Analyse einer Situation und der anschließenden Sinnfindung (siehe nächstes Kapitel) in ihren Beiträgen selten aufeinander beziehen. Jeder äußert seine Beobachtung und Assoziation weitgehend unabhängig von dem, was vor ihm gesagt wurde. Als Berater in solchen Gruppensituationen fange ich dann oft an, mich anzustrengen. Ich versuche, die Beiträge aufeinander zu beziehen und einen roten Faden zu finden. Manchmal versuche ich auch, an dem Strang, den ich für wichtig erachte, mit dem Klienten zusammen weiterzuspinnen und ihn gegen die herumschwirrenden Beiträge der anderen durchzusetzen. Wenn mir dieser Vorgang bewußt wird, deute ich ihn als sicheres Zeichen dafür, daß wir uns von der in unserer Gesellschaft allgemein und in der betreffenden Gruppe speziell vorherrschenden »individualistischen Leistungskultur« haben einfangen lassen. In dieser Kultur zählt die Leistung des einzelnen, nicht der gemeinsame Forschungs- und Entdeckungsprozeß. Für diese Leistung wünscht sich jeder

einzelne Anerkennung, und falls er sie nicht bekommt, versucht er, seine Ansicht der Dinge gegen die anderen durchzusetzen: wir geraten miteinander in eine aufreibende und anstrengende Machtdynamik, die zwar auch Ergebnisse in Form von Kompromissen hervorbringen kann, aber keine aufeinander abgestimmten, kreativen Entdeckungsprozesse. Die Grundannahmen dialogischer Beratung erfordern eigentlich, daß der Berater dieses Beziehungsklima anspricht und zum Thema werden läßt. Dies ist in Einzelberatungen leichter als in Gruppen. Selbst, wenn den Beteiligten diese Dynamik bewußt ist und sie auch merken, wie sie unter dem Konkurrenzverhalten, Leistungsdruck und der Machtdynamik leiden, lassen sich diese Verhaltensmuster nur in langfristigen Lernprozessen und auch nur mit viel Übung zugunsten eines dialogischeren Beziehungsklimas verändern.

»Widerstände«

Vor dem Commitment, dem Sich-Einlassen auf das anstehende Thema und die beispielhafte Situation baut sich eine Reihe von Klippen auf, wie wir festgestellt haben. Die anteilnehmende Betrachtung dessen, was ist, kann für den Klienten sehr schmerzlich sein, sie kann auf innere Widerstände und Verbote, manchmal sogar auf strikte Tabus stoßen. Die Fortschritts- und Erfolgsorientierung, die wir uns im Verlauf unseres Erziehungs- und Ausbildungsprozesses einverleibt haben, hindert uns daran, eine Weile da zu verharren, wo wir sind. Die Vermischung von Wahrnehmung und Interpretation verschleiert uns den Blick, und für Beziehungswahrnehmungen fehlt uns die Übung und die sinnlich-konkrete Sprache. Es ist also kein Wunder, wenn der Klient vor dem Commitment zurückweicht, wenn er ausweicht, wenn er innerlich distanziert bleibt oder sich nur scheinbar auf eine genauere Erforschung der Ist-Situation einläßt.

Das Wissen um die paradoxe Theorie der Veränderung legt es dem Berater nahe, den Klienten da wahrzunehmen, wo er ist (siehe 4. Kapitel). Dazu gehört eben auch sein Aus- oder Zurückweichen oder sein Vermeiden. Diese Reaktionsweisen des Klienten werden herkömmlicherweise »Widerstand« genannt. Mit diesem Begriff wird jedoch oft eine Bewertung assoziiert; außerdem verstellt die Etikettierung »Widerstand« möglicherweise den Blick dafür, daß der Klient gute Gründe haben kann, dem Commitment auszuweichen: dies kann nicht nur an unbewältigten Konflikten aus frühen Lebensphasen liegen, sondern auch an den gegenwärtigen Lebensumständen und an aktuellen Bedrohungen in der Beratungssituation selbst. Wenn der Klient daher »im Widerstand« ist, dann ist *dies* die Situation, in der er sich mit dem Berater befindet und die der genaueren Erforschung bedarf. »Widerstand« wird auf diese Weise nicht einfach als (unbewußte) Opposition des Klienten, sondern als »zielgerichtete Energie« verstanden, die auch in konstruktiver Weise genutzt werden kann (vgl. Nevis 1988,75 ff.). Das, was den Klienten ebenso wie den Berater in dieser schwierigen Situation am meisten Unterstützung bieten und die Arbeit fruchtbar werden lassen kann, ist existentielle Bestätigung.

Existentielle Bestätigung

Existentielle Bestätigung ist, so sagten wir, das Wahrnehmen und Anerkennen der Person in ihrer Existenz. Es ist weder Lob noch Tadel, sondern die Feststellung: »Ich nehme dich so wahr, wie du bist, und ich nehme Anteil an dir und deiner Situation!« (siehe 5. Kapitel)

Das Erleben, existentiell bestätigt zu werden, ist selten und unsere Sehnsucht danach ist groß. Dies gilt insbesondere in Beziehung zu allen Personen, die uns gegenüber Erzieher-, Lehrer- oder Mentorenfunktion hatten. Wir sind es gewohnt, von diesen Menschen für unsere Leistungen Kritik und Anerkennung zu erhalten - aber fühlten wir uns auch als Person wahrgenommen und berührt und konnten wir dies auch zulassen? Ich erinnere mich noch sehr genau an die einzelnen Situationen, in denen ich mich von meinen Lehrern und Mentoren als Person wahrgenommen fühlte, weiß noch jedes Detail und jedes Wort, das gewechselt wurde, auch wenn es bereits mehr als 30 Jahre zurückliegt. Ähnliches höre ich immer wieder von Klienten. Es muß sich also um ein ebenso seltenes wie tiefgreifendes Erleben handeln, das sich ähnlich stark in unser Gedächtnis eingräbt wie eine traumatische Erfahrung aus der Kindheit.

Existentielle Bestätigung kann auf den bestätigenden Berater ebenso stark wirken wie auf den Klienten. Es ist äußerlich betrachtet oft ein recht undramatischer Moment des Berührens und des Berührt-Werdens, der gleichzeitig mit einem Empfinden von Sicherheit und Aufregung verbunden ist. Existentielle Bestätigung ist jedoch nicht nur ein emotionales Erleben; es ist auch das Empfinden, von einer anderen Person in seinem Anderssein »erkannt« oder »begriffen« zu werden. Wenn sich der Klient in dieser Weise gesehen fühlt, gerät eine stockende Arbeit oft wieder ins Fließen, verliert an Schwere und Zähigkeit und gewinnt gleichzeitig an Tiefe und Intensität.

Jochen empfindet sich selbst als menschenscheu. Er möchte sich aus seiner Isolation befreien. Als er dies erzählt und mich dabei kurz anschaut, schrickt er ganz leicht zusammen. Jochen kennt dieses Erschrecken seit vielen Jahren. Immer, wenn Menschen auf ihn zukommen, setzt dieses Empfinden ein. Er ist ganz unglücklich darüber, daß er in diesem Zustand nichts fühlt. Eigentlich, meint er, müßte er doch Angst, Trauer, Wut, Freude oder so etwas empfinden. Ich glaube, sage ich zu ihm, daß es ganz schrecklich für ihn sein muß, in diesen Zustand zu geraten und ich daher seinen Wunsch gut verstehen könne, möglichst rasch da herauszukommen. Er wehrt sich eine Zeitlang dagegen, dieses Nicht-Fühlen zu akzeptieren, möchte viel lieber etwas fühlen, ganz egal was, denn er kommt sich in diesem Zustand so behindert vor. Nach mehreren Versuchen von mir, Jochen in dieser Position des Nicht-Fühlens zu bestätigen, kann er sich schließlich darauf einlassen, die Situation näher zu erforschen, um herauszufinden, was ihn so erschreckt und gefühllos macht, wenn andere Menschen auf ihn zugehen.

Im Prozeß existentieller Bestätigung geht es also nicht darum, an die hinter dem Erschrecken liegenden Gefühle, die sich in der Mimik und Gesichtsfarbe von Jochen andeuten, zu gelangen, sondern um das Nicht-Handeln, das Verharren an dem Ort, an dem wir uns gerade befinden (ganz im Sinne des Wu-wei).

Die Möglichkeit, sich durch Nicht-Bestätigung in der Phase des Commitment zu verpassen, ist groß. Das gilt nicht nur für Anfänger im Beratungsgeschäft, sondern auch für »alte Hasen«.

In der Supervisionsgruppe sitzen acht sehr erfahrene Therapeuten. Sie haben einen international renommierten Lehrtrainer und Supervisor für ein Wochenende in professioneller Praxisberatung engagiert. Jim möchte über ein Problem mehr Klarheit gewinnen, das er mit einer Klientin hat. Er beginnt sehr zögernd, windet sich, kann das eigentliche Anliegen noch nicht recht benennen. Bei jedem neuen Anlauf bleibt er stecken und ist unschlüssig, ob er weitermachen soll oder nicht. Immer, wenn er sich wieder seiner Gespaltenheit bewußt wird, verstummt er, aber er spürt auch den Drang, wie er uns mitteilt, einen Einstieg zu finden. Der Gruppenleiter beobachtet still. Eine Kollegin von Jim wird ungeduldig: »Shit or get off the pot!« wirft sie ihm in gutem Slang zu. Jim wirkt sehr verletzt, zieht sich zunächst zurück und versucht dann, seinen Konflikt mit der Kollegin zu klären. Am Ende des Gesprächs gibt Roland, ein anderer Gruppenteilnehmer, Jim eine Rückmeldung: Er könne die Situation gut nachempfinden, in der sich Jim befinde, dieses Steckenbleiben, Sich-nicht-entscheiden-Können und immer wieder vergeblich zu versuchen, aus dieser Pattsituation auszubrechen. Während er das zu Jim sagt, vibriert seine Stimme und Tränen schwimmen in seinen Augen. Die Gruppe macht eine Pause. Auf dem Weg zum Kaffetrinken wendet sich der Gruppenleiter an Roland: er wundere sich, daß Roland nichts zu der Arbeit von Jim gesagt habe; er, der Gruppenleiter, habe beobachtet, daß Roland bei der Arbeit mit Jim sehr bewegt gewesen sei. Roland fühlt sich daraufhin, wie er nach der Pause mitteilt, vom Gruppenleiter ignoriert und sehr verletzt. Einen Augenblick lang habe er die Befürchtung gehabt, verrückt zu sein. Ein Freund von Roland in der Gruppe habe ihn jedoch angesprochen und Mut gemacht, seinen Zorn zu äußern, zumal dieser Rolands Betroffenheit sehr wohl bemerkt habe.

Eine Kette von Nicht-Bestätigung mit schmerzlichen Folgen: Jim wird weder vom Gruppenleiter, noch von seiner Kollegin in seiner verzweifelten Unentschiedenheit gesehen und bestätigt, Roland wird in seinem Bemühen, Jim zu bestätigen, vom Gruppenleiter übersehen, zum Glück jedoch von einem anderen Gruppenmitglied beachtet.
Unentschiedenheit, Entschlußlosigkeit, Verwirrung, Erstarrung, Resignation, Verzweiflung - solche und ähnliche Zustände sind offensichtlich auch für erfahrene Berater schwer auszuhalten. Auch sie sind nicht frei von einverleibten Vorstellungen, etwas müsse klarer werden, müsse sich bewegen, es müsse vorwärtsgehen. Dies sind die Momente, wo sich in Beratung und Therapie alte, tiefsitzende Verletzungen auf fatale Weise wiederholen können: wieder einmal machen wir die Erfahrung, daß wir in solchen schwierigen Situationen nicht so sind, wie wir sein sollten, daß die anderen uns anders haben wollen und wir mit Strafen und Sanktionen zu rechnen haben, wenn wir uns nicht »bemühen«, ihren Vorstellungen zu entsprechen. Dies ist dann leider auch die wirksamste Möglichkeit, das Stecken-Bleiben, die Entscheidungsschwierigkeit, die Unklarheit, Resignation oder Verzweiflung zu verfestigen.

Solche Nicht-Bestätigungen sind nur allzu menschlich und kommen eben auch bei sehr kompetenten Beratern vor. Wenn es uns gelingt, die oft sehr subtilen Nicht-Bestätigungen im Beratungsprozeß aufzudecken - auch mit der Hilfe des Klienten - ist der Verlust an Vertrauen, der daraus resultiert, nicht unwiderbringlich. Im Gegenteil: das Aufdecken und Bearbeiten solcher Erfahrungen des Sich-gegenseitig-Verpassens kann der Ausgangspunkt für intensive Begegnungen sein. Empathie ist die Haltung, die dem Berater dabei helfen kann.

Empathie
Empathie hatten wir als ein Pendeln zwischen dem Sich-Einfühlen in den anderen und dem Sich-selbst-Spüren charakterisiert (siehe 5. Kapitel). Ich lasse mich von den Gefühlen anstecken, die ich beim anderen wahrnehme, bin mir aber dessen bewußt, daß es nicht meine ursprünglichen Gefühle sind. Um aus der Haltung der Empathie heraus auf den Klienten antworten zu können, muß ich mich von dieser »Realphantasie« disidentifizieren können und meine Anteilnahme und Sorge für den Klienten zum Tragen kommen lassen: Ich nehme beispielsweise beim Klienten wahr, daß er sich belastet fühlt, verzweifelt ist, Rachsüchtigkeit empfindet, Trauer oder Ärger, Scham oder Peinlichkeit, Freude oder Lust, und ich spreche ihn aus meiner Sorge heraus darauf an.

Man müsse dem Klienten folgen, statt ihn zu führen; er finde schon seinen eigenen Weg, wenn er von einem authentischen Berater mit Akzeptanz und Empathie begleitet werde - diese Annahme vieler klientenzentrierter Berater steht im Widerspruch zu meinen Erfahrungen. Allein die Tatsache, daß sich zwei oder mehr Menschen eine Zeitlang aufeinander konzentrieren, hat zur Folge, daß sie sich gegenseitig beeinflussen (vgl. May 1989, 75 f.). Die Beeinflussung, die von einem empathischen Berater ausgeht, ist dabei besonders stark. Das wird allein aus der Tatsache deutlich, daß empathisches Verhalten zur Tranceinduktion genutzt wird. Ich kann einen gehetzt und verspannt sprechenden Klienten ganz empathisch »spiegeln«: »Du stehst sehr unter Druck, nicht wahr?« Wenn ich dabei ruhig und gelassen bleibe, gewinne ich sehr rasch einen starken Einfluß auf ihn, so daß auch er ruhiger und zentrierter wird. Ich halte es für wichtig, daß ich mir als Berater meines Einflusses, meiner Lenkungsfunktion bewußt bin und verantwortlich damit umgehe. Diese Einflußnahme kann leicht zur Herrschaft werden, der sich der Klient schon deshalb nur schwer entziehen kann, weil sie sich meist freundlich und wohlwollend zeigt.

Empathie ist eine notwendige Komponente existentieller Bestätigung. Aber Bestätigung geht über Empathie hinaus. Zwar enthält Empathie neben der Gefühlsdimension ein kognitives Moment: ich bin mir dessen bewußt, daß die Gefühle, die ich wahrnehme und von denen ich mich anstecken lasse, ursprünglich die Gefühle des Klienten sind. Existentielle Bestätigung erfordert darüber hinaus jedoch - wie wir erläuterten (siehe 5. Kapitel) - daß ich mich in die Person und deren existentielle Situation »hineinphantasiere«, wie Martin Buber es nennt: Ich versuche die äußeren Fakten seiner Situation ebenso zu erfassen wie seine Wahrnehmungen, Empfindungen, Interpretationen und Bewertungen. Trotz aller Einzigartigkeit gibt es genügend Gemeinsamkeiten zwischen den Menschen, so daß der Berater auf diese Weise zumindest eine Ahnung von der Welt des Klienten bekommen kann. Seine eigene Lebenserfahrung kann ihm dabei helfen. Das Hineinphantasieren in die Wirklichkeit des Klienten bleibt trotzdem unvollkommen, bleibt eine Vorstellung, auch wenn er sich bemüht, sich an die Stelle des Klienten zu setzen. Die existentielle Isolation des Menschen ist letztlich unüberwindbar, aber sie kann durch existentielle Bestätigung erträglicher werden.

Die Unvollkommenheit des Sich-Hineinphantasierens in die Wirklichkeit des Klienten hat auch ihre positive Seite: sie hindert den Berater daran, sich in der Welt des Klienten zu verlieren. Wenn der Berater voll und ganz in die Welt des Klienten eintaucht, ist er selbst als existierende Person nicht mehr verfügbar. Er kann den Klienten nicht mehr in seinem Anderssein wahrnehmen, ihn nicht mehr trösten, beruhigen oder anregen. Existentielle Bestätigung ist bei einer Verschmelzung mit dem Klienten ausgeschlossen und damit geht auch die heilende und transformierende Kraft verloren, die in der existentiellen Bestätigung verborgen ist: das Erkannt-Werden in seiner Existenz erfüllt die meisten Klienten mit Kraft und Mut, sich mit ihrer Situation, mit ihren Anliegen und Problemen vorbehaltloser auseinanderzusetzen, und sie kann sie dazu anregen, sich selbst existentiell zu bestätigen, »sein Schicksal anzunehmen«, wie es Alexander Lowen (Lowen 1984, 250 ff.) formuliert, sich mit sich selbst zu versöhnen und für sich an Eltern Statt zu sorgen. Bis dahin ist es jedoch meist ein etwas weiterer Weg, der voraussetzt, daß der Klient auch die Bedeutung seiner Situation erfaßt hat. Darauf kommen wir im nächsten Kapitel zu sprechen. Vorher führe ich jedoch noch einige methodische Hilfen an, die in der Phase des Commitment zum Tragen kommen können.

Methodische Hilfen bei der Rekonstruktion von Wirklichkeit

Zeitrhythmus

Das gemeinsame Erforschen dessen, was ist, das Hineinphantasieren in die Wirklichkeit des Klienten und das Antworten darauf braucht Zeit. Der meist überhastete Zeitrhythmus unseres Alltags ist dieser Aufgabe nicht angemessen. Wie überhastet dieser Alltag ist, wird deutlich, wenn ich das Tempo der Menschen in einem Dorf oder Bazar in einer nicht-westlichen Kultur mit dem in einem Bürohaus oder einer städtischen Einkaufsstraße der sogenannten Ersten Welt vergleiche. Bei dieser Schnelligkeit kann ich als Berater nicht durchlässig werden und mich zentrieren, kann mich also auch nicht in die Realität des Klienten hineinphantasieren, kann meiner Intuition keinen Raum geben. Besonders in der Phase des Commitment, in der es um das genaue und anteilnehmende Betrachten dessen geht, was ist, sind mir die meisten Klienten zu schnell, ich komme nicht hinterher, und daher bremse ich sie. Wenn sie wollen, daß ich nachvollziehen und verstehen kann, was sie mir erzählen, müssen sie langsamer werden. So einfach kann das sein. Wenn sie jedoch Schwierigkeiten haben, auf Einwürfe der Art: »Langsam bitte, so schnell komme ich nicht nach!« zu reagieren, schlage ich ihnen vor, sich zu entspannen, nichts zu tun und nur darauf zu achten, was geschieht. Ihr Gehetztsein kann auf diese Weise zum vordergründigen Thema unseres Gesprächs werden. Sehr häufig stellt sich heraus, daß in diesem Gehetztsein eine zentrale Lebensproblematik aus ihrem Berufs- und Alltagsleben verborgen ist.

Häufig ist auch der Berater für mein Empfinden viel zu schnell:

> Heinz, Dekan und professioneller Berater im Kirchendienst, berät seinen Kollegen Rolf. Rolf hat Probleme mit einem Klienten, der zweimal seinen Termin versäumt hat. »Ärgerst Du dich, weil er deinen Terminkalender durcheinander gebracht hat?« fragt Heinz. »Nein, das nicht«, erwidert Rolf. »Und du bist nicht ärgerlich?« setzt Heinz rasch nach. »Nein, ich bin mir unschlüssig, ob ich weiter mit diesem Klienten arbeiten soll«, antwortet Rolf nun noch zögernder als schon zuvor. »Warum rufst du ihn nicht an und sprichst mit ihm?« fragt Heinz weiter. Der Klient Rolf wird jetzt ärgerlich. Er fühle sich unter Druck gesetzt von Heinz. Dieser widerspricht, daß er ihn nicht unter Druck setzen, sondern mit ihm nur möglichst rasch zum entscheidenden Punkt kommen wollte. Das sei er so

gewohnt aus seinem beruflichen Alltag; anders könnte er seinen vielfältigen Aufgaben, auch seinen beraterischen Aufgaben als Dekan gar nicht mehr nachkommen.

Für dialogische Beratung ist ein ästhetischer Zeitrhythmus notwendig, bei dem die Pausen ebenso wichtig sind wie die mit Aktivitäten gefüllte Zeit (ähnlich wie bei den Stücken des Pianisten Erik Satie).

- Als Berater brauche ich Gesprächspausen, um immer wieder durchlässig zu werden und den Klienten auf mich wirken lassen zu können und das, was er mir mitteilt,.
- Ich brauche Gesprächspausen, um Bilder, Assoziationen, Empfindungen und Gefühle entstehen lassen und benennen zu können,
- Ich brauche Gesprächspausen, um mich zentrieren, also um so gut wie möglich sortieren zu können, welche meiner Reaktionen in erster Linie aus meiner Situation und Lebensgeschichte stammen und welche der Klient bei mir ausgelöst hat und welche mir wesentlich erscheinen.
- Ich brauche Gesprächspausen, um auswählen zu können, was ich dem Klienten mitteilen will und was nicht, also um selektiv authentisch zu sein.

Mit der Zeit passen sich der Rhythmus des Klienten und mein Rhythmus aneinander an. Die Rhythmen laufen nicht immer synchron, manchmal sind sie versetzt, manchmal bilden sie Gegensätze, manchmal laufen sie gleichförmig. Und wenn wir Glück haben, fügen sich die verschiedenen Rhythmen zu einem ästhetischen Geschehen, einem Tanz, an dem wir beide unsere innere Freude haben, selbst wenn der Inhalt des Gesprächs schmerzlich und belastend ist.

Brennglas und Streulinse
Ein wechselnder Rhythmus ist auch bei der Betrachtung des Anliegens und der beispielhaften Situation des Klienten wichtig. Wir betrachten das Anliegen des Klienten vielleicht erst einmal wie durch ein Weitwinkelobjektiv: viele Fakten und Aspekte kommen ins Bild. Dann fokussieren wir ein Detail des Gesamtbildes, untersuchen es genauer. Oft sind es diejenigen Aspekte, die beim Klienten stärkere Gefühle auszulösen scheinen, bei deren Benennung auch Angst auftreten kann oder Erleichterung. Dann

stellen wir diesen Aspekt wieder in den größeren Zusammenhang und schauen uns die Verbindungen des einen Aspekts zu anderen Details an.

Edwin Nevis vergleicht diese unterschiedlichen Perspektiven, die mit verschiedenen Arten der Bewußtheit einhergehen, mit dem Vorgehen der Kriminalinspektoren Sherlock Holmes und Columbo. Holmes repräsentiert »gerichtete Bewußtheit«: Er beobachtet scharfsinnig und sorgfältig, nutzt die Fähigkeiten logischen, schlußfolgernden Denkens und zwingt die fehlenden Daten dazu, sich zu zeigen. Columbo dagegen bedient sich der offenen, ungerichteten Bewußtheit. Er wartet, bis sich die Daten von selbst zeigen, die in das Netzwerk des »Klienten« eingewoben sind. Er registriert alles, was ihm ins Auge fällt, auch scheinbar Nebensächliches. Jedes dieser beiden Modelle hat Vor- und Nachteile. Der Sherlock-Holmes-Ansatz ist rationaler, unpersönlicher, baut auf Fachwissen auf und ist logisch nachvollziehbar; der Zugang Columbos ist naiv, wirkt weniger effektiv, braucht viel Geduld; Columbo läßt sich vom Gefühl, von spontanen Einfällen und Intuitionen leiten - dadurch bleibt er sehr viel näher am Prozeß als Sherlock Holmes (Nevis 1988, 135 ff.). Was liegt also näher, als beide Vorgehensweisen miteinander zu kombinieren? Da Berater aufgrund ihres Persönlichkeitsstils zu der einen oder anderen Herangehensweise neigen, muß sich der Berater die andere Zugehensweise meist erst erarbeiten.

In der Kombination der beiden Perspektiven und Herangehensweisen sehe ich einen Beitrag zu ganzheitlicherem Denken. Die rezeptivere, sich treibenlassende Herangehensweise Columbos findet ihre Entsprechung in den östlichen Herangehensweisen, die stringente, fachkundige, logische Herangehensweise eines Sherlock Holmes ist eher ein Kind westlicher Kultur. Beide zusammen ergeben erst ein für unsere Lebenssituation angemessenes Bild. Daher leite ich meine Klienten ausdrücklich dazu an, die Perspektiven zu wechseln, sich abwechselnd die Dinge genau und logisch zu betrachten und sie ein anderes Mal locker und in losem Zusammenhang auf sich wirken zu lassen.

Die Kunst des naiven Fragens

Der dialogische Berater ist daran interessiert, die Welt des Klienten kennenzulernen. Er geht seiner Neugier nach, die wir als einen Aspekt von Eros verstehen. Eros hat, wie wir schon ausgeführt haben (siehe 2. Kapitel), auch einen destruktiven Aspekt, der in nachdringlichen, die Grenzen des Klienten verletzenden Fragen seinen Ausdruck finden kann. Das Fragen ist notwendig, besonders am Anfang einer Beratung, wenn der Beratungsprozeß noch wenig Eigendynamik entwickelt hat und der Klient noch stark vom Berater angeleitet werden muß, seine Bewußtheit auf die verschiedenen Aspekte der problematischen Situation oder des Anliegens zu richten und auch seine inneren Wahrnehmungen einzubeziehen. Es geht für den Berater also darum, eine Art des Fragens zu entwickeln, die sowohl seine Neugier befriedigt, als auch die Grenzen der Würde und Scham des Klienten achtet.

Da ich als Berater oft nicht wissen kann, welche Fragen diese Grenzen überschreiten können, achte ich sehr genau auf die Reaktionen des Klienten, ob er vielleicht ausweicht, zögert, errötet, zu stottern anfängt oder allzu glatt, unbeteiligt und ganz sachlich auf meine Fragen antwortet. Ich gestatte jedem Klienten ausdrücklich, meine Fragen nicht zu beantworten. Manchmal möchte ich jedoch wissen, was ihn daran hindert, auf eine Frage einzugehen und auszuweichen oder eine Antwort zu verweigern.

Die wirkungsvollsten Fragen kommen aus einer naiven, unbestechlichen Haltung des Beraters. Er betrachtet einen Sachverhalt immer wieder so, als würde er ihm zum ersten Mal in seinem Leben begegnen (siehe 4. Kapitel). Tatsächlich enthält jede Situation, in der sich ein Klient befindet, einen Anteil an Erstmaligkeit. Selbst wenn es sich um eine sehr übliche Situation handelt, sieht sie jeder einzelne Klient auf seine einzigartige Weise. Der »unbestechliche Blick« des Beraters muß also nicht aufgesetzt oder ein Trick sein, sondern beruht auf authentischem Interesse an der Person des Klienten. Auf diese Weise kann scheinbar Selbstverständliches »in Frage gestellt« werden.

Bernd Roedel hat im Zusammenhang mit der Erarbeitung eines »Genogramms«, des Familienstammbaums eines Klienten über mehrere Generationen hinweg, Kriterien für die »Kunst des banalen Fragens« aufgestellt, die generell ganz hilfreich sein können:

- Die Fragen sollten offen und erwartungsneutral sein, d.h. sie sollten nicht schon eine bestimmte Antwort suggerieren;
- sie sollten unkompliziert, d.h. einfach, banal und kurz sein;
- sie sollten zur Konkretisierung und Präzisierung führen, indem der Klient sein Verständnis von (Ober-)Begriffen ausführt, damit der Berater nicht in die Versuchung kommt, allgemeine Begriffe mit seinen konkreten Vorstellungen zu füllen (Roedel 1990, 17 f.).

Die beste Fragetechnik garantiert natürlich noch nicht, daß dem Klienten die wohlwollende Neugier des Beraters vermittelt wird. Die vom

Wortlaut her gleiche Frage kann ja fast immer entweder inquisitorisch oder liebevoll gestellt werden.

Was ist ein Problem?

Eine wesentliche Funktion des Gesprächs in der Commitment-Phase besteht in der Klärung des Anliegens, in dem Betrachten der problematischen Situation des Klienten, so daß sie sichtbar und greifbar wird. Dies als Problem zusammenfassend zu definieren, kann eine große Hilfe für den weiteren Lernprozeß des Klienten sein.

»Ein gut definiertes Problem trägt die Lösung in sich« - dies ist zwar eine wohl etwas zu optimistische Annahme, aber ein hilfreicher Leitsatz für die Beratungsarbeit. Aber was ist ein »gut« definiertes Problem? In der Welt der Sachlogik werden Probleme entweder in Form von Aufgaben oder Mißständen bestimmt: In der Supervision arbeitet der Lehrer einer Oberstufenklasse an der Aufgabe, ein schwieriges Thema in wenigen Unterrichtsstunden zu vermitteln; die Schüler bleiben dem Unterricht in seinem Fach oft fern und verlieren den Anschluß; in einer Paarberatung beklagen sich beide Partner darüber, daß sie nur wenige Stunden in der Woche zusammen sein können. Aus der Sicht eines an persönlichen Lernprozessen interessierten Beraters sind all dies keine Probleme, sondern Feststellungen, bestenfalls irritierende Sachverhalte. Durch seine naive, unbestechliche Brille kann er in der Stoffülle und im Schwänzen der Schüler, die der Lehrer feststellt, sowie in der geringen gemeinsamen Zeit, die das Ehepaar miteinander verbringt, noch keine Probleme erkennen. Das Beispiel aus einer Praxisberatung für Mastertrainer (das sind die Trainer von Trainern) in einem Gesundheitsprojekt in einem Land der Dritten Welt soll den Weg und die Schwierigkeit verdeutlichen, wenn man vom irritierenden Sachverhalt zum personalen Problem vorstoßen will.

> Eine Kleingruppe der Mastertrainer hatte als Problem formuliert: »Die von uns ausgebildeten Trainer verwenden in ihren Schulungen nur Einwegkommunikation, d.h. sie tragen vor, weisen an und beurteilen, ohne die Teilnehmer einzubeziehen.«
> Berater: In Ihrer Aussage kann ich noch kein Problem entdecken, es ist ein Sachverhalt, der Sie zu irritieren scheint, aber wo ist das Problem?
> Teilnehmer: Das Problem liegt hinter dem Sachverhalt.
> Berater: Sie glauben also beispielsweise, daß die Teilnehmer der

Kurse unter der Einwegkommunikation leiden?
Teilnehmer: Nein, die Zeit für die Trainings wird auf diese Weise verschwendet.
Berater: Gut, aber welches Problem haben Sie persönlich mit der Zeitverschwendung der Trainer und Kursteilnehmer?
Teilnehmer: Da werden doch finanzielle Mittel und Ressourcen verschleudert!
Berater: Das ist schlimm, aber ich erkenne immer noch nicht Ihr Problem dabei. In Entwicklungshilfeprojekten werden oft erhebliche Mittel und Ressourcen verschwendet.

Die Teilnehmer sind jetzt sehr irritiert und würden den Berater gerne in die Wüste schicken, die sich gleich hinter der Tagungsstätte ausdehnt. Er erklärt ihnen, daß Ihre eigene Betroffenheit und Verantwortlichkeit in der Problemformulierung noch nicht erkennbar ist. Dies aber erscheine ihm notwendig für die Weiterarbeit in diesem Seminar, da sie ja nicht in erster Linie Verwaltungsprobleme zu lösen hätten, sondern Probleme, an denen sie etwas lernen könnten.
Teilnehmer: Sie meinen, ich soll sagen, was mich an der Einwegkommunikation in den Trainingskursen so irritiert? Nun, ich bin sehr frustriert, wenn ich auf einer Supervisionsreise durch das Projektgebiet feststelle, was meine Trainer in den Schulungen machen. Dabei habe ich wirklich versucht, ihnen in der Ausbildung etwas anderes beizubringen.
Berater: Das sagt mir etwas. Sie sind frustriert und unzufrieden wegen der mageren Ergebnisse ihrer Ausbildungen. Jetzt können wir uns genauer anschauen, wie sie ihre Trainer ausbilden und wie Sie möglicherweise Alternativen für diese Ausbildung der Trainer entwickeln können, damit diese vielleicht von der Einwegkommunikation wegkommen.

Ein gut definiertes Problem sollte erkennen lassen, wie der Klient von den ihn irritierenden Umständen persönlich betroffen ist, woran er leidet, wo sein Defizit liegt, womit er nicht zufrieden ist. Dann sollte das Problem aber auch Hinweise darauf geben, für welchen Aspekt der von ihm so rekonstruierten Wirklichkeit er Verantwortung übernehmen kann, wo er selbst dazu beiträgt, daß die Dinge so sind, wie sie sind, auch wenn er noch keine Alternativen zu erkennen vermag.

Zu den Fragen, die uns bei der Problemformulierung leiten können, gehören die folgenden:

- Welches sind die irritierenden Phänomene in der betreffenden Situation?
- Welches ist mein Beitrag dazu, daß die unbefriedigenden Phänomene auftauchen oder fortbestehen?
- Worauf habe ich Einfluß, worauf nicht, und für welchen Teil des Geschehens kann ich Verantwortung übernehmen?
- Worin besteht mein Defizit, welche meiner Wünsche und Erwartungen werden nicht erfüllt?

Wenn eine treffende Problemformulierung gefunden wird, steigt die Energie und Intensität im Gespräch mit einzelnen Klienten oder in Gruppen deutlich an und wird oft von Aussagen des Klienten begleitet wie: »Ja, das ist es, jetzt wird mir etwas klar.« Und dann fallen ihm weitere Details der betreffenden Situation ein oder er erinnert sich ähnlicher Situationen, in denen das Problem auftritt. Es ist, als ob sich das Problem jetzt offen zeigen und zur weiteren Erforschung anbieten wollte. Eine treffende Problemformulierung zeigt sich auch daran, daß es augenblicklich weitere Probleme oder Aspekte desselben Problems generiert und wir in einen kontinuierlichen Problemlösungsprozeß einsteigen könnten.

Die in der Phase des Commitment bewußt wahrgenommene und analysierte Thematik und beispielhafte Situation und die daraus resultierende Problembestimmung kann der Ausgangspunkt für die Suche nach Lösungen und alternativen Verhaltensweisen sein. Der Übergang zur Phase der Problemlösung und der Erkundung von alternativen Einstellungs- und Verhaltensweisen des Klienten ist auch für viele Beratungskontexte, in denen der Akzent auf Problemlösungen und konkreten Beratungsergebnissen liegen soll, angemessen. In den Problemen steckt jedoch ein Lernpotential, das für weitergehende Persönlichkeitsentwicklung und ganzheitliches Denken genutzt werden kann. Um diesem Potential zur Entfaltung zu verhelfen, ist es notwendig, daß sich Klient und Berater vor der Entwicklung von Alternativen und Perspektiven auf einen noch tiefergehenden Erforschungsprozeß einlassen, in dem es darum geht, die Sinnhaftigkeit der problematischen Situation im Lebenskontext des Klienten und seines Umfeldes zu ergründen.

12. Kapitel

Dritte Gesprächsphase: Bedeutung

Mitverantwortung und Bewußtseinserweiterung

Problemlösung oder Persönlichkeitsentwicklung
Die Gesprächspartner sind - davon gehe ich an dieser Stelle aus - ein Bündnis eingegangen, sie haben das Problem bestimmt und haben sich darauf eingelassen, es daraufhin zu erforschen, wie es in Erscheinung tritt und in Wechselbeziehung zum Umfeld steht. Der Klient hat Einsicht in das gewonnen, was ihn beunruhigt und stört, was nachteilige Wirkungen für ihn und andere Menschen hat, was ihm fehlt und wo er seine Möglichkeiten nicht in vollem Maße nutzt. Damit haben die Gesprächspartner eine Weggabelung erreicht, an der sie sich entscheiden können, ob sie sich vorrangig auf Problemlösungen oder auf Aspekte der Persönlichkeitsentwicklung konzentrieren und daher tiefergehende Bedeutungen erforschen wollen.

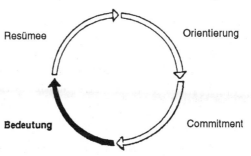

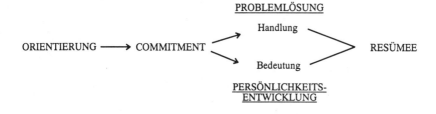

Der Weg der *Problemlösung* führt im Beratungsgespräch dazu, daß Handlungsmöglichkeiten ausgedacht und ausprobiert sowie Entscheidungen vorbereitet werden. Der Weg der *Persönlichkeitsentwicklung* führt dazu, daß die Gesprächspartner die Bedeutung der problematischen Situation erkunden und daß sie den Phänomenen einen tieferen Sinn zu geben versuchen.

In der Praxis sind diese beiden Alternativen der Weiterführung des Beratungsgesprächs selten so sauber getrennt wie auf dem Papier; Problemlösung kann mittelbar auch zur Persönlichkeitsentwicklung beitragen und der Weg der Persönlichkeitsentwicklung bringt oft auch Problemlösungen mit sich. Das Selbstverständnis und die Funktion der Beteiligten sowie das methodische Vorgehen ist jedoch recht unterschiedlich, ob »Handlung« oder »Bedeutung« im Vordergrund des Beratungsgeschehens stehen. Die vorrangige Orientierung der dialogischen Beratung an Persönlichkeitsentwicklung zeigt sich zwar nicht erst in dieser Phase, sondern bereits vorher in der Art und Weise, wie sich der Berater in Beziehung zum Klienten versteht und auf welche Momente im Gespräch er achtet; in dieser Phase kommen die Unterschiede jedoch zur vollen Geltung.

Beide Formen der Beratung haben natürlich ihre Berechtigung. Es hängt vom Kontext der Beratung, von der Motivation, der Kompetenz und vom Interesse der Beteiligten sowie vom Beratungsvertrag ab, welcher Aspekt im Vordergrund steht. Uns geht es hier um jene Art von Beratung, die in erster Linie Persönlichkeitsentwicklung und transformatives Lernen unterstützt.

Die Notwendigkeit, sich an dieser Stelle des Beratungsgesprächs zwischen »Handlung« und »Bedeutung« zu entscheiden, möchte ich an einem Beispiel verdeutlichen. Es stammt aus einer Praxisberatung (Supervision) für eine Gruppe von Konsulenten und Sachbearbeitern in der Entwicklungshilfe:

> Der als freiberufliche Konsulent tätige Klient erhielt von einer Organisation der Entwicklungszusammenarbeit den Evaluationsauftrag für ein Entwicklungshilfeprojekt in einem afrikanischen Land. Der Auftrag an den Konsulenten war recht unpräzise als 'allgemeine Bestandsaufnahme' des Projekts formuliert. Das Projekt in Afrika befindet sich in einer Phase, in der der bisherige Projektauftrag im wesentlichen erfüllt ist. Die Dienstzeit der dort tätigen ausländischen Experten geht dem Ende entgegen. Zwischen der Projektleitung und der Zentrale gab es wiederholt Schwierigkeiten und die

Geldmittel der Zentrale für die weitere Finanzierung des Projekts im bisherigen Ausmaß sind knapp geworden. Als der Konsulent vor wenigen Wochen in das Projektgebiet reiste, stieß er auf Desinteresse und Abwehr bei dem ausländischen Chef der Entwicklungshilfeprojekte in diesem Land wie auch bei den Experten im Projekt, und er konnte seinen Evaluationsauftrag nur sehr dürftig erfüllen. Frustriert trat er die Heimreise an und steht jetzt vor der Frage, wie er weiter verfahren soll.

In der Commitment-Phase des Beratungsgesprächs konzentrierten wir uns auf die Situation, in der sich der Klient befindet, indem wir die Interessen der an dem Entwicklungshilfeprojekt Beteiligten (soweit sie dem Klienten bekannt sind) ermittelten: Die Zentrale im Heimatland will das Projekt, wenn überhaupt, dann nur noch auf Sparflamme weiterlaufen lassen. Die Experten im Projekt wollen »ihr Kind« vor dem Untergang retten, auch wenn sie es nicht mehr persönlich weiter begleiten können. Die Interessen des Chefs der Entwicklungshilfeprojekte im Land sind unklar, vermutlich will er einfach möglichst wenig Ärger haben. Der Klient will eine glaubwürdige Evaluation durchführen, um seinen Ruf zu wahren. Dieser Analyse zufolge fällt ihm als Konsulenten die Aufgabe zu - so schlußfolgern wir - den schmorenden und nie ausgetragenen Konflikt zwischen der Zentrale und dem Projekt zu klären und in seiner Evaluation gute (»objektive«) Gründe für eine Schmälerung oder Beendigung des Projekts zu finden. Er soll, schlicht gesagt, die Schmutzarbeit leisten, vor der sich die anderen drücken.

An diesem Punkt des Beratungsgesprächs mußten wir uns entscheiden, ob wir wir mit dem Klienten (Konsulenten) Handlungsmöglichkeiten für die Weiterführung seines Evaluationsauftrags überlegen (z.B. Rückgabe des Evaluationsauftrags, Aushandeln klarer Vertragsbedingungen zwischen allen Beteiligten etc.) oder uns mit ihm auf einen persönlichen Lernprozeß einlassen sollten. Der Klient entschied sich dafür, zunächst über Handlungsmöglichkeiten nachzudenken, um Auswege aus der ihn akut belastenden Situation zu finden. In einem nachfolgenden Einzelgespräch mit dem Berater wollte er die ihn persönlich betreffenden Aspekte der Situation bearbeiten. Dabei ging es dann um die Frage, was für einen Sinn es in seinem Leben ergeben könnte, daß er sich auf die undankbare Aufgabe einließ, einen verschleppten und verschleierten Konflikt zwischen zwei

Interessengruppen (Zentrale/Projekt) auszubaden, zumal er diese Schwierigkeiten vorausgesehen hatte und überdies häufig in solche schwierigen und fast unlösbaren Situationen gerät.

Worum geht es in der Bedeutungsphase?
Mit der Phase der Bedeutungsklärung erreichen wir den Höhepunkt des Beratungsgesprächs. Nach dem Modell des Kontaktzyklus der Gestalttherapietheorie ist es die Phase des *vollen Kontakts*. Die Kurve der Erregung des Organismus erreicht ihren Höhepunkt, die Grenzen zwischen Organismus und Figur im Umfeld berühren sich unmittelbar und werden durchlässig. Ein spontaner, tiefgehender Austausch zwischen Organismus und Umfeld findet statt, durch den beide Seiten bereichert und verwandelt werden.

Der Anpassung des Modells »Kontaktzyklus« für Zwecke der Organisationsberatung zufolge ist dies die Phase der »Handlung«, des vollständigen bewußten Erlebens, in der Organismus und Figur gleichermaßen transformiert werden (Nevis 1988, 40 ff.). Dieses Verständnis von der Phase des vollen Kontakts legt es nahe, daß im Beratungsprozeß jetzt Problemlösungen und Handlungsalternativen gesucht und erprobt werden.

Im Sinne der Persönlichkeitsentwicklung muß die Phase des vollen Kontakts jedoch anders interpretiert werden: Es geht um das Entschlüsseln des Problems, um das tiefere Eindringen in die »Gesetzmäßigkeiten«[1] und ihre Bedeutung für die Person oder die soziale Einheit. Dies ist natürlich kein einmaliger Akt, sondern es gibt viele Bedeutungsschichten, die eine nach der anderen abgetragen werden können.

Im Laufe des Beratungsprozesses wechseln die Gesprächspartner, so hatten wir ausgeführt, immer wieder zwischen dem Sich-Einlassen auf einander und auf die Sache, also der *Identifikation* einerseits und der Loslösung von der emotionalen Verstrickung, der *Disidentifikation* andererseits (siehe 4. Kapitel). Dieses Wechselspiel zwischen Identifikation und Disidentifikation wird in der Phase der Bedeutungsklärung weiter vorangetrieben: Wir tauchen mit dem Klienten in das Erleben ein und tauchen dann auch wieder auf, um das Geschehen in den Verknüpfungen mit anderen Erfahrungen begreifen und ihm einen Sinn geben zu können.

Mitfühlender Zeuge
Von seiten des Beraters erfordert dies, daß er zum mitfühlenden Zeugen der Erfahrungen des Klienten wird und ihn dazu anleitet, sich selbst gegenüber diese Position des mitfühlenden Zeugen einzunehmen. Der mitfühlen-

de Zeuge *bewertet* nichts von dem, was der Klient an Zusammenhängen aus seiner aktuellen Situation, seiner Lebensgeschichte, seiner sozialen, kulturellen, institutionellen und existentiellen Situation bewußt werden läßt, sondern betrachtet es zunächst wohlwollend und unterstützend. Meist wertet sich der Klient ja selbst ab, wenn er sich etwa dessen bewußt wird, wie er in der Situation etwa Verantwortung verweigert, manipuliert, ausbeutet, unbeholfen agiert, Möglichkeiten verpaßt usw. Der Berater kann dem Klienten in diesem Fall immer wieder das Angebot machen, sich und seine Situation erst einmal frei von Bewertungen zu betrachten, um sie akzeptieren zu können, ohne sich dafür zu bestrafen, wodurch schließlich auch die paradoxe Theorie der Veränderung greifen kann. Zu einem späteren Zeitpunkt, wenn der Klient die Bedeutungen erfaßt hat, sie akzeptieren kann und sich Rechenschaft ablegt über die Vor- und Nachteile seiner Einstellungen und seines Verhaltens, kann der Berater aus seiner ethischen Verantwortung heraus auch seine Werturteile mit in die Wagschale werfen und den Klienten zu einer Auseinandersetzung damit herausfordern.

Perspektivenwechsel
Bei der Erforschung der Bedeutung einer problematischen Situation ist es erforderlich, daß wir die Perspektiven immer wieder wechseln. Der Berater muß den Klienten zu diesem Perspektivenwechsel meist anleiten, damit er die Situation das eine Mal aus der Perspektive seines eigenen, unmittelbaren Erlebens sieht, ein anderes Mal aus der Perspektive seiner Mitmenschen, die von dem Problem betroffen sind, und schließlich auch übergreifende Perspektiven einnimmt, die eine Gesamtschau über einen längeren Zeitraum und in einem erweiterten Kontext gestatten.

Dieser Perspektivenwechsel, den wir als Merkmal ganzheitlichen Denkens skizziert hatten (siehe 4. Kapitel), kann sehr verunsichernd und verwirrend sein, weil erst einmal nicht mehr klar ist, wie man eine Sache einschätzen soll, was »richtig« und was »falsch« ist. Die Sicherheit, die dem Klienten bleibt, ist meist nur die Beziehungsbasis zum Berater oder - in einer Gruppe - zu anderen Gesprächspartnern. Der Perspektivenwechsel kann auch sehr schmerzlich sein, wenn der Klient sich beispielsweise selbst in einer schwierigen oder ausweglosen Situation bewußt wahrnimmt oder wenn er erlebt, wie er anderen Menschen unwillentlich Leid zufügt oder auch wie er wichtige Chancen zu einem erfüllteren, sinnvolleren Leben verspielt. Die Aufgabe des Beraters besteht nicht darin, dieses Leiden zu erleichtern, sondern dem Klienten in diesem Erleiden Unterstützung anzubieten, damit es dieser konstruktiv nutzen kann: »Leiden ist eine der kreativsten Möglichkeiten der Natur«, schreibt Rollo May (May 1989, 123) - allerdings nur dann, würde ich hinzufügen, wenn es auch genutzt wird, um seine tiefere Bedeutung zu ergründen.

Der Perspektivenwechsel läßt oft auch die Komik einer Situation deutlich werden, etwa, wenn sich ein Klient bewußt wird, wieviel Einfallsreichtum und Energie er darauf verwendet, anderen Menschen, die ihm eigentlich sehr wichtig sind, immer wieder einen Schrecken einzujagen und sie zu vertreiben oder wenn er die »Tricks« erkennt, mit denen er einen unmittelbar bevorstehenden Erfolg zu einem Mißerfolg werden läßt. Durch den Perspektivenwechsel können unvereinbare Widersprüche und Polaritäten in einer sinnvollen Einheit aufgehen; was aus nur einer Perspektive unlogisch erscheint, wird durch den Perspektivenwechsel plötzlich schlüssig und folgerichtig. Vertraute Erfahrungen und Geschehnisse erhalten oft eine überraschend neue Qualität und die bisher ungenutzten Möglichkeiten, die auch in jeder noch so problematischen und verzweifelten Situation stecken können, werden offengelegt.

Bedeutung und Deuten

Der Perspektivenwechsel ermöglicht es, etwas von der Ganzheit und Vernetztheit einer Situation, von ihrem *Geist* (siehe 4. Kapitel) zu erfassen und ihr eine Bedeutung zu entlocken. Bei dieser Suche nach der Bedeutung eines Geschehens geht es aber nicht darum herauszufinden, was hinter den Erscheinungsformen liegt; wir suchen nicht nach den Ursachen eines Konflikts, eines Symptoms oder einer leidvollen Erfahrung. Die Erscheinungsformen selbst werden in ihrer Vernetztheit vielmehr als Aspekte der Ganzheit verstanden, die es zu entschlüsseln gilt. Wir suchen auch nicht nach allgemeingültigen, »objektiven« Aussagen darüber, welche Sichtweise die richtige ist oder welches Symptom welchen dahinterliegenden Konflikt widerspiegelt. Jeder Ausdruck eines Organismus oder eines sozialen Systems, den wir bewußt wahrnehmen (indem wir »Unterschiede machen«), ist für sich genommen wirklich, indem er wirkt (er »macht einen Unterschied«); ein Ausdruck des Organismus oder des Systems steht nicht für etwas anderes, aber er kann mit anderen Erscheinungsformen in einem sinnhaften Zusammenhang gestellt werden und seine Bedeutung freigeben.

Die Erkenntnismethode, die in dieser Phase des Beratungsprozesses zur Geltung kommt, entspricht der Methode der phänomenologischen Hermeneutik in den Geisteswissenschaften (vgl. z.B. Mollenhauer 1986, 120 ff.).

Galt es in der Phase des Commitment, das, was ist, rein in seinen Erscheinungsformen (phänomenologisch) zu erfassen und zu rekonstruieren, tritt jetzt die Hermeneutik, die Sinndeutung aus der Situation selbst hinzu. Hermeneutik wird meist zur Auslegung von Texten verwandt. Texten dürfte es gleichgültig sein, ob der Wissenschaftler sie aufgrund einer Theorie auf Dahinterliegendes ausdeutet oder ob er in hermeneutischer Weise versucht, die Botschaften aus dem Text selbst herauszulesen. Die Deutung der Erfahrung eines Menschen auf dahinterliegende Ursachen hat dagegen schnell etwas Vergewaltigendes an sich. Nicht ohne Grund wehren sich viele Menschen dagegen, »in Schubladen gesteckt«, oder »analysiert« zu werden. »... wenn ich überhaupt die Symbole und Bedeutungen eines anderen Menschen verstehen will«, schreibt Ken Wilber über die hermeneutische Methode des Sinnerschließens, »dann geschieht das am besten durch eine Art empathischer Interpretation ...« (Wilber 1988, 29). Ich muß mich als Berater in die eigen-sinnige Welt des anderen Menschen hineinphantasieren, um eben dort ihre wesentliche Botschaft zu erfassen, und ich muß in die innere Logik des Interaktionssystems oder Lebensprozesses anderer Menschen eindringen, um die Muster der Wechselbeziehungen in ihrer Sinnhaftigkeit erkennen und darüber in Austausch mit dem Klienten treten zu können.

Bedeutungsklärung durch Muster[2]

Was uns bei dieser Aufgabe helfen kann, ist das, was Gregory Bateson das *Muster* nannte, das verbindet. Damit die Erforschung des komplexen, lebendigen Geschehens, das mit dem Problem des Klienten in Zusammenhang steht, im Beratungsprozeß lernwirksam werden kann, müssen wir die Komplexität in sinnhafter Weise reduzieren. Eine Möglichkeit der Verdichtung besteht darin, daß wir die Gesetzmäßigkeiten des Geschehens herauskristallisieren und dessen Sinnzusammenhang begreifen und zum Ausdruck bringen. Diese sinnhafte Gesetzmäßigkeit nennen wir Muster.

Muster sind Aspekte der inneren Ordnung und Einheit des Lebendigen, ganz gleich, ob ein Muster der Entfaltung des Lebendigen dient oder ob es zu dessen Zerstörung führt. Muster sind ein Ausdruck der Form eines lebendigen Geschehens. Der Inhalt fließt in dieser Form. Die Form steht also in enger Wechselwirkung zum Inhalt. Wenn wir die Form erfassen können, gibt sie den Inhalt im Prozeß der Wahrnehmung und Erkenntnis frei (vgl. Rothenberg 1990, 35). Hat der Klient das Muster einer Situation, das in seiner einzigartigen Erfahrung wurzelt, durch wiederholten Perspektivenwechsel erfaßt, werden wieder neue Erkenntnisprozesse in Gang gesetzt: Er erinnert sich plötzlich an viele andere konkrete Situationen, in denen das Muster auftaucht, oder er erkennt auf einmal den sinnhaften Zusammenhang scheinbar völlig unverbundener Ereignisse, die ihn zuvor verwirrt und beunruhigt hatten.

Stephan bringt eine Situation zur Sprache, in der er sich mit einem älteren Kollegen angelegt hatte, quasi wider Willen, denn er schätzt den Kollegen sehr, wie sich in unserem Gespräch herausstellt. Ich habe selbst auch schon die Erfahrung gemacht, daß Stephan mich bekämpft und wir gehen dem Sinn dieser Form der Kontaktaufnahme nach. Es stellt sich heraus, daß es generell seine Art ist, auf Menschen, die er mag und respektiert, so zuzugehen: mit Kampf und Konkurrenz. Andere Möglichkeiten kennt er kaum. Ihm wird auch klar, weshalb er meist das Gegenteil erreicht. Als Stephan sich dieses festgefahrenen und hoffnungslosen Kommunikationsmusters bewußt wird, spürt er tiefe Trauer über die vielen verpaßten Möglichkeiten, zum Beispiel in Kontakt mit seinem verstorbenen Vater zu kommen und auch mit anderen Menschen, die er schätzte und mochte. »Komisch«, sagt er nach einer Weile zum Schluß der Sitzung, »nachdem mir das jetzt klar ist, fühle ich mich ein ganzes Stück erleichtert.«

Auch dies ist eine für mich immer wieder erstaunliche Erfahrung: Wenn uns ein Muster bewußt geworden ist, wir es begreifen, akzeptieren und zum Ausdruck bringen, löst dies immer auch ein Empfinden der Entlastung und Erleichterung aus, selbst wenn es sich um ein sehr zerstörerisches, viele Enttäuschungen und Unglück bereitendes Muster handelt. Ich vermute, es hängt damit zusammen, daß wir uns nicht mehr ohnmächtig den schicksalhaft erscheinenden und oft unverständlichen Geschehnissen ausgeliefert fühlen. Das Erkennen des Musters gibt uns eine Ahnung davon, daß wir unser Schicksal meistern könnten, selbst wenn die Handlungsalternativen in diesem Stadium des Beratungsprozesses noch fern sind.
Voraussetzung ist allerdings, daß wir uns mit Intuition und Verstand auf die Suche nach einem Muster einlassen und dieses entdeckte Muster auch emotional akzeptieren können. Bei den an der Suche nach dem Muster Beteiligten stellt sich dann meist ein Empfinden von Stimmigkeit ein. Manchmal allerdings glaube ich irrtümlicherweise, mit dem Klienten ein

wichtiges Muster aufgedeckt zu haben. »Ja«, sagt er dann vielleicht, »jetzt weiß ich, was ich da mache und woher es kommt. Und was fange ich jetzt damit an?« Das ist dann eine Ernüchterung für mich, denn an der Reaktion des Klienten wird mir klar, daß wir entweder noch nicht das Muster in einer für den Klienten stimmigen Weise aufgedeckt haben oder er das Muster noch nicht als zu ihm und seinem Lebensschicksal gehörig annehmen kann. Deshalb werden wir die Situation immer wieder neu aus den verschiedenen Perspektiven untersuchen müssen, um zu einem stimmigen Muster und dessen Ausdruck zu gelangen.

Muster-Beispiele

Ein Muster, das sich in einer Situation oder in mehreren Situationen verbirgt, kann nur durch Perspektivenwechsel erschlossen werden. Wie wir deutlich zu machen versuchten (siehe 4. Kapitel) sind es nicht die einzelnen Perspektiven, die das Muster freigeben, sondern das Muster kristallisiert sich im Perspektivenwechsel selbst heraus. Deshalb ist es auch nicht sinnvoll, einen Katalog jener Muster aufzustellen, die in Beratungssituationen entdeckt werden könnten. Jede solche Festlegung würde auch eine bestimmte Perspektive fixieren und den kreativen Akt, der im Aufdecken eines Musters liegt, zu einer Fleißarbeit degradieren. Um dennoch einen Anhaltspunkt für die Suche nach Mustern zu gewinnen, können wir jedoch Dimensionen aufzeigen, die einen Rahmen abgeben können, innerhalb dessen sich verschiedene Muster zeigen. Die Dimensionen, die wir für einen solchen Rahmen für geeignet halten sind

- der Lebensausschnitt und
- die Bedeutungsebene.

Wir schneiden aus dem kontinuierlichen Prozeß der Erfahrungen ein Stück heraus. Das ist der von uns wahrgenommene Lebensausschnitt, in dem eine Gesetzmäßigkeit erkennbar wird; aber natürlich ist die Gesetzmäßigkeit nicht auf diesen Ausschnitt begrenzt, sondern weist darüber hinaus. Das, was wir als Gesetzmäßigkeit in diesem Ausschnitt erkennen, kann nun in unterschiedliche Bedeutungszusammenhänge gestellt werden und in einem Muster seinen Ausdruck finden. Jeder dieser Bedeutungszusammenhänge kann unser Verständnis von der Gesetzmäßigkeit vertiefen. Auf diese

Weise gewinnen wir eine Matrix mit den beiden Dimensionen »Lebensausschnitt« und »Bedeutungsebene« (Tabelle 1).

Ein erster Lebensausschnitt, in dem wir nach Gesetzmäßigkeiten Ausschau halten können, ist die innere Überzeugung des Klienten. Die Gesetzmäßigkeiten, die in diesem Wirklichkeitsausschnitt zutage treten können, betreffen das Selbst- und Weltbild sowie das Selbstempfinden einer einzelnen Person oder das Selbstverständnis einer sozialen Einheit (einer Familie, eines Teams etc.).

Ein anderer Lebensausschnitt sind situationsabhängige Verhaltensweisen. Die Gesetzmäßigkeiten in diesem Ausschnitt beziehen sich auf Gefühlsreaktionen, Verhaltensweisen und Interaktionsabläufe, die in einzelnen oder wiederkehrenden Situationen auftreten.

Ein dritter Lebensausschnitt schließlich betrifft die Lebensgestaltung oder den Lebensstil. Die Gesetzmäßigkeiten beziehen sich hier auf Lebensumstände und Lebensabläufe, also beispielsweise auf Berufswege, Partnerschaften, Formen der Zeitstrukturierung, die Art zu wohnen, die Geschichten von Krankheit und Gesundheit usw.

Die Bedeutungen, die den Gesetzmäßigkeiten eigen sind und in den Mustern mit erfaßt werden, können sich auf verschiedene Tiefendimensionen beziehen. Die aktuelle Bedeutungsebene ist am naheliegendsten. Die Frage dazu lautet: »Welchen Sinn könnte die von uns in dem betreffenden Lebensausschnitt erkannte Gesetzmäßigkeit für die aktuelle (Lebens-)Situation ergeben?«

Der lebensgeschichtliche Sinnzusammenhang läßt die erkannten Gesetzmäßigkeiten in Beziehung zur Lebensgeschichte einer Person oder einer sozialen Einheit bedeutungsvoll werden. Im sozio-kulturellen und institutionellen Sinnzusammenhang werden die Bedeutungen der erkannten Gesetzmäßigkeiten im Beziehungsgeschehen zu Institutionen und Kulturen oder Subkulturen erhellt. Und schließlich können wir zur existentiellen Bedeutungsebene vorstoßen, also unsere conditio humana zum Bezugspunkt für unsere Suche nach Mustern wählen. Dieser Sinnzusammenhang hat mit unserer Einstellung zu den »letzten Dingen« zu tun, also zu unserer Sterblichkeit, unserer existentiellen Isolation, unserer Freiheit und Verantwortung und mit unserem Lebenssinn sowie mit unseren Ängsten vor diesen letzten Wahrheiten; und er hat auch damit zu tun, wie eine Person grundsätzlich in der Welt ist, also beispielsweise mit welchen Rechten und Verpflichtungen sie sich innerhalb der menschlichen Gemeinschaft ausgestattet fühlt und was sie als ihr Schicksal und ihre Aufgabe betrachtet.

Bedeutungs-ebene \ Lebens-ausschnitt	innere Überzeugungen	situations-abhängige Verhaltens-weisen	Lebens-gestaltung
aktuell			
lebens-geschichtlich			
sozio-kulturell und institutionell			
existentiell			

Tabelle 1: Muster-Matrix

Im folgenden werde ich zu jeder der vier Bedeutungsebenen Quellen anführen und Beispiele aus der Beratungspraxis erzählen, damit das abstrakte Raster anschaulicher wird.

Aktuelle Bedeutungsebene
Die Erforschung einer Erfahrung oder einer konkreten Situation aus den verschiedenen Perspektiven kann uns zu den inneren Überzeugungen und

Glaubenssätzen des Klienten führen, die sich darauf beziehen, wie er momentan in der Welt ist.

Herbert erzählt mir zwei Träume, die er in der gleichen Nacht hatte. In dem einen Traum übersteht er mutig einen heftigen Sturm auf einem Schiff und hilft vom wankenden Deck aus, das Schiff sicher im Hafen zu vertäuen. Im zweiten Traum begleitet er einen Lastwagen, auf dem gefolterte Menschen zusammengepfercht sind und denen Schmerztabletten zugeworfen werden. Herbert soll den Laster in eine Ambulanz begleiten und fühlt sich dabei hilflos und mitschuldig am Schicksal der Gefangenen.
Herbert steht vor wichtigen Entscheidungen in seinem Leben. Der zweite Traum drückt für ihn all die Zweifel aus, die er im Hinblick auf diese Entscheidungen hegt, und er faßt sie in dem Satz zusammen: »Ich tue nie genug für das Leid anderer Menschen.« Zur Botschaft des ersten Traumes bekommt er erst nach mehreren Anläufen Zugang und formuliert schließlich mit viel Scheu und Aufregung den Satz für sich: »Ich bin stolz darauf, daß ich auch schwierige Situationen meistern kann.«

Bei der Bestandsaufnahme schwieriger Kommunikationssituationen oder Konflikte lassen sich Interaktionsmuster ermitteln. In einer Partnerberatung können wir beispielsweise herausfinden, daß die beiden Partner einen Machtkampf führen, und wir können erforschen, worum dieser Machtkampf geht und wie er ausgetragen wird, wer jeweils Sieger und Besiegter ist. Oder wir können auf die Suche nach Mustern gehen, die einzelne Personen in bestimmten Gruppen mithervorbringen oder wir können die Kommunikationsmuster in Gruppen erforschen und nach Rollenverteilungen, Koalitionen und Parteien sowie unbewußten Regeln und Non-dits (Wahrheiten, die jeder kennt, aber über die niemand zu sprechen wagt) suchen.

In einer Arbeitsgruppe, die sich gelähmt fühlt, entdecken wir, daß abwechselnd immer ein Gruppenmitglied Gebote aufstellt, denen die anderen Mitglieder nicht folgen; mir als Berater war aufgefallen, daß die Teilnehmer häufig die Formel »du solltest...« im Gespräch verwendeten. Ich forderte die Teilnehmer auf nachzuspüren, wie sich solche »du-solltest-Formulierungen« anfühlten. »Wie im Konfirmanden-Unterricht, als wir den Katechismus durchnahmen«, meint einer der Teilnehmer. Wir brachten das Gruppenmuster schließlich auf den Begriff: »Wir belehren uns dauernd gegenseitig, statt uns zu unterstützen und geben des Druck von außen damit an uns selbst weiter.«

Eine Gesetzmäßigkeit, die wir im Zusammenhang mit einem Problem des Klienten erkannt haben, läßt sich auch auf dessen gegenwärtige Lebensgestaltung beziehen.

Mit Sarah erkunde ich ihre gegenwärtigen Lebensumstände. Sie zieht gerade wieder einmal um, fängt eine neue Ausbildung an, hat sich von einem langjährigen Freund getrennt und sich neu verliebt. Jeden Aspekt dieser Lebensumstände läßt Sarah auf sich wirken, bis ihr schließlich der Satz entwischt: »Ich habe keinen festen Ort mehr im Leben.« Diese Erkenntnis löst eine tiefe Erschütterung bei ihr aus.

Auf dieser Bedeutungsebene können also Muster deutlich werden, die die gegenwärtigen Grundeinstellungen eines Menschen zu sich selbst, zu anderen, zu Erfolg und Mißerfolg, zu glücklichen Umständen, zu einem schicksalhaften Ereignis und zu momentanem Leid zum Ausdruck bringen. In sozialen Systemen können grundlegende Muster des Umgangs miteinander deutlich werden, sei es in der Art der Kontaktaufnahme, der Durchsetzung von Interessen, der Abgrenzung, der Trennung, der gegenseitigen Kritik und Anerkennung oder im Umgang mit Außenseitern und Gruppenfremden. Und wenn wir die Mustersuche auf die gesamte Lebensgestaltung ausdehnen, können Muster deutlich werden, die den Berufsalltag prägen, den Umgang mit Geld, die Zeitstrukturierung, die Freizeitgestaltung, den Umgang mit Gesundheit und Krankheit, die Ausstattung und Pflege von Räumen und vieles anderes mehr.

Anregungen zur Entdeckung solcher Muster gibt es in Hülle und Fülle. Die Transaktionsanalyse bietet beispielsweise fünf verschiedene »Antreiber« an (*be perfect, try hard, please me, hurry up, be strong*), die die innere Einstellung eines Menschen kennzeichnen können; aus der gleichen Theorie stammt auch das Konzept der Lebensskripts, die u.a. durch »negative Grundgebote« (z.B. »Sei nicht!« »Schaff's nicht!«, »Werde nicht erwachsen!« usw.) in der Erziehung vermittelt werden, sowie das Kommunikationsmodell des Drama-Dreiecks (Verfolger-Opfer-Retter) als typische Ausprägungen solcher Skripts wie auch der verschiedenen Transaktionsarten zwischen Eltern-, Erwachsenen- und Kindheits-Ich der Kommunikationspartner (vgl. Berne 1983, Goulding/Goulding 1981). Die Gestalttherapietheorie stellt mit dem Kontaktzyklus und den Kontaktunterbrechungen (Konfluenz, Introjektion, Projektion, Retroflexion, Deflektion) ein Modell zur Suche nach Mustern zur Verfügung, die das aktuelle Kontaktgeschehen einer genauen Analyse zugänglich machen. Die Körpertherapien entwickelten verschiedene Modelle für die Typisierung von Menschen aufgrund ihres Körperschemas, ihrer Blockierungen, ihrer Körperhaltung oder ihrer Atmung. Diese und andere Modelle können dem Berater Anregungen geben, um Gesetzmäßigkeiten auf die Spur zu kommen und deren Bedeutung mit dem Klienten aufzuspüren.

Der Rückgriff auf solche vorgefertigten Listen und Modelle für Gesetzmäßigkeiten birgt neben ihrem wertvollen Anregungsgehalt allerdings auch Gefahren in sich: Sie entbehren des persönlich erlebten Sinnzusammenhangs und beruhen auf bestimmten theoretischen und empirischen Grundannahmen über einen »vollständig funktionsfähigen Menschen«, einen »kreativ angepaßten Organismus«, einen »orgasmusfähigen Menschen« (nach Wilhelm Reich oder Alexander Lowen) oder einen »reifen Erwachsenen«. Sie drücken also jeweils Abweichungen von einer idealen Norm aus. Diese Normen könnten dem Klienten beim Rückgriff auf vorgefertigte Listen und Modelle unter der Hand vom Berater mitvermittelt werden. Dann verfestigt sich möglicherweise der Eindruck beim Klienten, daß er »unreif«, »gestört«, »blockiert« usw. sei. Im Extremfall könnte eine Botschaft des Beraters beim Klienten ankommen wie: »So, wie du bist, bist du nicht in Ordnung - wobei ich als Berater viel Verständnis für deine Defizite habe! -, und ich kann dir zeigen, wie du zu einem 'vollständig funktionsfähigen Menschen' usw. werden kannst.« Auf diese Weise können auch Berater in die gleiche pädagogische Falle laufen wie die meisten Pädagogen zu allen Zeiten: Sie machen den Schülern ihre Mängel deutlich und bieten sich gleichzeitig als diejenigen an, die (allein) sie von diesen Defiziten befreien können.

Ich bin im Zweifel darüber, ob wir als Berater dieser Falle jemals ganz entwischen können, aber wir können und sollen uns dieser Gefahr immer wieder bewußt werden. Wichtig finde ich daher, daß der Klient die Gesetzmäßigkeit und ihre Bedeutung in eine Ausdrucksform bringt, die seinem sprachlichen Stil und seiner Vorstellungswelt entspricht und die emotional greift, sie also in einem für ihn stimmigen Muster zum Ausdruck bringt. Häufig erfüllen alltagssprachliche Formulierungen und Metaphern diesen

Zweck viel besser als theoretisch und empirisch noch so gut begründete Bezeichnungen für häufig vorkommende Gesetzmäßigkeiten.

Lebensgeschichtliche Bedeutungsebene
   Um den Rahmen aktueller Bedeutungszusammenhänge zu erweitern, liegt es nahe, nach Zusammenhängen in der Lebensgeschichte des Klienten zu forschen. Viele Beratungsansätze lehnen sich an die Tradition psychodynamischer Therapieformen an, die aktuelle Schwierigkeiten von Klienten meist in den Kontext lebensgeschichtlicher Erfahrungen stellen. Dem dialogischen Berater, der sein Augenmerk vor allem auf die personalen Aspekte der Persönlichkeitsentwicklung legt, kann es nun nicht in erster Linie darum gehen, traumatische Erfahrungen aus der frühen Kindheit und der Erziehung dingfest zu machen und mit dem Klienten durchzuarbeiten; vielmehr können gegenwärtig wirksame Gewohnheiten der Person oder der sozialen Einheit und die damit verbundenen Gesetzmäßigkeiten in den Wechselbeziehungen mit dem Umfeld in einen Bedeutungszusammenhang mit deren Lebensgeschichte gestellt werden, wenn sich dies anbietet. Anregungen für die Suche nach personenbezogenen lebensgeschichtlichen Mustern habe ich vor allem bei dem Freud-Schüler Alfred Adler (Adler 1966) und bei den amerikanischen Gestalttherapeuten Erving und Miriam Polster (Polster 1987) gefunden. Wichtige Impulse für die Erweiterung des Bedeutungsrahmens der individuellen Lebensgeschichte auf generationsübergreifende Beziehungsmuster erhielt ich durch die Genogrammarbeit (Roedel 1990 und Heinl 1987, 1988) und vor allem durch das Werk von Boszormenyi-Nagy über die »Kontextuelle Therapie« (Boszormenyi-Nagy/Krasner 1986³).

Lebensmuster
   Alfred Adler versuchte, »... die kindlichen Erlebnisse, Eindrücke und Stellungnahmen, soweit sie noch nachweisbar waren, mit späteren Erscheinungen des Seelenlebens (...) in einen bindenden Zusammenhang zu bringen ...« (Adler 1966, 21). Diesen Zusammenhang nannte er »Lebenslinien«. Sein Ziel war es, die Menschen von den Schablonen zu befreien, in die sie in den ersten Lebensjahren hineinwuchsen. Ihm war aufgefallen, daß die Klienten sofort sehr wach werden, wenn es sich um eine Angelegenheit handelte, die mit diesen Lebenslinien zusammenhing. Diese Grundgedanken lassen sich weiterspinnen und auf die gesamte Lebensgeschichte eines Menschen beziehen, insbesondere auch auf die personalen Aspekte der Lebensgeschichte, die die Fragen der Identitätsentwicklung, der Bezie-

hungsgestaltung und des Umgangs mit den »letzten Dingen« der menschlichen Existenz berühren. Es ist das besondere Verdienst der Polsters, die Bedeutung der Lebensgeschichte anschaulich dargestellt und in ihre gestalttherapeutische Arbeit integriert zu haben, wie es in *Jedes Menschen Leben ist einen Roman wert* beschrieben ist (Polster 1987).

Die Einzigartigkeit eines Menschen wird durch die Besonderheit seiner Geschichte deutlich. Diese Einzigartigkeit, die »Anderheit« nach Martin Buber, gilt es im Dialog zu erkennen und zu bestätigen (vgl. auch Portele 1988). Die einseitige Fixierung mancher Richtungen der humanistischen Psychologie auf das Hier-und-Jetzt-Prinzip und ihre Geschichtslosigkeit kann dadurch überwunden werden. Von der Biographie eines Menschen als Geschichte von eigenem Wert - und nicht nur als Material zum Aufspüren von Entwicklungsstörungen - geht eine Faszination aus, die den Klienten für den Berater immer wieder interessant werden läßt. Die Existenz eines Menschen wurzelt in seiner Vergangenheit, die wiederum Perspektiven für die Zukunft eröffnet. In den Mustern, die auf dieser Bedeutungsebene bezüglich der inneren Einstellung des Klienten, situationsgebundener Verhaltensweisen und seiner Lebensgestaltung zugänglich werden, ist immer auch ein ungenutztes Potential verborgen, das es zu aktivieren gilt. Was einem Klienten heute zum Problem wird, kann sich als eine sehr kluge und kreative Strategie erweisen, durch die er früher sein seelisches, manchmal sogar sein physisches Überleben ermöglichte, auch wenn das Muster im gegenwärtigen Leben hemmend und belastend wirkt. Wenn der Klient die Sinnhaftigkeit von Gewohnheiten und Gesetzmäßigkeiten im Rahmen seiner Lebensgeschichte erkennt, kann er die Selbstverachtung schrittweise in Selbstachtung verwandeln, zumal er mit seiner kreativen Anpassung an schwierige Lebenssituationen oft spezielle Fähigkeiten entwickelt hat, die auch dann noch wertvoll sind, wenn die alte Gewohnheit überwunden wird, etwa die Sensibilität für die Gutwilligkeit oder Feindseligkeit anderer Menschen, die Fähigkeit, sich in schwer erträglichen Situationen in einer Phantasiewelt zu erholen, oder die Fähigkeit, sich zu verbergen und fast unsichtbar zu machen, wenn Beziehungspartner in erbitterte Machtkämpfe verstrickt sind.

> Petra wuchs in einem schwäbischen Dorf bei einem »verrückten, fast blinden Onkel« auf. Ihre Mutter ließ sie im Stich, ihre Tante trank viel und sie war ihr nur im Wege. Ihr Vater tauchte nur immer besuchsweise auf und belästigte sie dann. Sie litt zudem unter ihrer

Großmutter, die wegen ihrer Selbstaufgabe von allen verehrt wurde, von der Petra aber schikaniert wurde. Petra entwickelte Überlebensstrategien, indem sie versuchte, stark zu sein und allein zurecht zu kommen und sich in Gesellschaft anderer Menschen unauffällig zu verhalten. Diese Muster - »Ich darf mich niemals hängen lassen, sonst bin ich verloren« und »nur nirgends auffallen, sonst werde ich schikaniert« - ist in ihrer gegenwärtigen Lebenssituation ein enormes Handicap. Sie verachtet Menschen, die sich schwach zeigen und sie empfindet sich in Gegenwart anderer Menschen schnell als Belästigung. Petra braucht viele Monate, um sich mit dieser ihrer Lebensgeschichte anzufreunden und zu akzeptieren, daß die Muster des Stark-Seins und Sich-als-Belästigung-Empfindens oft ihr Kommunikationsverhalten und ihre Lebensgestaltung prägen. Dies gelingt ihr leichter, als sie sich der Fähigkeiten bewußt wird, die sie in ihrem Überlebenskampf erworben hat und die sie u.a. zu einer fähigen Therapeutin werden ließen: sie hat ein feines Gespür für die versteckten Feindseligkeiten und die Unzuverlässigkeit anderer Menschen, sie versteht die Verrücktheiten ihrer Klienten sehr gut, sie kann in schwierigen Situationen sehr viel Energie mobilisieren, und sie hat eine reiche Vorstellungskraft beim Ausmalen ungelebter Möglichkeiten, sowohl in Bezug auf sich selbst auch als auf ihre Klienten.

Wir spüren im Beratungsprozeß lebensgeschichtliche Muster meist dann auf, wenn sie zu Unzufriedenheiten, Problemen und Krisen führen. Neben ihrem störenden und manchmal destruktiven Aspekt haben solche Muster fast immer auch konstruktive und kreative Aspekte. Sich dieser polaren Qualitäten von Mustern bewußt zu werden, sie als zu unserem Menschsein zugehörig zu akzeptieren und mit ihnen kreativ umgehen zu lernen, kann ganzheitliches Denken fördern und zur Bewußtseinserweiterung beitragen.

Generationsübergreifende Muster
Eine Erweiterung des Sinnzusammenhangs wird ermöglicht, wenn wir die Gewohnheiten und Gesetzmäßigkeiten in den Kontext der Familiengeschichten stellen. Das Leben jedes Menschen ist ebenso wie das einer sozialen Einheit in eine Geschichte eingebettet, die über die Lebensspanne des Klienten hinausreicht. Wir tragen nicht nur das Erbe unserer Veranlagung und Erziehung sowie unserer personalen Entwicklung in uns, sondern tradieren Einstellungen, Werte und Gewohnheiten über die Genera-

tionen hinweg. Diese Erbschaften tragen zur Orientierung im Leben und zur Identitätsentwicklung bei und können gleichzeitig belastend und zerstörerisch sein. Kinder, davon gehen Boszormenyi-Nagy und seine Kollegin Barbara Krasner aus, habe eine natürliche Loyalität gegenüber ihren beiden Elternteilen und ein natürliches Bedürfnis, für ihre Eltern auch zu sorgen (vgl. auch Friedman 1987, 245 ff.). Selbstverständlich haben sie auch ihrerseits ein »Anrecht« auf die Sorge der Elterngeneration, und sie können sich im späteren Erwachsenenleben selbst wieder »Anrechte« verdienen, indem sie für andere Menschen und die nachfolgenden Generationen sorgen. Diese Balance »zwischen Geben und Nehmen« - so die Übersetzung des Titels des Buches - zwischen den Generationen und auch zwischen Beziehungspartnern in der Gegenwart ist die Basis für Sinngestaltung und Verantwortung und für die kreative Entfaltung der Potentiale jedes einzelnen. Gewohnheiten und Gesetzmäßigkeiten, die bei der Erforschung problematischer Situationen zutage treten, erhalten oft einen tieferen Sinn, wenn sie in den Zusammenhang der ethischen Dimension gestellt werden; daraus folgt auch umgekehrt, daß Störungen im Gleichgewicht des generationsübergreifenden Gebens und Nehmens oft in Zusammenhang mit aktuellen Problemen des Klienten stehen (Boszormenyi-Nagy/Krasner 1986, 153 ff.).

Kurt, ein erfolgreicher Architekt, kam in die Beratung, weil seine dritte Ehe zu scheitern drohte. Im Laufe mehrerer Beratungsgespräche schälte sich heraus, daß die Partnerinnen, die er verließ, Frauen waren, die nach den Wertmaßstäben seiner Herkunftsfamilie nicht »standesgemäß« waren. Seine Ehen scheiterten auch, weil er sich unfähig fühlte, seine Gefühle ernst zu nehmen und zu zeigen. Seine Mutter lehnte Kurt ab, er war ein unerwünschtes Kind. Zu seinem Vater hatte Kurt dagegen eine enge Bindung, obwohl jener sich nicht besonders um ihn kümmerte. Der Vater war ein beruflich erfolgreicher Mann, ein Homo Faber, wie er in dem Film nach dem Roman von Max Frisch eindrücklich dargestellt wird; berufliche Leistung stand für den Vater über allem, und Gefühle waren für ihn Wahrnehmungstäuschungen; seine Ehefrau, die Mutter von Kurt, behandelte der Vater wie eine Dienstmagd, wie das in seiner Familiengeschichte so üblich war.
Kurt ist sich der Bedeutung vieler seiner Verhaltensmuster im Kontext seiner individuellen Lebensgeschichte im Verlauf unserer Bera-

tung bewußt geworden. Die Tragik seiner bisher gescheiterten Ehen wurde ihm jedoch erst richtig klar, als wir die generationsübergreifenden Zusammenhänge aufdeckten: der Familienmythos einer »standesgemäßen« Heirat, die Loyalität gegenüber der Wertorientierung seines Vaters und dessen Vaters und die subalterne Stellung einer Ehefrau in der Sippe. Sein Erschrecken ist groß, als ihm bewußt wird, daß er dabei ist, diese Erblast der Sippe an seine eigenen Kinder weiterzugeben.

Zwei Beziehungskonzepte der genannten Autoren sind für mich sehr hilfreich bei der Suche nach generationsübergreifenden Mustern geworden: Parentifizierung und Loyalitätskonflikte. Ein Beziehungspartner wird »parentifiziert«, wenn ihm Verantwortung für etwas auferlegt wird, das nicht in seinen Verantwortungsbereich gehört oder das er nicht tragen kann: wenn ein Kind die Rolle eines Ehepartners in einer gescheiterten Elternbeziehung oder wegen des Todes eines der Partner übernehmen soll; die übermäßige Sorge von Kindern für ein Elternteil oder für kleinere Geschwister; die Aufgabe, auch als erwachsene Tochter oder Sohn dem Leben der Eltern einen Sinn zu geben u.v.a. Das Kind wird in seinem natürlichen Sorgebedürfnis für seine Eltern ausgebeutet, was zu starken Vertrauenseinbrüchen führen kann.

Loyalitätskonflikte entstehen dann, wenn ein Kind den nichtlösbaren und oft verschleierten Konflikt zwischen den Eltern oder den erziehenden Bezugspersonen schlichten soll oder von den Parteien auf die eine oder andere Seite gezogen wird, jeweils mit Schuldgefühlen der anderen Partei gegenüber. Diese grundlegenden Beziehungsmuster finden sich nicht nur in der Eltern-Kind-Beziehung, sondern können in allen Beziehungen auftreten und sich von Generation zu Generation fortpflanzen, da sie bei den Betreffenden emotional sehr tief verwurzelt sind.

Das Anliegen der Beratungsarbeit ist es, sich der Beziehungsmuster und Erblasten bewußt zu werden, sie emotional zu akzeptieren - auch wenn die Einsichten schmerzhaft sind, Wut, Enttäuschung und Abscheu auslösen mögen - und sich nach Möglichkeit schließlich mit seiner Herkunftsgeschichte und seinen Angehörigen zu versöhnen.

Eine weitere Hilfe stellt auch die Genogrammarbeit dar. An einem vom Klienten gezeichneten Familienstammbaum (vgl. Heinl 1987, 1988) können übergreifende Wertorientierungen und Beziehungsstrukturen deutlich werden, die für den Klienten eine Herausforderung darstellen.

Katrin zeichnet ihr Genogramm in zwei deutlich getrennten Blöcken. Die Familie mütterlicherseits malt sie rot, die väterlicherseits blau. In der Auswertung des Genogramms wird ihr bewußt, daß die Farbe rot intuitiv für Wärme, Spontaneität und kleinbürgerliche Enge der mütterlichen Familie steht, blau für die preußisch-korrekte, leistungsorientierte Kultur der väterlichen Familie. Viele Themen aus vorhergehenden Beratungssitzungen erhalten jetzt einen übergreifenden Sinnzusammenhang: ihr Hin-und-her-gerissen-Sein zwischen Struktur und Zwang einerseits und gemütlichem Chaos andererseits, zwischen ihren theoretischen Interessen und kreativem Ausdruck, zwischen dem Bestreben nach beruflichem Erfolg und dem sehnlichen Wunsch nach einer eigenen Familie.

Sozio-kulturelle und institutionelle Bedeutungsebene

Die einseitige Orientierung von Beratungsansätzen an lebensgeschichtlichen Bedeutungszusammenhängen wurde schon oft auf der Basis sozialisations- und gesellschaftstheoretischer Begründungen kritisiert (z.B. Dewe/Scherr 1990). Die Schwierigkeiten eines Klienten, die sich bei der Problemanalyse herausstellen, lassen sich ja fast immer auf lebensgeschichtliche Erfahrungen zurückführen und können in diesem Kontext bedeutsam werden. Daneben können viele Schwierigkeiten aber auch dadurch bedeutungsvoll werden, daß sie in den Zusammenhang kultureller Gewohnheiten und Normen oder institutioneller Bedingungen gestellt werden.

Margrit setzt sich in der Beratung mit beruflichen Schwierigkeiten auseinander. Im Kreise von Kollegen einer Beratungsorganisation, mit der sie längerfristig freiberuflich zusammenarbeiten will, fällt sie immer wieder durch ihr Anderssein auf. Sie trinkt zum Beispiel keinen Alkohol und wird immer wieder von den Kollegen »angemacht«, wenn sie zusammen im Lokal sitzen und viel Alkohol konsumieren; in Diskussionen äußert sie manchmal vorsichtig eine abweichende Meinungen, worauf die anderen sofort über sie herfallen; ihr Lebensstil, der von dem der anderen abweicht, ist immer wieder einmal Gegenstand von Witzeleien. Margrit spürt die Notwendigkeit, sich gegen die anderen abzugrenzen, aber sie schätzt sie auch und würde gern dazugehören.

Bei der Suche nach der Bedeutung dieses Problems stoßen wir rasch auf das Verhältnis von Margrit zu ihrer Mutter, die auf subtile Weise sehr vereinnahmend war und jeden Versuch von Margrit, ihre »Eigensinnigkeit« zu entwickeln, mit harten Sanktionen ahndete. Aber dieser Bedeutungszusammenhang befriedigt Margrit nicht. Sie kennt dieses Muster seit langem und hat in vielen anderen sozialen Kontexten gelernt, damit umzugehen. Nur in dieser Organisation treten gegenwärtig solche Schwierigkeiten auf, mit denen sie schlecht zurechtkommt. Eine genauere Analyse der Beratungsorganisation und der Beziehung von Margrit zu den einzelnen Teammitgliedern dieser Organisation läßt deutlich werden, daß hier noch ein anderer Bedeutungszusammenhang relevant sein könnte: Die betreffende Institution versucht sich ihrerseits gegenüber anderen gleichartigen Institutionen zu profilieren und in ihrer Andersartigkeit und hervorstechenden Qualität zu behaupten. Wir vermuten, daß die Mitglieder dieser Institution normierte Einstellungs- und Verhaltensmuster entwickelt haben, um Existenzängsten zu begegnen: das Muster könnte die Reaktion der Teammitglieder auf Konkurrenzdruck von außen einerseits und auf Ängste vor dem Auseinanderfallen der Organisation andererseits sein. Als dieser Zusammenhang im Gespräch mit Margrit immer deutlichere Konturen annimmt, formuliert sie fast erschrocken den Satz: »Ich bin wohl für die anderen eine Bedrohung.«

Obwohl die lebensgeschichtliche Bedeutung im Beispiel von Margrit nicht unwichtig ist, wird hier der institutionelle Sinnzusammenhang offensichtlich sehr viel bedeutsamer. Die Entdeckung des Musters in dieser Dimension hatte für Margrit etwas sehr Entlastendes, denn sie merkte, daß sie sich durch die Teammitglieder zunehmend in ihrer Identität in Frage gestellt fühlte und sie gewann neue Handlungsmöglichkeiten in der Beratungsorganisation, was schließlich dazu führte, daß sie die Zusammenarbeit aufkündigte. Daraufhin suchte sie sich neue institutionelle Zusammenhänge, da sie nicht bereit war, sich mit den Erwartungen der Beratungsorganisation zu identifizieren und die ungeschriebenen und nicht hinterfragbaren Normen zu akzeptieren.
Die Muster der Kategorie »sozio-kulturelle und institutionelle Bedeutungsebene« umfassen sehr häufig die inneren Einstellungen und kognitiven Differenzierungen eines Klienten hinsichtlich der eigenen Kultur, der

sozialen Herkunft und der Institutionen, in die er eingebunden ist. Handelt es sich um eine Klientengruppe als Teil einer Institution, dann beziehen sich die Muster auch auf den jeweiligen Auftrag und das Mandat der Gruppe. Wenn der Klient Schwierigkeiten hat, sich mit einem dieser Aspekte zu identifizieren, fühlt er sich oft isoliert, gerät in Rechtfertigungszwänge, wird angreifbar und zweifelt an sich selbst und seiner Kompetenz. Aus dieser Konstellation heraus kann eine Vielzahl von Problemen entstehen, unter denen er leidet oder bei denen er einen großen Anteil seiner Lebensenergie verliert.

Andererseits kann ein Team oder eine Gruppe innerhalb einer Organisation verschiedene Kommunikations- und Verhaltensmuster als Reaktionen auf eine schwierige Position oder Aufgabe entwickeln, die für sie selbst oder andere zum Problem werden können.

> Eine Entwicklungshilfeorganisation stellte eine Gruppe von Kursleitern unter Vertrag, die die Aufgabe hatten, die innerbetriebliche Fortbildung zu planen und durchzuführen. Diese Kursleitergruppe veranstaltet ein Symposium, zu dem die Mitarbeiter der Institution eingeladen wurden. Ein Berater wird beauftragt, dieses Symposium mit der Kursleitergruppe anschließend auszuwerten. Dem Berater fiel während des Symposiums auf, daß sich die Kursleiter in ihrem Kommunikationsstil untereinander sehr von den anderen unterschieden: Sie umarmten sich bei Begrüßung und Verabschiedung, steckten die Köpfe oft vertraulich zusammen, gaben sich etwas übertrieben locker. Der Berater stellte die Vermutung an, die Kursleitergruppe fühle sich unter einer Bedrohung durch die Institution. Nach ersten Abwehrreaktionen der Kursleiter setzten sie sich mit der Deutung des Beraters auseinander. Es stellte sich heraus, daß sie sich zwar nicht existentiell bedroht, aber bei der von ihnen zu leistenden Aufgabe von der Institution im Stich gelassen und überfordert fühlten: sie sollten in den Fortbildungskursen für ein besseres Beziehungsklima in der Institution sorgen. Die Institution hatte diese wichtige innerbetriebliche Aufgabe fast vollständig an die Kursleiter delegiert. Damit waren die Kursleiter überfordert und fürchteten, in einen grundlegenden Konflikt mit der übrigen Institution zu geraten. »Wir wollen nicht mehr nur die Beziehungsagenten der Institution sein«, faßten sie schließlich ihre Position zusammen.

Um institutionellen, kulturellen und subkulturellen Mustern auf die Spur zu kommen, braucht der dialogische Berater nicht die ganze Fülle von Inventaren zu überblicken, die entwickelt wurden, um die Vielfalt der Eigenarten von Organisationen, Institutionen und Kulturen zu ordnen und zu erklären, denn es geht im Gespräch nicht darum, die Organisationsstrukturen oder die kulturellen Gewohnheiten, denen sich die Klienten gegenüber sehen oder in die sie eingebunden sind, objektiv zu erfassen und über die Erfahrungen der Klienten zu legen. Wichtig ist, daß der Berater diese Bedeutungsebene mit im Auge hat und mit dem Klienten Ideen entwickeln kann, die die Muster dieser Bedeutungsebene zum Vorschein bringen. Dabei kann er sich natürlich von der Vielfalt der Modelle anregen lassen, die für soziokulturelle und institutionelle Zusammenhänge entwickelt wurden - etwa in der Literatur über Großgruppen (z.B. Pagès 1970), Organisationsentwicklung (z.B. Kälin/Müri 1988) oder Gruppen- und Institutionsanalyse (z.B. Pühl 1988).

Einige spezielle Bedeutungszusammenhänge scheinen etwas am Rande der institutionellen und soziokulturellen Modelle zu liegen. Sie betreffen die Auswirkungen extremer Gewohnheiten in Subkulturen, die Einstellungen von Klienten zu ihrer Herkunftskultur, die einseitige Vorherrschaft bestimmter Einstellungen und Kommunikationsformen in Organisationen, spezielle Beziehungsdynamiken in von Männern geprägten hierarchischen Strukturen sowie soziokulturell bedeutsame Gesetzmäßigkeiten, die sich im Zusammenhang von Prozessen der Persönlichkeitsentwicklung selbst ergeben können.

Zum Verständnis von Identitätsproblemen, grundlegenden Verunsicherungen und Orientierungsschwierigkeiten finde ich es oft hilfreich, sich der Beziehung des Klienten zu seiner gegenwärtigen Kultur oder Subkultur und zu seiner Herkunftskultur bewußt zu werden und diese in die Suche nach Bedeutungen einzubeziehen. Dies ist besonders ergiebig, wenn der Klient sich entweder in einer vom Umfeld stark abgegrenzten Subkultur bewegt oder wenn er in seiner Geschichte einen Kulturwechsel oder einen Wechsel der sozialen Schicht vollzogen hat.

> Astrid und Jochen fanden sich in einer therapeutischen Ausbildungsgruppe zusammen und sie verkehren fast nur in dieser Szene. Sie sind wegen anhaltender Kommunikationsschwierigkeiten in der Paarberatung. Als sie Beispiele dafür erzählen und in der Sitzung demonstrieren, wie sie miteinander kommunizieren, entsteht in der Berate-

rin das Bild eines Artistenpaars, das auf einem Hochtrapez turnt. Sie vollführen phantastische Nummern, aber sie turnen ohne Netz und stürzen daher immer wieder einmal lebensgefährlich ab. Dieses Bild spricht die beiden sehr an. Wir arbeiten zusammen heraus, daß sie die Intensität der Kommunikation, die in der Therapie angemessen erscheint, auch im Alltag aufrecht erhalten wollen. Die alltägliche Art des Umgangs miteinander ohne intensive Gefühle und ausführliche Beziehungsklärungen bei jedem sich bietenden Anlaß ist ihnen fremd. Ihre Beziehung verfügt nicht über das Netz alltäglicher Kommunikation und ist daher sehr bedroht.

Oft haben Klienten im Verlauf ihres Lebens oder beruflichen Werdegangs einen Kulturwechsel in der Weise vollzogen, daß sie sich von ihrer Herkunftskultur gelöst und in eine neue Kultur eingetaucht sind, in der sie sich aber nicht heimisch fühlen. Starke Selbstzweifel, Schuldgefühle und Identitätskrisen können die Folge sein.

Petra stammt, wie schon angedeutet, aus einer sehr konservativen dörflichen Gegend in Schwaben. Sie hat einen international bekannten Unternehmensberater geheiratet und ist selbst als Therapeutin tätig. Immer wieder wird ihre Überlastung und Erschöpfung zum Beratungsthema in der Supervision. Schon mehrfach sind wir diesem Thema nachgegangen und haben viele Bedeutungszusammenhänge mit ihrer Lebensgeschichte und mit dem institutionellen Kontext, in dem sie arbeitet, hergestellt. Als sie wieder einmal lebhaft über ihre verzweifelte Situation klagt, verfällt sie unversehens in ihren heimatlichen Dialekt. Als ich sie daraufhin anspreche, erschrickt sie. Sie schämt sich vor mir, daß sie ihre Herkunft als schwäbisches Dorfmädchen auf diese Weise enthüllt hat. Unsere weitere Erforschung läßt deutlich werden, daß sie die Geschichte ihrer Kindheit und Jugend gern verleugnet, um Anerkennung in der Welt der hochkarätigen Unternehmensberater und Therapeuten zu finden. In dieser Welt empfindet sie sich auch nach vielen Jahren noch als Eindringling und ist bemüht, sich dem Habitus der »neuen« Kultur anzugleichen. Das kostet sie übermäßig viel Energie, zumal sie ihre Wurzeln, die emotionale Ausdruckskraft ihres Dialekts und ihre heimliche Liebe zum einfachen dörflichen Leben abgeschnitten hat, die immer noch als tief verborgene Sehnsucht in ihr ist, trotz aller Ablehnung dieser engstirnigen, ärmlichen Welt. Als sie nach langer Zeit die »Verleugnung des schwäbischen Dorfmädchens« als ein wichtiges Lebensmuster akzeptieren kann, eröffnen sich ihr neue Möglichkeiten der Lebensgestaltung und des Umgangs mit ihrer Energie.

Viele Institutionen, die ich selbst kennenlernte oder von denen mir Klienten berichten, spiegeln in den Kommunikationsgewohnheiten, in der Art der Anerkennung und in den vorherrschenden Einstellungen gegenüber Gefühl, Spontaneität und Intuition Merkmale unserer allgemeinen Kultur wider. Manchmal werden diese in ihrer Einseitigkeit sehr destruktiven Gewohnheiten durch informelle Kontakte und den Einfluß einzelner Persönlichkeiten kompensiert, die das Klima menschlicher werden lassen. Oft, aber eben nicht immer.

Egon ist Maschinenbauer und arbeitet als Ausbilder in einem Entwicklungshilfeprojekt. In der Auseinandersetzung mit dem Projektleiter gerät er in eine ausweglos erscheinende Situation und ist nahe daran zu kündigen, was für ihn und seine Familie dramatische Konsequenzen haben würde. Da auch ein anderer Mitarbeiter des Projektes in der Beratungsgruppe anwesend ist, kommen wir auf die Idee, die »Unternehmenskultur« dieses Projektes zu rekonstruieren. Wir erfahren, daß es ein »Lieblingsprojekt« der Entwicklungshilfeorganisation ist; der Vorgänger des jetzigen Projektleiters und der Vorgänger Egons hatten einen ganz ähnlichen Konflikt miteinander, der in Zusammenhang mit einem Selbstmordversuch des Maschinenbauers zu stehen scheint. Während des darauf folgenden Gesprächs, in dem die Gruppe versucht, die Situation zu begreifen, fühle ich mich als Gruppenleiter sehr angespannt und irritiert. Ich gewinne den Eindruck, daß keiner dem anderen mehr richtig zuhört, jeder nur darum kämpft, etwas Schlaues zu dem Gespräch beizutragen. Diese Wahrnehmung bringt uns auf eine Spur, die schließlich zu einem plausiblen Ergebnis führt: In dem Projekt herrscht eine übertrieben individualistische Leistungskultur vor, wie wir sie im Gespräch gespiegelt hatten. Jeder Mitarbeiter versuchte, sein Bestes zu geben, erhielt aber von anderen kaum Unterstützung, zumal niemand Zeit für kollegiale Gespräche hatte. Egon hatte sehr sensibel auf diesen Leistungsdruck reagiert, der ihn, den »einfachen Maschinenbauer«, besonders hart traf. Das wird ihm nun klar. Diesem Druck hatte er in Konflikten mit dem Projektleiter immer wieder einmal Luft verschafft. Offensichtlich war er wie sein Vorgänger zum Prellbock für die Frustrationen der Mitarbeiter geworden.

Dieses Grundmuster der individualistischen Leistungskultur spiegelt sich häufig auch in der Beziehung zwischen Männern und ihren Vorgesetzten, Mentoren und älteren Freunden wieder. Während die Beziehung von Klienten zu ihren Müttern schon seit eh und je Thema vieler Beratungen und Therapien ist, wird die Vater-Sohn-Problematik erst in jüngster Zeit zum Thema. Samuel Osherson sammelte dazu in mehreren Forschungsprojekten Material, das er in gut lesbarer Form veröffentlichte (Osherson 1990). Daran wird die Tragik deutlich, die die Beziehung von Männern zu ihren leiblichen Vätern ebenso wie zu ihren »professionellen« Vätern ausmacht: der verzweifelte Versuch, von Lehrern, Meistern, Mentoren und Vorgesetzten menschlich geachtet und persönlich geschätzt zu werden. Anerkennung ist aber meist nur erreichbar über besondere berufliche Leistungen bei gleichzeitiger Verleugnung von Gefühlen, insbesondere von Gefühlen der Schwäche und der persönlichen Sympathie für den anderen. Osherson weist nach, daß es sich bei diesen Beziehungsstrukturen eben nicht nur um Sinnzusammenhänge handelt, die individuell lebensgeschichtlich bedingt sind, sondern die auch auf ein kulturelles Erbe zurückgehen.

Aus diesem und auch aus anderen kulturell bedingten Mustern kann man natürlich ausscheren. Dialogische Beratung hat ja, wie auch manche Therapien, unter anderem die Aufgabe, die Persönlichkeit zu unterstützen, wenn sie sich der belastenden kulturellen Erbschaften entledigen will. Wenn dialogische Beratung in dem Sinne erfolgreich ist, daß sie zu einer langfristigen Veränderung der Persönlichkeit beiträgt, kann es zu neuen Problemen mit dem sozialen, kulturellen und institutionellen Umfeld kommen. Viele solcher Probleme von Menschen, die über die Jahre hin einen Wandel ihrer Persönlichkeit erleben, werden verständlich, wenn man das Spannungsfeld zwischen der sich verändernden Person und dem Umfeld mit im Blick hat. Sam Keen hat dieses Spannungsfeld geschildert. Er unterscheidet zwei Typen von Ausbrechern aus dem kulturellen Kontext: den jugendlichen »Rebellen«, der sich gegen alle kulturellen und institutionellen Bindungen stellt, und den reifen »Gesetzlosen«, der sich oft der Isolation und der Diskriminierung ausgesetzt fühlt, eben weil er keine allgemeingültige Moral anerkennt und sein Leben in eigen-sinniger Weise und in Verantwortung seiner Umwelt gegenüber gestaltet (siehe 2. Kapitel). Wenn ein Klient sich tatsächlich in grundlegender Weise verändert, ist seine Umwelt jedenfalls meist alles andere als begeistert. Diesen Bedeutungszusammenhang immer wieder mit im Auge zu haben, stellt daher geradezu eine ethische Verpflichtung des dialogischen Beraters dar. Wird er außer acht gelassen, neigt der Klient vielleicht dazu, Probleme, die sich in diesem Spannungsfeld ergeben, seinen eigenen »Macken« und noch unverarbeiteten Störungen zuzuschreiben, anstatt sie auch als ganz natürliche Begleiterscheinung im Prozeß persönlicher Entwicklung zu sehen.

Existentielle Bedeutungsebene
    Mit der aktuellen, der lebensgeschichtlichen und generationsübergreifenden sowie der sozio-kulturellen und institutionellen Bedeutungsebene scheinen alle Lebensbereiche für das Aufspüren von Mustern abgedeckt zu sein. Tatsächlich gibt es - abgesehen von der transpersonalen Therapie und Pädagogik - in der Therapie- und Beratungsliteratur kaum Ansätze, die über diesen Rahmen hinausgehen. Nicht zuletzt die Auseinandersetzung mit existentiellen Fragen bei der Übersetzung des Werkes von Irvin Yalom *Existentielle Psychotherapie* (Yalom 1989) - und dadurch ausgelösten Erinnerungen an existentielle Herausforderungen im eigenen Leben - hat uns selbst einen Zugang zu dieser Bedeutungsebene eröffnet. Seither haben wir immer wieder die Erfahrung gemacht, daß bei vielen Auseinandersetzungen mit Gewohnheiten und Gesetzmäßigkeiten in »normalen« Bedeutungszusammenhängen auch existentielle Themen leise mitschwingen und oft den geheimen Hintergrund für die Muster bilden, die uns zu schaffen machen.

    Die existentielle Bedeutungsebene berührt die grundlegenden Fragen unserer Existenz, die »letzten Dinge«, die sich um die conditio humana herumranken. Sie sind die Folge davon, daß wir in der Evolutionsgeschichte die Bewußtseinsstufe der Selbstreflexivität erreicht haben und uns unserer selbst bewußt sein können - und damit eben auch unserer Endlichkeit, unserer Entfremdung, unserer Entscheidungsfähigkeit und Verantwortlichkeit für uns selbst, für andere Menschen und für unsere Umwelt. Yalom teilt die damit zusammenhängenden Fragen in vier Kategorien ein: Tod, Freiheit, Isolation und Sinnlosigkeit. Wir alle gehen unserem eigenen, ganz persönlichen Tod entgegen. Wir müssen diesen Weg und die damit verbundenen Schmerzen letztlich ganz allein gehen. Wir müssen die Entscheidungen in unserem Leben selbst fällen und verantworten - auch wenn wir diese Entscheidungen an andere delegieren, müssen wir uns noch dafür entscheiden. Wir stehen letztlich also allein und isoliert in unserer Existenz, wie es ja auch die Selbstorganisationstheoretiker und Konstruktivisten (z.B. Maturana/Varela 1987, Portele 1989) aufgrund ihrer erkenntnistheoretischen Forschungen sehen: Jeder konstruiert seine eigene Welt, von der es letztlich keine Brücken zu anderen gibt. Und schließlich gibt es keine objektive Instanz, die unserem Leben einen Sinn geben könnte. Aus einer globalen oder gar kosmischen Perspektive ist das einzelne Leben sinnlos. Wir müssen uns den Sinn unseres Lebens und Handelns selbst schaffen und sind verpflichtet, die in uns steckenden Potentiale zu entfalten, sonst machen wir uns im existentiellen, nicht im neurotischen Sinn, schuldig. Um solche »letzten Wahrheiten« kümmerten sich die großen Schriftsteller aller Zeiten, im Alltag - und oft auch in Beratung und Therapie - wir dagegen vermeiden die Auseinandersetzung damit, so gut wir können.

Das ist auch verständlich. Bei der Auseinandersetzung mit den »letzten Dingen« lauern umfassende, bodenlose, schwer erträgliche Ängste. Diese sind urmenschlicher, nicht neurotischer Natur. Um unser Leben bewältigen zu können, müssen wir diesen Ängsten immer wieder aus dem Weg gehen, damit wir nicht in die Verzweiflung oder Lethargie der Protagonisten existentialistischer Romane eines Sartre, Camus oder Kafka versinken. Aber die permanente Vermeidung der existentiellen Fragen dort, wo wir in unserem Leben eigentlich mit ihnen konfrontiert werden, kostet einen hohen Preis. Denn wir neigen dazu, wie Yalom überzeugend nachweist, die existentiellen Ängste zu verschieben und die Angstverschiebungen schleichen sich ein in die Muster, die uns hemmen, die zerstören und uns unzufrieden werden lassen.

Die Auseinandersetzung mit existentiellen Themen wird besonders dann erschwert - und wird um so dringlicher - wenn Klienten zu frühe und zu harte Erfahrungen mit Tod, Freiheit, Isolation und Sinnlosigkeit gemacht haben: Eltern oder Geschwister sind gestorben, ohne daß jemand da war, mit dem die überlebenden Kinder trauern und von dem sie sich hätten trösten lassen können; sie waren viel zu früh auf sich allein gestellt und mußten die Verantwortung von Erwachsenen tragen; sie standen Todesängste aus in dunklen Kellern, in Krankenhäusern oder ausgesperrt im Freien; sie wurden tätlich bedroht oder sexuell mißbraucht. Die Tatsache, daß sie überlebt haben (in Therapeutenkreisen spricht man folgerichtig von »Inzest-Überlebenden«), deutet darauf hin, daß sie diese Ängste besonders stark verdrängen und verschieben mußten. Und unsere kulturelle Umwelt unterstützt und honoriert diese Verdrängungsleistung.

Und doch bieten viele Klienten in Beratungsgesprächen diese existentiellen Themen und Ängste immer wieder an: in kleinen Episoden, in Metaphern, in Träumen, in einem plötzlichen Erschrecken beim Gespräch über eine harmlos anmutende Begebenheit und immer wieder auch in der Schwierigkeit, bewußt Abschied zu nehmen.

Kathrin hat übermäßig viel Angst vor einer kleinen, routinemäßigen Fußoperation mit lokaler Anästhesie in der Klinik. Schon Wochen vorher macht sie sich selbst »verrückt«; sie liest Bücher, die es über ihre »Erkrankung« gibt und spricht pausenlos mit ihrem Ehemann über das bevorstehende Ereignis. Wir erkunden mit ihr im Rahmen einer Gruppenberatung, was ihr an dem bevorstehenden Ereignis alles Angst macht und überprüfen jeden Aspekt daraufhin, ob er - den schlimmsten Fall angenommen - die starke Angst von ihr rechtfertigen könnte, ohne fündig zu werden. Im Verlauf des Gesprächs fragt sie eine Krankenschwester in der Gruppe wiederholt nach den Bedingungen in der Klinik aus, nach den Besuchszeiten, ob Angehörige bei einem solchen Eingriff dabei sein könnten usw. Das bringt uns auf die Spur: Kathrin hat panische Angst davor, sie könnte allein und hilflos auf irgendeinem Krankenhausflur herumstehen. Und ihr fallen wieder Situationen aus ihrer Kindheit ein, als sie beispielsweise einmal nachts ausgesperrt wurde und stundenlang in der Kälte vorm Haus saß.

Kathrin ist zu stark und zu früh mit Isolation konfrontiert worden. Das hatte sie bisher daran gehindert, sich auch mit ihrer existentiellen Angst vor Isolation auseinanderzusetzen. Sie mußte immer in Gesellschaft sein und konnte Trennungen ganz schwer ertragen.
Die Konfrontation mit existentiellen Mustern kann auch in der Beratung zu hart und zu früh erfolgen.

Ich stecke fest mit einer Klientin. Immer wieder klagt sie darüber, daß sie aus ihrem Leben zu wenig mache, obwohl sie einen anregenden Beruf hat und in einer tragfähigen Partnerschaft lebt. In den Beispielen, die sie erzählt und in ihren Metaphern meine ich immer wieder das Todesthema aufblitzen zu sehen. Als sie mit mir darüber nachsinnt, woher für sie der Anstoß kommen könnte, ihr Leben sinnvoller und reichhaltiger zu gestalten, erzähle ich ihr, wie mich eine sehr persönliche und schmerzvolle Erfahrung mit dem Tod dazu gebracht hätte, das Risiko einzugehen, grundlegende Veränderungen in meinem Leben vorzunehmen. Ich glaube, daß ich in diesem Gespräch sehr authentisch war.

Authentisch war ich wohl auch, aber die Konfrontation mit meiner existentiellen Erfahrung verschreckte die Klientin, und sie beschwerte sich in der folgenden Sitzung darüber, daß ich »ihr etwas aufdrücken wollte«. Erst Monate später kam sie aus Anlaß einer schweren Erkrankung ihrer Freundin von sich aus auf das Thema »Tod und sinnvolle Lebensgestaltung« zu sprechen. Solange habe sie gebraucht, um das Thema überhaupt zuzulassen, gestand sie mir, obwohl es für sie ständig im Hintergrund gelauert hätte.

Die heitere Seite existentieller Muster

Das Aufspüren von Mustern im existentiellen Bedeutungszusammenhang hat keineswegs nur eine düstere Seite. Die Vermeidung der ständigen Auseinandersetzung mit Tod, Freiheit, Isolation und Sinnlosigkeit bringt auch viele Lebensprojekte hervor. Wir planen und gestalten Vorhaben, in denen wir auch noch einige Zeit nach unserem Tod »weiterleben« können, wir engagieren uns für Aufgaben, die unserem Leben einen Sinn geben, wir lassen uns manchmal auf Menschen ein, die wir nicht mögen, nur um dem Gefühl unserer Isolation zu entfliehen - und entdecken schließlich Freunde in ihnen. Wir lassen uns vom Glauben an unsere Besonderheit zur Kreativität anspornen und genießen Dinge des Alltags im Bewußtsein, daß unsere Lebenszeit begrenzt ist. Wie Goethes Faust durch seine Blindheit davor geschützt ist, sich mit seinem bevorstehenden Tod zu direkt auseinanderzusetzen, indem er glaubt, die Geräusche, die er vernimmt, würden dem Bau eines Deiches dienen und nicht dem Schaufeln seines eigenen Grabes (siehe 2. Kapitel), werden über die »letzten Dinge« unserer Existenz oft gnädige Schleier gelegt.

Wenn Vermeidung und Verleugnung der existentiellen Themen Klienten an der Entfaltung ihrer Möglichkeiten hindern oder zerstörerisch wirken und für sie »zum Thema werden«, können sie in der Beratung zur Sprache kommen. Wenn es Berater und Klient gelingt, die Muster dieser Bedeutungsebene zu erkennen und zu erforschen, wird ein sehr intensiver Dialog ermöglicht, bei dem sich die Partner im innersten Kern ihres Selbst berühren und befruchten können. Trotz der Tatsache, daß wir existentiell isoliert und letztlich allein unser Schicksal tragen und dafür mitverantwortlich sind, gibt es die Möglichkeit der Begegnung mit dem anderen. Die erlebe ich besonders stark in Beratungsgruppen: wann immer wir im Gespräch zur existentiellen Bedeutungsebene vorstoßen, sind meist alle Beteiligten sehr »dabei«; sie erkennen sich im anderen wieder im Bewußtsein, daß wir alle im Hinblick auf die »letzten Dinge« im gleichen Boot sitzen und ähnliche Grundängste teilen. Erstaunlicherweise ist die Gesprächsatmosphäre dann oft nicht mehr von der Schwere und Tragik getragen, die die Erkenntnis von Mustern auf anderen Bedeutungsebenen häufig kennzeichnet, sondern eine gelöste Heiterkeit, die »Leichtigkeit des Seins« verschafft sich Geltung.

Dieser Stimmungswandel mag damit zusammenhängen, daß wir uns in solchen Gesprächen des Seins und der Eingebundenheit des Seins im kosmischen Geschehen bewußt werden und die sonst so wichtigen Probleme unseres Alltags etwas an Bedeutung verlieren. Damit stoßen wir an die Grenze des transpersonalen Bereichs, die wir in professionell verantwortlicher Weise nur dann überschreiten sollten, wenn wir selbst genügend Erfahrungen damit haben und uns mit den Phänomenen, Schwierigkeiten und möglichen Pathologien transzendentaler Entwicklungsprozesse auskennen (vgl. auch Wilber 1988).

Methodische Hilfen bei der Bedeutungsklärung

Der Berater als Begleiter bei der Muster-Suche
Auch in dieser Phase muß sich der dialogische Berater in die Welt des Klienten einfühlen und hineinphantasieren. Selbst wenn die Welt des Klienten dem Berater unlogisch und widersprüchlich erscheint, für den Klienten ist sie wirklich und wirksam. Der Versuch, die Erklärungszusammenhänge des Klienten bei der Suche nach bedeutsamen Mustern in ein anderes Verständnissystem zu übersetzen - z.B. in das des Beraters - erschwert oder blockiert die Arbeit. Ein Beispiel für die Nicht-Übersetzbarkeit von Erklärungssystemen aus dem medizinischen Bereich mag dies verdeutlichen: Die chinesischen Heilmethoden basieren auf Erklärungsmodellen (Meridiane, Akupunkturpunkte, Reflexzonen, Ying-Yang-Gleichgewichte), die naturwissenschaftlich-medizinisch kaum nachweisbar sind. Dennoch wirken sie. Sie sind für die Menschen, die in dem System leben oder die sich darauf einlassen, erfahrungsmäßig überprüfbar, auch wenn der Wirkungsmechanismus für Außenstehende nicht nachvollziehbar ist.

Der Berater kann sein Wissen über häufige Muster des In-der-Welt-Seins zwar bei der »Realphantasie« über seine Klienten als Ideen-Pool nutzen. Bedeutsam für den Dialog und für die Persönlichkeitsentwicklung kann dieses Wissen jedoch nur werden, wenn es in der jeweiligen Beratungssituation gemeinsam neu erschaffen wird. In diesem Prozeß sollten die sprachlichen Metaphern und non-verbalen Ausdrucksformen des Klienten dabei Vorrang vor jedem Expertenwissen haben.

Der Berater, der sich in die Welt des Klienten einfühlen und hineinphantasieren kann, ist in der Lage, ihn existentiell zu bestätigen. Diese Bestätigung ist notwendig, da das Aufdecken der Muster der eigenen Lebensgestaltung für den Klienten sehr risikoreich ist. Denn nicht nur spezielle Einstellungen oder Verhaltensweisen in einer besonderen Situation stehen in Frage, sondern grundlegende Aspekte der Ganzheit der Person in ihrem Umfeld.

Wenn der Berater die Gewohnheiten des Klienten allzu rasch aus seinem professionellen Wissen heraus interpretiert, kann die Beziehungsbasis zwischen Klient und Berater beim Aufdecken von Mustern auch leicht zerstört werden.

> Norbert ist Lehrer. Er berichtet davon, daß er in manchen pädagogischen Situationen in einen Zustand äußerster Verwirrung gerät, aus dem er sich durch Kraftakte zu befreien versucht, was immer wieder Konflikte mit seinen Schülern heraufbeschwört. Der Berater erforscht die Situation mit Norbert genauer, und es stellt sich heraus, daß Norbert in Panik gerät, wenn er den Überblick über das Geschehen und damit seine Kontrolle verloren hat. »Panik ist die Vermeidung von Gefühlen«, sagt der Berater zu ihm. Norbert akzeptiert diese Deutung und versucht in den nächsten Wochen, an seine hinter der Panik versteckten Gefühle zu kommen. Das gelingt ihm nicht und er kommt sich unfähig vor.

Verallgemeinerungen dieser Art tauchen in Beratungs- und Therapiesituationen immer wieder auf: »Depression ist gegen sich selbst gerichtete Aggression«, »Langeweile ist die Vermeidung von Konflikten«, »Selbstmord ist immer auch Mord an einem anderen Menschen« usw. Die Verwendung solcher Verallgemeinerungen mag in der Phase der Reflexion eines Beratungsgesprächs nützlich sein, bei der Suche nach bedeutsamen Mustern für den Klienten widersprechen sie dialogischen Prinzipien. Denn die Botschaft, die sie den Klienten vermitteln könnten, heißt: »Du kannst/willst deine Gefühle, Ängste etc. nicht zulassen, die hinter deiner bewußten Erfahrung liegen.« Wenn Norbert wirklich panisch ist, fühlt er nichts. Das ist seine Realität. Es käme vielmehr darauf an, diese Realität zu erforschen, also herauszufinden, was er in der Panik empfindet (z.B. Erstarrung, Leere im Kopf, innere Unruhe) und wie er in diese panikauslösende Situation hineingerät, um dadurch schließlich den Bedeutungszusammenhang seiner Reaktionsweise zu begreifen.

Das Akzeptieren und Anerkennen des Klienten in seinem Sein und in seiner Art der Wahrnehmung, Interpretation und Bewertung schließt keineswegs aus, daß der Berater als Partner im Dialog eigene Einschätzungen und Stellungnahmen anbietet. Er kann dem Klienten beispielsweise klarmachen, wie er sich oder andere durch eine Gewohnheit schädigt, daß eine Verhaltensweise und Einstellung zu früheren Zeiten sehr sinnvoll und sogar kreativ gewesen sein mag, heute jedoch nicht mehr angemessen erscheint oder daß er eine Verhaltensweise oder Einstellung des Klienten ganz anders bewertet als der Klient. Durch Meinungsaustausch und Verhandlung können die Partner dann entweder zu einem Konsens gelangen, oder die unterschiedlichen Einschätzungen bleiben erst einmal nebeneinander stehen.

Vielseitige Parteilichkeit

Zu eigenen Stellungnahmen und Einschätzungen gelangt der Berater durch das, was Boszormenyi-Nagy »vielseitige Parteilichkeit« nennt. Der Berater versetzt sich abwechselnd in die Position der am Problem beteiligten Personen und ergreift Partei für sie, und dabei leitet er den Klienten an, diesen Rollentausch selbst immer wieder durchzuführen. Die wechselnde Parteinahme geschieht im Interesse von Fairneß und Vertrauensbildung in menschlichen Beziehungen und der Lösung aus emotionaler Verstrickung (im Sinne der Disidentifikation und des inneren Zeugen). Dadurch können die Muster in einer Weise zutage treten, daß sie die komplexen Wechselbeziehungen in menschlichen Beziehungen zum Ausdruck bringen.

Die vielseitige Parteilichkeit kann sich auch auf die »inneren Instanzen« im Klienten beziehen. Der Berater kann wechselweise für die vom Klienten akzeptierten und geschätzten und für die vernachlässigten oder abgewerteten Aspekte seines Selbst Partei ergreifen.

Astrid, die ich schon vorher erwähnte, entdeckt aus Anlaß eines Konflikts mit einem Kollegen ihre Wut auf ihren Vater, der in ihrer Kindheit nur immer besuchsweise aufgetaucht war und sie vermutlich sexuell mißbraucht hatte. Sobald Wut auf ihn in ihr aufzusteigen beginnt, wird sie still und wirkt traurig. Sie erzählt mir, daß sie in diesen Augenblicken Verständnis für ihren Vater empfindet, der ein tragisches Nachkriegsschicksal erlitt, von seiner Frau verlassen wurde und verarmt war. Ihr Verständnis läßt dann ihre Wut in ihren Augen als ungerechtfertigt erscheinen. Ich unterstütze daraufhin abwechselnd die Seite, die Verständnis für ihren Vater aufbringt und diejenige, die Wut empfindet. Astrid kommt schließlich auf die Idee, ihrer Wut auf ihren Vater Ausdruck zu geben, indem sie jede Aussage damit einleitet, daß sie zuerst ihr Verständnis für ihn ausdrückt: »Ich verstehe, daß du dich so einsam und verloren fühltest und ich habe eine schreckliche Wut auf dich, daß du dich nicht um mich gekümmert hast, daß du mich benutzt hast, ...« Danach kann sie auch ihre Ambivalenz gegenüber ihrem Kollegen erforschen, die vermutlich zu dessen Verwirrung und zum Konflikt mit ihm beigetragen hat.

Die vielseitige Parteilichkeit kann also dabei helfen, daß Klienten ihre abgewehrten und abgewerteten Seiten und ihre inneren Widersprüche akzeptieren und sie vielleicht sogar als eine Einheit begreifen.

Anleitung des Klienten
Viele Klienten verfügen nicht in ausreichendem Maß über die personale Fähigkeit zum inneren Rollentausch und zur vielgerichteten Parteilichkeit. Das mag viele Gründe haben, die nicht nur in der Persönlichkeitsstruktur verankert sind. In unserer Kultur werden Widersprüche, Zweifel und Uneindeutigkeiten nicht sonderlich hochgeschätzt und schulische Pädagogik bringt uns auch eher das Antworten als das Fragen und In-Frage-Stellen bei (vgl. z.B. Rumpf 1987, 86 ff.). Im Prozeß der »Nacherziehung«, wie ihn Ruth C. Cohn, die Begründerin der Themenzentrierten Interaktion in einem Seminar nannte (vgl. auch Farau/Cohn 1984, 334 ff.), ist es Aufgabe des Beraters, den Klienten dabei anzuleiten, diese und andere Kompetenzen zu erwerben oder zu erweitern. Insofern ist der dialogische Berater auch Lehrer. Dabei kann er vor allem dadurch lehren, daß er seine ambivalenten Einstellungen und seine Vorgehensweisen für den Klienten transparent macht.

Innerer Zeuge

Neben der vielgerichteten Parteilichkeit ist auch der Wechsel in der Betrachtungsweise einer Situation etwas, das man lernen kann. Bei der Bestandsaufnahme in der Commitment-Phase spielte der Wechsel in der Distanz zu einer Situation eine Rolle. In der Phase der Sinngebung geht es nun vor allem um den Wechsel von der emotionalen Verstrickung hin zu einem mitfühlenden Zeugen, damit die bisherigen Einschätzungen und Bewertungen, die in das Muster einfließen, umfassender gesehen und relativiert werden können. Die Anleitung zum Wechsel in die Betrachtungsweise des inneren Zeugen kann zum Beispiel dadurch erfolgen, daß der Klient die Position eines Beraters für sein eigenes Anliegen einnimmt.

> Anneliese, eine Therapeutin, berichtet in einer Supervisionssitzung darüber, daß sie sich in der Arbeit immer wieder ihren Raum von den Klienten nehmen läßt. Sie kennt das entsprechende Muster, das mit ihrer Lebensgeschichte zusammenhängt, aber sie wertet sich dafür ab: »Das ist doch kindisch, als erfahrene Therapeutin müßte ich mich doch gegenüber der Vereinnahmung durch Klienten behaupten können!« Ich schlage Anneliese vor, sich selbst als Klientin auf einem anderen Stuhl vorzustellen und diese Klientin, deren lebensgeschichtliches Muster sie kennt, zu beraten. Als sie »hört«, wie sich ihre »Klientin« immer wieder dafür »heruntorputzt«, daß sie sich oft noch ihren Raum in der Arbeit nehmen läßt, wird sie sehr nachdenklich und weint schließlich sehr still und anhaltend. Danach scheint es ihr, als habe sie zum ersten Mal ihr Mitgefühl für sich und einen wichtigen Aspekt ihrer Lebensgeschichte entdeckt. In den darauffolgenden Sitzungen lernt sie, dieses lebensgeschichtliche Muster zu akzeptieren und wir denken uns verschiedene Methoden und »Tricks« aus, wie sie sich selbst bei der Abgrenzung und der Wahrnehmung ihrer eigenen Interessen gegenüber Klienten unterstützen kann.

Übernahme von Verantwortung

Auch die Fähigkeit zur Übernahme von Verantwortung muß oft gefördert werden. Die Aufgabe des Beraters besteht darin, daß er die Aspekte eines Musters deutlich macht, für die der Klient Verantwortung übernehmen kann, ihn aber auch darauf hinweist, wo er möglicherweise zuviel Verantwortung oder Verantwortung für andere übernimmt. Auch hierbei ist der

Berater selbst wieder ein Beispiel für den Klienten: Wieviel Verantwortung übernimmt er für die Reaktionen seines Klienten, die er auslöst, und wo übernimmt er sich?

Als Berater Verantwortung zu übernehmen heißt, auf den Klienten zu antworten, wie er ist. Ein wichtiger Aspekt dieser Bereitschaft zu antworten kann in Wiedergutmachung bestehen: Wenn ich etwas versäumt habe, kann ich es vielleicht nachholen; ich kann um Verzeihung bitten, wenn ich den anderen (egal ob willentlich oder unwillentlich) verletzt habe. Verantwortungsübernahme ist auch immer eine Investition in die Zukunft von Beziehungen. So kann ich als Berater meinen Klienten vorschlagen, auch in Beziehung zu mir etwas wiedergutzumachen, wenn sie mich beispielsweise verletzt, ausgenutzt oder getäuscht haben. Diese Wiedergutmachung hat für die Klienten meist etwas sehr Entlastendes, weil sie sich nicht mehr ihren Schuldgefühlen ausgeliefert fühlen.

Bei Mustern, die mit Schuldgefühlen belastet sind, halte ich eine genaue Analyse der Verantwortlichkeit des Klienten für besonders wichtig.

> Kurt, der Klient, dessen dritte Ehe zu scheitern droht, und dessen Beziehungsmuster gegenüber Partnerinnen wir als (mißverstandene) Loyalität gegenüber seinem Vater gekennzeichnet hatten, empfindet große Schuldgefühle seinen Familien und seinen Kindern aus vorhergenden Ehen gegenüber. Ich untersuche mit ihm die Aspekte seiner Trennung von seiner zweiten Frau, für die er Verantwortung übernehmen kann: Seine Kinder beispielsweise entbehren den täglichen Umgang mit ihrem Vater, seine ehemalige Frau ist enttäuscht, daß er den Ehevertrag mit ihr gebrochen hat, auch wenn sie eingesehen hat, daß ihre Beziehung nicht mehr tragfähig war. Dafür kann er zum Beispiel insofern Verantwortung übernehmen, als er sich überlegt, wie er Wiedergutmachung betreibt oder diese noch erweitern kann. Er sorgt beispielsweise für einen angemessenen Unterhalt der Familie und er spricht anderen gegenüber respektvoll von seiner geschiedenen Frau. Den Kindern könnte er sich noch etwas intensiver widmen als bisher. Für die Depressionen seiner geschiedenen Frau jedoch, meint er, brauche er keine Verantwortung zu übernehmen. Der Berg an Schuld, der sich vor ihm aufgetürmt hatte und ihn zu erdrücken drohte, wird für ihn bei dieser »Schuldanalyse« allmählich überschaubar und wenigstens teilweise zu handhaben.

Viele Klienten kommen erst in authentischer Weise mit ihrem Ärger, ihrer Wut, ihrem Haß oder ihrer Abscheu in Kontakt, wenn sie dabei ermutigt oder angeleitet werden, diese Gefühle in einer verantwortlichen Art und Weise zu äußern. Ein Klient beispielsweise möchte in jeder Situation »wissen, was er tut« und hat eine Abneigung gegen »psychomäßige« Gefühlsausbrüche. Dies mag einem (vielleicht übertriebenen) Kontrollbedürfnis entsprechen, es könnte aber auch auf eine ethische Grundeinstellung zurückzuführen sein. Ich kann diesem Klienten also beispielsweise vorschlagen, seine Gefühle einem Beziehungspartner oder einer Institution gegenüber in einem geschützten Rahmen, also in der Beratungssituation selbst oder bei einem Spaziergang allein im Wald zum Ausdruck zu bringen, weil es entweder nachteilig für ihn oder weil es unmenschlich sein könnte, diese Gefühle den realen Personen gegenüber zu zeigen. Schließlich können ja auch kontrollierte und in verantwortlicher Weise geäußerte Gefühle echt sein.

Ausdrucksvielfalt
Muster können auf verschiedene Weise zum Ausdruck gebracht werden und Gestalt annehmen. Selbst wenn die verbale Form des Ausdrucks in Beratungsgesprächen vorherrscht, können metaphorische, bildliche, akustische, gestische oder körperliche Ausdrucksmöglichkeiten des Klienten genutzt werden.

In einer Beratungsgruppe versucht Erika, einem Muster auf die Spur zu kommen. Sie fühlt sich durch Kritik wichtiger Beziehungspartner immer wieder persönlich sehr getroffen, obwohl sie verstandesmäßig genau weiß, daß ihre Partner nur eine bestimmte Verhaltensweise von ihr kritisieren. Wir entwickeln gemeinsam die Idee, Erika könnte ihr Problem einmal als Standbild darstellen. Intuitiv wählt sie eine männliche Person, von der sie mit einem Messer bedroht wird. Hinter diese Person stellt sie zwei Frauen; die eine macht eine hilflose Geste, die andere schaut weg. Sie selbst nimmt gegenüber dem Angreifer eine Pose ein, als ob sie vom Messer getroffen zusammensackt.

Die Darstellung von Erikas Problem als Standbild wirkte auf sie selbst und die anderen Teilnehmer sehr viel eingängiger und anschaulicher als dies ein nur verbaler Ausdruck hätte leisten können. Ihr wurde dadurch bewußt, daß sie sich von der Kritik anderer buchstäblich vernichtet fühlt und es daher verständlich ist, daß sie um sich schlägt oder demoralisiert zurückzieht.

Verbal ausgedrückte Erfahrungen oder Einsichten können also in eine andere Ausdrucksform transponiert werden und umgekehrt. Durch den vielfältigen Ausdruck dieser Erfahrungen oder Einsichten werden unterschiedliche Bereiche unserer geistigen Fähigkeiten aktiviert. Wenn wir die unterschiedlichen Ausdrucksweisen als Gesamtheit auf uns wirken lassen, kann es überdies zu einem Verstehen des Musters kommen, das Rothenberg in seiner Untersuchung über kreative Prozesse einen »gleichräumigen Prozeß« nennt: Das rasche Pendeln zwischen unterschiedlichen Wahrnehmungen läßt »das Muster, das verbindet« in einem kreativen Akt sichtbar werden (vgl. Rothenberg 1990, 23 ff.).

Die Methode des *Focusing* kann beim Transponieren sehr hilfreich sein. Bei diesem im Kontext der Gesprächspsychotherapie entwickelten Verfahren läßt der Klient eine Situation, eine Person, auch einen Begriff oder ein Problem im Zustand der Entspannung oder der leichten Trance auf sich zukommen. Er registriert dabei jede kleine Körperempfindung. Zu dieser Körperempfindung läßt er in seiner Phantasie ein Bild, ein Symbol oder eine Geste entstehen. Dann pendelt er mit seiner Aufmerksamkeit zwischen der Körperempfindung und dem bildhaften oder gestischen Ausdruck hin und her und läßt Veränderungen zu, bis er den Eindruck hat, Körperempfinden und Ausdruck stimmen vollkommen überein (Siems 1986). Auf diese Weise können nicht nur quasi eigenständige kreative Prozesse im Organismus ausgelöst werden, sondern es können sich völlig neue Perspektiven für eine Problematik ergeben.

Im Kontext von Beratung halte ich es dennoch für notwendig, daß Erfahrungen und Einsichten auf non-verbaler Ebene wiederum in Sprache umgesetzt werden, damit sie auch verstandesmäßig begreifbar und einer kritischen Untersuchung zugänglich und mitteilbar werden. Als dialogischer Berater möchte ich auch teilhaben an den Erkenntnissen des Klienten, und da non-verbale Mitteilungen immer mehrdeutig sind, bedürfen sie auch der verbalen Interpretation.

Dies scheint mir auch insofern erforderlich zu sein, als der Beratungsprozeß mit dem Erkennen und ganzheitlichen Begreifen des Musters, das in dem Problem des Klienten verborgen ist, nicht zu Ende ist. Dann stellt sich nämlich die Frage: »Was machen wir jetzt mit dieser Erkenntnis und Erfahrung in der Alltagssituation?«

[1] Ich verwende den Begriff »Gesetzmäßigkeiten« nicht im naturwissenschaftlichen Sinne von zwangsläufigen Ursache-Wirkungszusammenhängen, sondern im Sinne von Regelhaftigkeiten, die mit gewisser Wahrscheinlichkeit (auch in Abwandlungen) immer wieder auftreten; also im Sinne dessen, was unseren einverleibten Gewohnheiten entspricht und in »Mustern, die verbinden« ihren Ausdruck finden kann.

[2] Eine ausführliche, selbstorganisationstheoretische Begründung des Konzepts Muster und der Wirksamkeit dieses Konzepts für transformative Lernprozesse findet sich in unserem Buch *Faszination Lernen*, 241 ff.

[3] Da das umfangreiche und schwierig zu lesende Werk von Boszormenyi-Nagy/Krasner nur in englischer Sprache vorliegt, verweise ich auf eine Rezension mit ausführlicher Inhaltsangabe (Fuhr 1990).

13. Kapitel

Vierte Gesprächsphase: Resümee

Integration und Eigenwilligkeit

Zum Dialog gehört Bewegung: Die Gesprächspartner sind innerlich in unterschiedlicher Weise bewegt, und sie bewegen sich aufeinander zu und voneinander weg. Zwar habe ich nicht die Vorstellung, daß es sich um gleichförmige Bewegungsabläufe handelt, bei der die Partner erst kontinuierlich aufeinander zugehen und dabei die Aufregung stetig zunimmt, sie sich schließlich berühren und dann wieder gleichmäßig voneinander abrücken, wie es das Grundmodell des Kontaktzyklus der Gestalttherapietheorie nahelegen könnte, wenn man es schematisch betrachtet. Vielmehr verstehe ich die Bewegung als ein ständiges Pendeln zwischen Nähe und Distanz, Spannung und Entspannung, Aufregung und Gelassenheit. Trotzdem herrschen in der Abschlußphase des Beratungsgesprächs das Loslassen und die Entspannung vor. Laut Edwin Nevis gelangt man in der Phase der Lösung und des Abschlusses zu einem

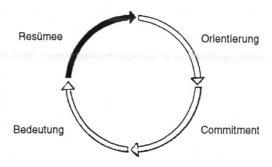

Verständnis oder Wissen von dem, was man gelernt hat. Man integriert das Erleben und die Erkenntnisse, so daß sie schließlich zu einem Teil des Selbst werden (Nevis 1988, 44 f.).

In dialogischer Beratung fällt der abschließenden Phase jedoch noch eine weitere wichtige Aufgabe zu: die Entwicklung von Perspektiven für die Zeit danach, für den Umgang des Erfahrenen und Erkannten in alltäglichen Zusammenhängen, für das Entwerfen und Erproben anderer Möglichkeiten der Einstellung, des Verhaltens und der Lebensweise.

Dieser doppelten Funktion der Phase entsprechend, der Integration der Erfahrungen und Erkenntnisse einerseits und der Entwicklung eigenwilliger Perspektiven andererseits, kommt der Reflexion des Erlebens und des Vorstellens der Zukunft große Bedeutung zu. Die Lernaktivität in dieser Phase ist daher auch durch kognitive Verarbeitung und durch zukunftsgerichtetes Probehandeln in der Phantasie gekennzeichnet.

Dies alles braucht Zeit. Wenn der Berater mit dem Klienten bis zur letzten Minute versucht, doch noch etwas mit ihm zu klären und auf den Punkt zu kommen, reduziert sich diese Phase vielleicht auf einen abschließenden Satz der Art: »Ja, das wär's dann für heute«, »Machen wir hier Schluß?« oder »Da können wir ja das nächste Mal weitermachen«. Ich erinnere mich immer wieder gerne eines sehr frühen Lehrers aus dem Beginn meiner »Nacherziehung«, Norman Lieberman, der die Sitzungen in Themenzentrierter Interaktion so strukturierte, daß er ein Drittel der Zeit für die Abschlußphase reservierte. Bei der Effektivitätsorientierung unserer westlichen Kultur mag dies utopisch erscheinen, aber weniger als zehn Minuten einer Beratungssitzung von 50 Minuten oder weniger als eineinhalb Stunden am Ende eines Wochenendes mit einer Beratungsgruppe können der Bedeutung dieser Phase kaum gerecht werden. Da dem Abschiednehmen meist wenig Beachtung geschenkt und es eher vermieden wird, und in die Zukunft hineinzuträumen etwas ist, was man gerade noch Kindern gestattet, bedarf diese Phase oft spezieller Anleitung des Klienten und besonderer Disziplin des Beraters.

Sorgen

Das Aufdecken von Mustern kann beim Klienten tiefe Erschütterungen auslösen. Bisherige Welt- und Selbstbilder oder ganze Lebensentwürfe können zusammenbrechen, für unverrückbar gehaltene Wahrheiten können fragwürdig werden.

Erika, deren Problem wir als Standbild dargestellt hatten und das dadurch deutlich wurde, daß sie sich durch Kritik nicht nur getroffen, sondern als ganze Person vernichtet fühlt, war sehr bestürzt. Ihr wurde klar, daß viele Männer in ihrem Leben, wie ihr brutaler Vater, einige Lehrer und ein Chef, sich manchmal tatsächlich in vernichtender Weise ihr gegenüber verhalten hatten. Vernichtungsabsichten schrieb sie aber auch denjenigen männlichen Beziehungspartnern zu, die ihr gegenüber sehr wohlwollend und liebevoll eingestellt waren und die sie selbst sehr schätzte. An ihrer übertriebenen Reaktionsweise und Abgrenzung waren mehrere ihr wichtigen Beziehungen und Partnerschaften gescheitert. Das Muster, das einst ihr Überleben rettete, ist heute sehr zerstörerisch für ihre Beziehungen.

Solche Einbrüche und tiefen Verunsicherungen können in ähnlicher Weise geschehen, wenn sich Paare oder Teams beispielsweise bewußt werden, daß sie sich gegenseitig bekämpfen, weil sie keine anderen Formen der Kontaktaufnahme kennen; daß sie sich gegenseitig moralisch abwerten, um einen Mangel an Anerkennung auszugleichen; daß sie sich gegenseitig Schuld zuweisen, um dem Druck durch äußere Überforderungen Herr zu werden oder daß sie sich einen Symptomträger in ihren Reihen »ausgesucht« haben, der ihr gemeinsames Problem auf tragische Weise auslebt. In all solchen Fällen sehe ich eine wichtige Aufgabe darin, daß der Berater seiner Sorge Raum gibt und daß er den Klienten dazu anleitet, auch für sich selbst zu sorgen.

In sozialpsychologischen Bereichen ist das »Sich-Sorgen« zu einem verfänglichen Konzept geworden. Es erinnert allzu sehr an »Helfertrip« und »Fürsorge« und an das entmündigende Sorgen der Eltern für ihre Kinder. Sorge, wie wir sie charakterisiert haben (siehe 1. Kapitel) sollte eher die Autonomie des Klienten fördern, als daß sie Abhängigkeit schafft. Aber wie kann der Berater sorgen, ohne zu »helfen«, wenn der Klient erschüttert, verwirrt und vielleicht mutlos ist?

Der Berater kann dem Klienten deutlich machen, daß er mit seinem Muster nicht allein auf der Welt ist. Insbesondere wenn Muster aufgedeckt werden, die einen existentiellen Bedeutungszusammenhang anklingen lassen, gibt es immer auch andere Menschen, die ähnliche grundlegende Erfahrungen machen, auch wenn diese in sehr unterschiedlicher Weise zum Ausdruck kommen. Der Berater und andere Gesprächspartner werden auf diese Weise in die Lage versetzt, mit dafür zu sorgen, daß sich der Klient nicht aus der menschlichen Gemeinschaft ausgeschlossen fühlt. Ratschläge, wie er »es besser machen könnte«, um nicht in das alte Muster zu fallen, wären das Gegenteil von Sorge; sie würden den Klienten einmal mehr darin bestätigen, daß er (als einziger) so »verkorkst«, »lebensuntüchtig«, »unfähig«, »unentschieden« usw. ist.

Auch Erfahrungen, wie andere mit einem ähnlichen Muster umgehen oder umgegangen sind, können den Klienten unterstützen. Als eine Klientin mich beispielsweise nach der Entdeckung eines sehr tragischen Lebensmusters einmal fragte, ob »man da jemals herauskommen kann«, erzählte ich ihr, wie ich - der ich ihr Muster ganz gut aus meinem eigenen Leben kenne - damit zu leben lerne und mich in kleinen Schritten immer wieder davon befreie. In dem partnerschaftlichen Austausch solcher Erfahrungen sehe ich eine Möglichkeit des Sorgens.

Der Berater kann auch versuchen, dabei zu helfen, daß der Klient für sich selbst zu sorgen lernt. In der Objektbeziehungstheorie wird dem Sorgen-für-sich-Selbst ein hoher Stellenwert für den Heilungsprozeß zugeschrieben: die Klienten werden für sich selbst zu liebevollen Eltern (vgl. Johnson 1988, 129, 166), zu »Advokaten des Kindes« in ihnen. Ein lebensbestimmendes Muster, das wir in der Beratung aufgedeckt haben, läßt sich, wenn überhaupt, nur in einem Monate und Jahre dauernden Prozeß auflösen. Es geht also in erster Linie darum, mit dem problematischen Muster leben zu lernen und sich künftig vor den schwerwiegendsten Auswirkungen zu schützen. Vielleicht kann der Klient Situationen, in denen das Muster auftritt, meiden lernen oder sich ihnen nur dann aussetzen, wenn er sich stark genug fühlt. Oder er kann ihm vertrauten Menschen gegenüber offenlegen, welche Schwierigkeiten er mit bestimmten Verhaltensweisen oder Aufgaben oder wiederkehrenden Situationen hat und sie um Unterstützung bitten. Auch »Erlaubnisse« können eine Unterstützung sein:

> Petra hatte im Laufe mehrerer Sitzungen die durchgängige Gewohnheit entdeckt, daß sie sich in Gesellschaft anderer Menschen als fehl am Platze vorkommt. Dies hing mit ihrer inneren Überzeugung zusammen, die wir schließlich in dem Satz zusammenfaßten: »Ich bin für andere Menschen eine Belästigung« (siehe 12. Kapitel). Dieses Muster war tief in ihrer Lebens- und Familiengeschichte verankert und wurde noch verstärkt durch einen Kulturwechsel, den sie vollzogen hatte. In einer Supervisionssitzung berichtet sie von einer Verletzung, die sie als Co-Leiterin eines Workshops erfuhr, als

sie bei der Rückmeldung durch die Teilnehmer fast völlig übersehen wurde, obwohl sie überzeugt war, gute Arbeit geleistet zu haben. Mit dieser Verletzung sei sie immer noch nicht fertig geworden, und obwohl sie sich bewußt ist, daß ihr altes Muster wieder wirksam wurde, wertet sie sich für ihre Verletztheit ab. Ich teile ihr meine Einschätzung mit, daß ich an ihrer Stelle auch sehr verletzt gewesen wäre; das sei für mich eine ganz menschliche Reaktion. »Du meinst also, das ist völlig in Ordnung, wenn ich in so einem Fall sehr verletzt bin?« vergewissert sie sich erstaunt und spürt dabei große Erleichterung.

Es geht in dialogischer Beratung meist nicht darum, daß sich die Klienten von solchen Mustern befreien, sondern daß sie damit - und letztlich mit sich - sorge- und liebevoll umgehen lernen, wenn es im Alltag wieder einmal »einrastet«.
Viele dieser Muster sind auch unmittelbar im Beziehungsgeschehen zwischen Berater und Klient wirksam. In diesem Fall können sich die Gesprächspartner Gedanken darüber machen, wie sie künftig beim Auftreten des Musters für sich und füreinander besser sorgen können. Petra könnte also beispielsweise mit dem Leiter Abmachungen treffen, daß sie am Ende jeder Sitzung darüber nachdenkt, ob sie sich genügend von ihm beachtet fühlte; und der Leiter könnte sich vornehmen, ihr jedesmal mitzuteilen, wenn sie sich ihm gegenüber unscheinbar macht, als wäre sie eine Belästigung für ihn.
Die Sorge des Beraters für die Klienten kann sich auch dahingehend auswirken, daß er mit ihnen herausarbeitet, wie sie sich im Alltag realitätsangemessen verhalten können. Ich habe selbst oft genug auf sehr schmerzhafte Weise erfahren, was geschieht, wenn man neue Erkenntnisse aus der Beratung unmittelbar im Alltag umsetzt, indem man beispielsweise verdeckte Konflikte, unausgesprochene Sympathien oder bisher nicht bewußte Interaktionsmuster im Kreis von Beziehungspartnern oder Kollegen direkt zur Sprache bringt. Zwar muß jeder Klient letztlich seine eigenen Erfahrungen machen, aber vielleicht ist es nicht notwendig, daß jeder die gleichen schlechten Erfahrungen macht. Es lohnt sich also, die Bedingungen im Alltag genauer zu erkunden, um herauszufinden, mit welchen neuen Einsichten, Einstellungen und Verhaltensweisen und an welchen Orten der Klient experimentieren könnte und in welchen er es besser sein läßt, um unnötige Rückschläge oder mögliche Katastrophen zu vermeiden.

Alternativen entwickeln

Um mit dem neuen Verständnis und Wissen experimentieren zu können, brauchen Klienten Alternativen zu bisherigen Einstellungen und Verhaltensweisen, die wir in dieser Phase des Gesprächs entwickeln können. Wie gelangen wir in dialogischer Weise zu Alternativen?

> »Wie lange willst du da noch bleiben?« hatte der Ausbildungstherapeut Regine gefragt. Regine ist völlig verunsichert. Es sei, so sprudelt sie in der Einzelberatung heraus, ein riesiger Fehler von ihr gewesen, in der Psychiatrie unter diesen Bedingungen eine Stelle anzunehmen, und sie wolle so schnell wie möglich kündigen. Sie sei damit ja nur wieder in ein ähnlich verrücktes System geraten wie schon es schon ihre Herkunftsfamilie war; im Dienst an anderen soll sie sich ständig selbst aufgeben. Das habe sie jetzt satt.

Regine hat ein destruktives Muster in ihrer Lebensgestaltung entdeckt, und es ist verständlich, wenn sie sofort praktische Konsequenzen daraus ziehen will. Das ist aber nur eine Möglichkeit, wie man Konsequenzen ziehen kann, und meist nicht einmal die sinnvollste, zumal wenn sie überstürzt verfolgt wird. Ich sehe vor allem drei Möglichkeiten, wie der Berater mit dem Klienten Perspektiven entwickeln kann, wenn ein problematisches Muster offengelegt wurde: Sie können gemeinsam Perspektiven hinsichtlich der Einstellung des Klienten entwickeln, es können Lernprojekte für den Klienten formuliert werden und schließlich können Handlungsalternativen ausgearbeitet und durchgespielt werden.

Einstellungsperspektiven
Ein wichtiger Schritt besteht darin, daß der Klient mit der neu entdeckten Wahrheit erst einmal leben lernt, sie als zu sich gehörig betrachtet und auch als Teil seines Schicksals akzeptiert.

> In einer Beratungsgruppensitzung wird Rita klar, daß sie sehr mißtrauisch gegenüber anderen Menschen ist, und dafür gibt es in ihrer Lebensgeschichte und ihren gegenwärtigen Lebensumständen genügend Anlaß. Bisher hatte sie sich für eine sehr vertrauensvolle Beziehungspartnerin gehalten und nicht gemerkt, wie sie ihr Mißtrauen und die damit verbundene Angst immer wieder übersprungen hatte, und

dabei war sie auch oft hereingefallen. Als die anderen Teilnehmer von Rita wissen wollen, was das jetzt konkret für sie heißen könnte, erwidert sie: »Das ist ganz neu für mich, aber ich glaube, es stimmt. Ich möchte das erst einmal auf mich wirken lassen und gar nichts tun.« Ich ermutige sie zum Schluß, nur einmal darauf zu achten, ob sie merkt, wenn sie ihr Mißtrauen und ihre Angst überspringt.

Es braucht Zeit, bis der Klient ein solches Muster und die damit verbundenen Einstellungen wirklich akzeptieren kann. Er muß seine Wahrnehmung und sein Bewußtsein erst einmal für all die Situationen schärfen, in denen das neuerkannte Muster im Alltag zur Wirkung kommt. Und mit dieser veränderten Wahrnehmung ist immer auch ein Stück der bisherigen Identität des Klienten in Frage gestellt; er muß seine Identität neu definieren. Erst wenn diese Arbeit geleistet wurde, ist der Nährboden für neue Perspektiven und kreative Lösungen bereitet.

Manche Muster sitzen allerdings so tief und sind so fest in der Tradition eines einzelnen oder einer Gruppe verankert, daß die Gegenkräfte, die zum konstruktiven Umgang mit dem Muster oder gar zu dessen Überwindung motivieren könnten, lange auf sich warten lassen. Oft hat der Klient es aufgegeben, etwas anderes zu wollen, obwohl er weiß, in welch zerstörerischem Muster er gefangen ist. Er fügt sich in sein Schicksal, statt es bewußt zu akzeptieren. Was tun? In Beratungsgesprächen haben wir oft nicht die Zeit - und manchmal auch nicht die Geduld - den Klienten so lange in seiner Resignation zu begleiten, bis sich vielleicht doch eine Gegenkraft in ihm regt. Ich bin auch unsicher, ob die paradoxe Theorie der Veränderung im Falle von Resignation ohne einen äußeren Anstoß wirksam werden kann. Daher ergreife ich in solchen Fällen auch einmal Partei für die lebendige Seite des Klienten, für die Gegenkraft, die ich bei ihm vielleicht nur ahnen kann. Ich fordere den Klienten beispielsweise dazu auf, sich das Gegenteil seiner destruktiven Einstellung oder Verhaltensweise vorzustellen, es in einen sprachlich stimmigen Ausdruck zu bringen und damit zu experimentieren. So schlug ich Petra vor, deren Grund-Satz hieß: »Ich bin für andere Menschen eine Belästigung«, nach einer gegenteiligen Einstellung zu suchen. Der Gegenpol zu ihrem Muster-Satz, den wir gemeinsam formulierten und dem sie zustimmen konnte, hieß schließlich: »Vielen Menschen bin ich so, wie ich bin, willkommen.« Zunächst löste diese Formulierung gar keine Gefühlsreaktion bei ihr aus. Nach einigen Wochen erst entwickelte sich ein Empfinden dafür und sie schöpfte zunehmend mehr Freude und Energie daraus, mit dieser Einstellung im Alltag zu experimentieren. Dabei wurde ihr auch klar, was sie aufgeben mußte, wenn sie sich für die neue Grundeinstellung entschied: sie konnte nicht mehr ständig darüber klagen, wie schlecht die Menschen sie behandelten, sie mußte sich häufiger für oder gegen andere Menschen entscheiden und sie konnte Konflikten nicht mehr so leicht aus dem Weg gehen.

Wenn es um solche gegensätzlichen Grundeinstellungen im Leben eines Klienten oder in einer Gruppe geht, ist es notwendig, die Vor- und Nachteile beider Seiten zu erforschen. So ist das alte Muster von Petra zwar überwiegend destruktiv. Beim Experimentieren mit der neuen Einstellung fiel ihr aber nicht nur auf, daß das alte Muster auch Vorteile bringt, sondern die neue Grundeinstellung auch mit Nachteilen verbunden ist: Wenn sie glaubt, so wie sie ist, willkommen bei anderen Menschen zu sein, muß sie sich auch wichtig nehmen, muß selbst Interesse an anderen Menschen entwickeln, muß mehr Verantwortung für das übernehmen, was in einer Gemeinschaft geschieht usw. Erst wenn die Vor- und Nachteile jeder der beiden Alternativen bewußt sind, besteht eine Chance, daß der Klient eine stimmige Entscheidung fällt, für die er auch langfristig Verantwortung übernehmen kann.

Lernperspektiven

Die Klientin, die sich für eine neue Grundeinstellung entscheidet, die Gruppe, die sich gegenseitig unterstützen will statt sich abzuwerten, das Paar, das andere Formen des Kontakts außer Kampf und Selbstbehauptung erproben möchte - sie alle betreten Neuland. Für die neuen inneren Überzeugungen, Kommunikationsweisen und Formen der Lebensgestaltung haben sie meist ein nur wenig entwickeltes Repertoire an Verhaltensweisen und Umgangsformen. Die Beratungssituation ist ein zu begrenztes Feld, um diese neu zu lernen und zu erproben, aber wir können gemeinsam Lernprojekte formulieren und die eine oder andere Alternative in der Beratungssituation ausprobieren.

Der erwachsene Klient wird nun damit konfrontiert, daß er sich wieder als Lernender begreifen muß. Dies ist erst einmal mit der oft schmerzlichen Einsicht verbunden, daß er nicht weiß, wie man beispielsweise für sich selbst statt immer nur für andere sorgen kann, wie man andere Menschen unterstützen, wie man sich gegenüber unangemessenen Forderungen schützen, wie man sich abgrenzen, Konflikte klären, um Hilfe bitten oder seine Zeit nach eigenen Interessen strukturieren kann; es handelt sich dabei doch um Fähigkeiten, die ein Erwachsener eigentlich beherrschen sollte. Das Eingeständnis, in solch grundlegenden Kompetenzbereichen ein Lernender, vielleicht sogar ein Anfänger zu sein, ist oft mit Scham verbunden und rüttelt am Identitätsempfinden. Für diese Schritte im Prozeß der Persönlichkeitsentwicklung braucht der Klient daher Unterstützung, die er normalerweise nicht nur aus sich selbst heraus beziehen kann, sondern für die er auch die Unterstützung anderer Menschen nötig hat.

Das Grundprinzip von Fritz Perls, daß aus Fremdunterstützung Selbstunterstützung werden sollte, ist sicherlich nicht falsch, aber es ist einseitig. Die grundlegenden Lernvorgänge, um die es hierbei geht, sind schon für das kleine Kind sehr risikoreich, erst recht für einen Erwachsenen, der sich sein Nacherziehungsbedürfnis eingesteht und gleichzeitig in alltäglichen Zusammenhängen gut funktioniert, verantwortliche Aufgaben übernimmt, vielleicht sogar für andere Menschen Vorbild ist und sie führt und anleitet.

Eine der wirksamsten Unterstützungen für diesen Lernprozeß geht von der Person des Beraters selbst und von der vertrauensvollen Beziehung zwischen ihm und dem Klienten aus. Er kann deutlich machen, daß er in einigen Lebensbereichen auch immer noch oder immer wieder Lernender ist. Er kann Fehler, die ihm beispielsweise auch im Beratungsgeschehen unterlaufen, eingestehen und Verantwortung dafür übernehmen. Durch sein Beispiel und durch Mitteilungen über seine eigenen Lernerfahrungen kann er dem Klienten Mut zur Unvollkommenheit machen und ihm dadurch seine Schritte ins Neuland erleichtern.

Lernanstrengungen dieser Art müssen, wenn sie länger anhalten sollen, auch Erfolge bringen. Zur Ausformulierung von Lernprojekten in der Abschlußphase des Gesprächs gehört es daher auch, daß der Berater mit dem Klienten Kriterien herausarbeitet für den Erfolg eines neuen Schrittes, und er kann mit dem Klienten immer wieder einmal eine Zwischenbilanz ziehen über die Lernfortschritte und aktuellen Hindernisse. Für neue Einstellungen und Verhaltensweisen, die in der Beratungssituation selbst sichtbar werden, kann der Berater dem Klienten authentische Rückmeldungen geben und er kann den Klienten dazu anleiten, sich selbst einschätzen zu lernen und auf Rückmeldungen seiner Beziehungspartner zurückzugreifen, die meist indirekter erfolgen als in der Beratung. Auf diese Weise kann es immer wieder einmal gelingen, Freude am Lernprozeß selbst zu gewinnen und sich von der Fixierung auf rasche Erfolge zu lösen.

Handlungsperspektiven

Oft geht es aber in dieser Phase des Beratungsgesprächs nicht nur um neuartige Einstellungen und Kompetenzen, sondern um weiterreichende Zukunftsentwürfe für professionelle Tätigkeiten, für Beziehungen oder Lebensformen. Dafür braucht der Klient Visionen, an denen er sich orientieren und auf die er hinarbeiten kann. Mit »Visionen« meine ich keine unrealistischen Luftschlösser, sondern konkrete Utopien, die zwar noch nicht real aber doch plausibel sind. Der Klient projiziert seine Vorstellungen und Wünsche oder auch Aspekte dessen, was er für seine Berufung hält, in die Zukunft hinein. Diese Visionen dienen als Suchbilder und erleichtern auch den Umgang mit gegenwärtigen Schwierigkeiten.

> Gernot arbeitet in einem Heim als Altenpfleger. Im Laufe der Jahre hat er sich in seinem Beruf weitergebildet und pädagogische Kompetenzen erworben. Eine Maßnahme der Organisationsentwicklung in seiner Institution bringt es mit sich, daß neue Arbeitsplatzbeschreibungen formuliert werden. Im Entwurf für seine Arbeitsplatzbeschreibung steht nun nichts von seinen pädagogischen Aufgaben, die er in der Institution seit zwei Jahren offiziell wahrnimmt. Die Heimleitung fürchtet, er könnte daraus die Forderung nach Höherstufung in der Gehaltsklasse ableiten. Im Beratungsgespräch mit Gernot wird deutlich, daß er sich nur mit halber Kraft für eine formale Absicherung seiner Arbeit im pädagogischen Bereich einsetzt, obwohl es ihm sehr wichtig wäre. Er will keinen Konflikt mit der Heimleitung riskieren. Bei der Erforschung seiner Zurückhaltung wird u.a. deutlich, daß ihm eine Vorstellungsalternative für seine berufliche Zukunft fehlt. Als ich ihn auf seine Visionen hin anspreche, gesteht er ein, daß er zwar sogar Pläne im Kopf hat, wie ein pädagogisch konzipiertes Altersheim aussehen könnte, solchen »Spinnereien« aber bisher wenig Wert beigemessen hat. Ich ermutige ihn, seine Utopie weiter auszumalen. Wir prüfen gemeinsam, was daran realistisch ist und wie hoch seine Chancen wären, einen Arbeitsplatz zu finden, in denen er seine Ideen verwirklichen könnte. Es stellt sich später heraus, daß die ernsthafte Vision, die wir entwickelten, es ihm ermöglichte, den Konflikt mit der Heimleitung um eine angemessene Arbeitsplatzbeschreibung durchzustehen.

Solange wir solche Visionen nicht mit der Wirklichkeit verwechseln, können sie unsere Kräfte mobilisieren. Sie sind Orientierungshilfen für die Auswertung unserer Erfahrungen und können uns zu neuen Lernanstrengungen motivieren. Außerdem sind Visionen ein Ausdruck unserer Vorstellungen von einem sinnvollen Leben. Der Freud-Schüler Victor Frankl machte diese Sinnfrage zur Grundlage einer eigenen Therapieform, der Logotherapie. Er zeigte, wie der Glaube an eine andere Zukunft und die Sinnhaftigkeit des eigenen Seins nicht nur unter normalen Bedingungen heilend wirkt, sondern sogar das Überleben unter menschenunwürdigsten Bedingungen (wie zum Beispiel im Konzentrationslager) ermöglicht (vgl. Yalom 1989, 520 ff.). Auch der brasilianische Volkspädagoge Paulo Freire maß der Vorstellung von »unerprobten Möglichkeiten« jenseits der gegenwärtigen Situation in seiner *Pädagogik der Befreiung* eine starke revolutionäre Kraft zu (Freire 1973, 85, 95).

Die meisten Beratungsklienten, mit denen wir es zu tun haben, befinden sich nun meist nicht persönlich in solch extremen Notsituationen wie die Gefangenen im Konzentrationslager oder die Armen in den Favelas brasilianischer Städte. Global gesehen ist unsere existenzielle Notsituation aber vielleicht damit vergleichbar, wenn wir die täglichen Nachrichten über die Überbevölkerung, die Zerstörung unserer Lebensgrundlagen und der schützenden Ozonschicht und die erbitterten Kämpfe um Machtbereiche in allen Teilen der Welt ernst nehmen. In der Entwicklung von konkreten Utopien und Sinnprojekten für unser eigenes Wirken sehe ich eine wichtige Möglichkeit, mit diesen Bedrohungen umzugehen. Letztlich beziehe ich aus solchen Visionen der unerprobten Möglichkeiten der personalen Entwicklung, der dialogischen Beziehung und der kreativen Lebensgestaltung auch für meine eigene Beratungstätigkeit immer wieder Kraft und schütze mich vor meiner eigenen Resignation angesichts des weltweiten menschlichen Zerstörungspotentials.

Der Weg zu den Perspektiven in der vierten Phase des Beratungsgesprächs verläuft meist keineswegs geradlinig und eben. Dabei können sich eine Reihe von Schwierigkeiten ergeben, die wieder zur Entdeckung neuer Muster führen. Ich denke dabei an Klienten, die in ihrem bisherigen Leben nicht lernen konnten, eigene Interessen zu entwickeln und zu verfolgen, die ihrer eigenen Kraft zur Beeinflussung ihrer Umwelt wenig vertrauen und sich für Versager halten oder die gelernt haben, das dankbar zu akzeptieren, was ihnen gegeben wird und sich zu bescheiden. Oder ich denke an Klienten, die ihre Selbstzweifel und Selbstabwertungen kompensieren, indem sie sich rasch in ständig wechselnde, unrealistische Traumgebilde der Zukunft flüchten. In diesen und ähnlichen Fällen kommen wir nicht umhin, uns auf einen neuen Zyklus einzulassen, um die Muster aufzuspüren, die den Klienten daran hindern, sein Leben verantwortlich und sinnhaft zu gestalten und dabei auch konkrete Phantasien über seine Zukunft zu entwickeln.

Gestalten schließen

Die abschließende Phase des Beratungsgesprächs bietet Berater und Klient die Möglichkeit, Gestalten zu schließen. Während des Gesprächs wurden Themen angerissen, die wir nicht weiter verfolgten, blieben Fragen unbeantwortet oder ereigneten sich kleine Störungen im Beziehungsgeschehen, die wir vielleicht noch bereinigen können. Zumindest können wir dokumentieren, daß sie nicht vergessen wurden und zu einem späteren Zeitpunkt noch einmal aufgegriffen werden können. Ein Rückblick auf das Geschehen, ein kurzes, stilles Nachsinnen darüber, wo wir in der Arbeit angelangt sind, kann diese »unerledigten Geschäfte« zum Vorschein bringen. Wir können uns gegenseitig darin bestätigen, was wir geschafft haben und wir können auch Kritik aneinander austauschen. Besonders in Beratungsgruppen ist dieser Austausch über Unerledigtes wichtig, weil nicht immer alle aktiv am Geschehen beteiligt sein können, und ich als Leiter am Schluß gerne wissen möchte, wo die einzelnen Teilnehmer innerlich sind.

Solche Aufräumarbeit ist gleichzeitig ein Teil des Abschiednehmens. Jeder intensive Dialog endet mit einem Abschied, und am Ende jeder Sitzung entläßt der Berater den Klienten wieder in seine Eigenständigkeit. Vom Augenblick der Trennung an hat er keinerlei Einflußmöglichkeit mehr darauf, was der Klient mit den Erfahrungen im Beratungsgespräch macht. Jeder der Beteiligten muß nun selbst mit den Eindrücken fertig werden, die die gelungene oder verpaßte Begegnung bei ihm hinterlassen hat. Daran ändert sich auch dadurch prinzipiell nichts, daß sich die Gesprächspartner vielleicht in wenigen Tagen wiedersehen werden.

Viele Klienten (und oft auch Berater), wenn nicht gar die meisten Menschen, haben Schwierigkeiten mit dem Abschiednehmen. Dahinter verbergen sich oft lebensgeschichtlich bedeutsame Muster, die beispielsweise mit bisher versäumten Abschieden von geliebten Menschen, von Heimatorten oder mit Kindheitserfahrungen zusammenhängen. Aber auch unsere kulturellen Gewohnheiten verleiten uns dazu, Abschiede zu vermeiden oder zu verleugnen und eher abzubrechen oder wegzulaufen als uns bewußt zu trennen. Vielleicht erinnern uns Abschiede auch immer ein wenig an die »letzten Dinge« unserer Existenz: daß wir letztlich isoliert sind und unweigerlich dem Tod entgegengehen oder daß uns niemand die Freiheit unserer Entscheidungen und die Sinngestaltung unseres Lebens abnehmen kann.

Mein Bemühen, den Abschluß von Beratungsgesprächen bewußt zu gestalten, ist nicht nur pädagogisch begründet. Ich verfolge damit auch ein starkes Eigeninteresse: Ich möchte jede Sitzung angemessen abrunden, möchte mich lösen können, damit ich mich frei fühle, neue Aufgaben anzugehen, ohne noch am Vergangenen zu »hängen«. Dies gelingt mir nicht immer. Ich habe vielleicht den Eindruck, in der Sitzung noch nicht genügend getan zu haben für mein Geld, möchte noch »auf den Punkt kommen« und ein Erfolgserlebnis verbuchen, kann den Klienten noch nicht so lassen, wie er gerade ist. Wenn ich das merke, nehme ich es zum Anlaß, mir selbst wieder einmal Beratung zu holen, um beispielsweise meinem Perfektionismus oder meinen Brüchen im professionellen Selbstverständnis auf die Spur zu kommen. Manchmal stoße ich auch auf wenig Verständnis beim Klienten mit meinem Bemühen, den Abschied zu gestalten. Er will meine Zeit bis zur letzten Minute ausnützen, ist mit sich selbst unzufrieden oder scheut sich vor Abschieden. Ich kann dies zum Anlaß nehmen, in einer der folgenden Sitzungen unsere Beziehung und unser Vertragsverhältnis erneut zu klären und dem Klienten dabei auch deutlich machen, daß der bewußt gestaltete Abschluß eine Form ist, wie ich für mich sorge, wie ich mich vor unangemessenen Belastungen schütze und die Balance des Gebens und Nehmens herzustellen versuche zwischen dem, was wir als Gesprächspartner jeweils investieren und was wir zurückerhalten.

14. Kapitel

Strukturen längerfristiger Beratungsprozesse

Unter einem Dialog verstehen wir Wechselbeziehungen zwischen Personen, die bei den Beteiligten von der grundlegenden Intention getragen sind, den anderen in seiner jeweiligen existentiellen Situation wahrzunehmen und zu begreifen und in ihn dabei zu unterstützen, daß er seine Möglichkeiten leben kann. Erkenntnisse der Selbstorganisationstheorien sowie der neuen Bewußtseinstheorien legen uns nahe, die einzelne Person ebenso wie die Beziehungseinheit Berater-Klient als lebendige Systeme zu begreifen. Lebendige Systeme sind »operational abgeschlossen«, d.h. sie folgen in ihrer Entwicklung nur ihrer inneren Struktur und keineswegs direkten Einwirkungen von außen, jedenfalls nicht in einem ursächlichen Sinn (vgl. z.B. Maturana/Varela 1987, Portele 1989). Jeder Versuch, ein lebendiges System planvoll zu manipulieren und zu kontrollieren, führt dazu, daß das System diesen Versuch abweist oder daß es zerstört wird. Lebendige Systeme können jedoch unter Beibehaltung ihrer inneren Ordnung miteinander koexistieren, in einer spontanen und passenden Weise interagieren und sich auf diese Weise in ihrer Entwicklung und ihrem Wachstum anregen. Dies nennt Humberto Maturana schlicht Liebe, die eine Voraussetzung für Lernprozesse, nicht ihre Folge sei (Maturana 1985). Für unser Verständnis von Beratungsprozessen heißt dies unter anderem: Die Berater dürfen den Beratungsprozeß nicht dadurch zu kontrollieren versuchen, daß sie ihn exakt planen oder nach einem Schema strukturieren, da sonst wesentliche Qualitäten des

Lebendigen verlorengehen. Für dialogische Beratungsprozesse kann es also weder festgelegte Abläufe und Schrittfolgen noch standardisierte Interventionsstrategien und Methoden geben.

Das Phasenmodell, das wir in den vorhergehenden Kapiteln der Beschreibung des Beratungsgesprächs zugrundelegten, ist daher nichts anderes als ein Hilfsmittel, um die Komplexität der Wechselbeziehung zwischen Berater und Klient und die Bewußtseinsprozesse der Beteiligten zu ordnen und der Reflexion und Diskussion zugänglich zu machen. Die Strukturierung des Beratungsgesprächs in vier Phasen - Orientierung, Commitment, Bedeutung und Resümee - entspricht unserer Interpretation von Erfahrungen in der Praxis dialogischer Beratung; es sind Bedeutungen, die wir dem lebendigen Geschehen unterlegen. Aber die Möglichkeiten für Bedeutungszuschreibungen sind unbegrenzt. Es lassen sich also auch noch ganz andere Strukturen aus dem Beratungsgeschehen herauskristallisieren, an denen sich Berater und Klient orientieren und auf die sie Einfluß nehmen können.

Im folgenden werde ich einige Strukturen des dialogischen Beratungsprozesses aufzeigen, die jenseits der Phasenfolge des Beratungsgesprächs rekonstruiert werden können. Anhand dieser Strukturen werde ich einige Dynamiken im Gesprächsverlauf sowie Aspekte der persönlichen Entwicklungsdynamik des Klienten und der Beziehungsdynamik zwischen Berater und Klient deutlich machen und schließlich in einem letzten Kapitel Anregungen für den Umgang mit diagnostischen Kategorien und Kriterien im Beratungsprozeß geben.

Dynamik des Gesprächsverlaufs

Wechsel der Gesprächsebenen
Die Veränderung der Intensität und Stimmung eines Beratungsgesprächs nach gewissen Gesetzmäßigkeiten fällt einem Beobachter oft viel eher auf, als demjenigen, der selbst unmittelbar am Gespräch beteiligt ist.

> Ein Kollege stellt mir das Videoband eines Beratungsgesprächs zur Verfügung, das er selbst geführt hat. Beim Betrachten der ersten zwanzig Minuten werde ich immer müder. Plötzlich wache ich wieder auf, die Gesprächsatmosphäre hat sich deutlich verändert, ohne daß ich genau sagen könnte, warum. Mir fällt auf, daß der Rhythmus

des Wortwechsels langsamer geworden ist, der Gesichtsausdruck des Klienten nicht mehr ganz so gleichförmig ist wie am Anfang, die Stimme etwas mehr Farbe angenommen hat. Beim Berater sehe ich kleine unruhige Bewegungen der Hände und Füße, was ich als leichte Aufregung deute. Ich selbst bin jetzt interessiert und versuche, jedes Wort zu verstehen und jede Bewegung wahrzunehmen.

Wie ist dieser Wechsel zu erklären? Sofern sich das Gespräch direkt oder indirekt um präpersonale Themen dreht, also um Überlebensstrategien, um die Verwirklichung und Unterdrückung von vorwiegend körperlichen Bedürfnissen, um die Angst vor Trennung und Vereinnahmung usw., gibt es plausible Erklärungsmodelle für den Stimmungswechsel in Beratungsgesprächen: So entwarf Fritz Perls in den 60er Jahren das »Schichtenmodell der Neurose« und den »Engpaß«, das Bewußtwerden eines bisher unauflösbaren affektiven Grundkonflikts. Diese Vorstellungen wurden herangezogen, um »Ebenen der emotionalen Tiefung« zu differenzieren und für die Diskussion unter Beratern und Therapeuten fruchtbar zu machen. Dorothea Rahm zieht ein Modell von Petzold heran und unterscheidet vier Ebenen der »Regression«: Die Ebene der Reflexion, der Vorstellungen und Affekte, der Involvierung und der autonomen Affekte (Rahm 1990, 221 ff.). Ein Team von Gestalttherapeuten gar entwarf um das »Schichtenmodell der Neurose« herum einen »Neuentwurf der Gestalttherapie« und spricht dem Modell generelle Gültigkeit für alle menschlichen Veränderungsprozesse zu (Staemmler/Bock 1987).

Für das Verständnis dialogischer Beratungsprozesse sind diese Modelle nur sehr bedingt geeignet: sie beschränken sich einseitig auf die Bewußtseinsprozesse des Klienten und nicht auch auf die Wechselbeziehungen zwischen Berater und Klient und sie lassen personale Entwicklungsprozesse und Themen weitgehend außer acht.

In einem ersten Versuch möchte ich daher eine Differenzierung der Gesprächsebenen vorschlagen, die sich auf die personalen Thematiken konzentrieren und den dialogischen Prozeß einbeziehen.

Ebene der Konventionen
Auf dieser Gesprächsebene herrschen Sachlichkeit, Spiel (im transaktionsanalytischen Sinn von stereotypen Kommunikationsformen) und Reaktionsbildung vor (vgl. Perls u.a. 1951, 504 f.; Fuhr/Gremmler-Fuhr 1988, 191 ff.). Die Gesprächspartner aktivieren vorgeformte Einstellungen und

alltägliche Verhaltensmuster, die ihren Rollen und ihrem Stil entsprechen. Wenn es zu ihrem Alltagsrepertoire gehört, sich auch gefühlsmäßig deutlich auszudrücken, können sie auch affektiv stark involviert sein. Die Partner flirten vielleicht miteinander oder bekämpfen sich auf subtile oder direkte Art, sie versuchen, sich gegen den anderen durchzusetzen oder reagieren trotzig, beleidigt, vorwurfsvoll oder betont freundlich, werbend und manipulativ. Sie reflektieren miteinander in mehr oder weniger rationaler Weise und prüfen Entscheidungsmöglichkeiten nach sachlichen Gesichtspunkten. Inhaltliche Argumente und sachliche Beobachtungen stehen in jedem Fall im Vordergrund der Aufmerksamkeit. Hält diese Form des Austauschs längere Zeit vor, dann flacht die Spannung des Gesprächs allmählich ab, die Argumentationen drehen sich im Kreis oder die Themen wechseln häufig, so daß wieder neue kleine Spannungsbögen entstehen. Argumentation und Gegenargumentation können auch eskalieren und in offenem Streit münden.

Ebene des persönlichen Austauschs
Die Gesprächspartner teilen sich persönliche Erlebnisse und Erfahrungen mit oder reagieren auf dem Hintergrund solcher bewußten Erfahrungen. Auch vorhandenes Wissen über solche Erfahrungen kommt zur Sprache, aber es ist ein persönliches, erlebtes Wissen, das man nicht in Büchern nachlesen kann. Es geht um die Verständigung über persönlich betreffende Themen, um persönliche Anliegen und Schwierigkeiten. Im Verlauf dieses Gesprächs tauchen immer wieder »Kontaktunterbrechungen« auf, die entweder selbst zum Fokus des Gesprächs werden oder die die Gesprächspartner nach einiger Zeit überwinden können. Das Gespräch verlangsamt sich gegenüber der konventionellen Ebene, es ist auf eine Thematik zentriert, und die Beteiligten lassen sich darauf ein, andere Ansichten zu prüfen und mit bestimmten neuen Einstellungen und Verhaltensweisen zu experimentieren.

Existentielle Ebene
Die aktuellen Anliegen und Themen treten in den Hintergrund. Im Austausch zwischen den Gesprächspartnern geht es um grundlegende Fragen des In-der-Welt-Seins, des Umgangs mit Schicksalhaftem, um Fragen des Lebenssinns, der persönlichen Aufgaben und der Berufung. Das Gesprächsklima ist dicht, intensiv und manchmal auch von heiterer Gelassenheit bestimmt. Es ist ein eher philosophisches Gespräch mit gegenseitiger Anteilnahme und Berührung ohne dramatische Effekte.

Da bei der Auseinandersetzung mit personalen Themen wie Identität, Beziehung und Lebensgestaltung meist auch Reste präpersonaler Entwicklungsschwierigkeiten und unerledigter Geschichten einfließen, können quer zu den drei Ebenen des Gesprächs immer wieder Elemente der Tiefung des Gesprächs, wie sie beispielsweise Petzold/Rahm definieren, ins Spiel kommen, so daß eine rückblickende Analyse des Gesprächsverlaufs sehr viel komplexer werden kann, als es die Differenzierung in drei Gesprächsebenen für personale Prozesse nehelegen würde. Meist läßt sich aber ein übergreifendes Muster des Gesprächsverlaufs herauslesen, das auch Aufschluß über die Beziehung zwischen Berater und Klient und über die persönliche Entwicklung des Klienten geben kann. Wie sich später zeigen wird, hat die Differenzierung der Gesprächsebenen für dialogische Beratung daher auch diagnostischen Wert.

Meine Vorstellung geht nun nicht dahin, daß die existentielle Form des Gesprächs die »eigentliche« Dialogebene und am höchsten zu bewerten sei. Alle drei Gesprächsebenen haben ihre Bedeutung in der Beratung, und es ist der Wechsel zwischen den verschiedenen Ebenen, der den Wert dialogischer Beratungsgespräche ausmacht und die Rückbindung an den Alltag des Klienten (und des Beraters) erleichtert. In der Anfangszeit eines längerfristigen Beratungsprozesses dringen die Gesprächspartner oft nur in wenigen Momenten von der konventionellen zur persönlichen Ebene vor. Selbst, wenn es ihnen nach einiger Zeit möglich ist, auch längere Zeit auf der persönlichen und existentiellen Ebene zu kommunizieren, taucht die konventionelle Ebene immer wieder auf. In manchen Phasen des Prozesses ist es auch völlig ausreichend, wenn die Gesprächspartner sich auf die persönliche Ebene beschränken. Bewegen sich die Gesprächspartner nämlich nur noch auf der persönlichen und existentiellen Ebene, kann dies ein Anzeichen dafür sein, daß sie den Boden unter den Füßen verloren und sich in einer idiosynkratischen Welt verloren haben. Bei einem erfolgreichen Beratungsprozeß für Persönlichkeitsentwicklung sollten alle drei Ebenen immer wieder vorkommen. Dies kann auch innerhalb ein und desselben Gesprächs geschehen.

> Edeltraud sitzt etwas blaß und abwesend in der Supervisionsgruppe. Eine Teilnehmerin spricht sie an. Nein, nein, mit ihr sei nichts, sie sei ein bißchen abgespannt. Sie wirke ein wenig traurig, meint die Beraterin. Das sehe nur so aus, erwidert sie, und dabei rollen ein paar Tränen über ihre Wangen. »Es geht mir halt nicht so gut!« reagiert sie trotzig. Die Beraterin bleibt mit ihrer Aufmerksamkeit

schweigend bei ihr. Sie sei in den letzten Tagen und Wochen oft sehr traurig und das verstehe sie gar nicht, gibt Edeltraud jetzt preis. Es sei ihr doch eigentlich noch nie so gut gegangen wie jetzt, wo sie das Gefühl hat, von ihrem Partner geliebt und von den Mitgliedern der Gruppe gemocht zu werden und wo ihre therapeutische Praxis so gut läuft. Und sie komme auch wieder irgendwie aus dieser Niedergeschlagenheit heraus. Trotzdem beunruhige sie das. Die Beraterin arbeitet mit ihr heraus, wie sie sich dabei erlebt, wenn sie traurig ist: sie fühle sich ausgeschlossen und verzweifelt. Wie sie es schaffe, aus dieser Traurigkeit wieder herauszukommen, möchte die Beraterin weiter wissen, da sie ja im Augenblick nicht mehr traurig sei. Edeltraud wird sich im Laufe des folgenden Gesprächsabschnitts dessen bewußt, daß sie immer dann, wenn ihr Sympathie und Liebe entgegengebracht wird, Mißtrauen spürt. Das macht sie sehr traurig. Sobald sie dieses Mißtrauen äußern kann, wie jetzt, verflüchtigt es sich. Als das Beratungsgespräch diesen Punkt erreicht hat, sieht es so aus, als könnte es hier abgeschlossen werden. Die Beraterin spürt jedoch ein Zögern bei sich und anderen Gruppenteilnehmern. »Was hat diese Traurigkeit und dieses Mißtrauen mit deiner Lebensgeschichte zu tun?« will die Beraterin wissen. Edeltraud erzählt, daß sie ihre Eltern nicht wollten, und als sie da war, hätte ihr Vater sie nicht als Mädchen gewollt. Trotzdem wären sie wohl sehr lieb zu ihr gewesen und sie möge sie auch heute noch gerne. Deshalb verstünde sie ihre Traurigkeit und ihr Mißtrauen nicht, aber es fühle sich so an, als habe sie kein Recht auf Sympathie und Liebe. Die Beraterin erwägt unter engagierter Beteiligung der anderen Gruppenmitglieder mit Edeltraud die Möglichkeit, daß sie als Kind sehr wohl gespürt haben könnte, daß sie ihre Eltern nicht gewollt hatten, sie vielleicht sogar aus Schuldgefühlen heraus besonders liebevoll zu ihr gewesen sein könnten, und die Beraterin erzählt ihr eine eigene Erfahrung dazu. Das macht der Klientin viel Sinn und sie versucht, sich damit anzufreunden, daß die tiefe Traurigkeit und das Mißtrauen, das sie empfindet, wenn ihr mit Sympathie und Liebe begegnet wird, eine Berechtigung haben und in der grundlegenden Unsicherheit ihrer menschlichen Existenz begründet sein könnte.

In diesem Gespräch sind alle drei Ebenen des Dialogs nachweisbar. Anfangs war Edeltraud reaktiv, sie reagierte abwehrend und trotzig auf die

Aufmerksamkeit der anderen. Dann, nachdem ihrem Trotz und ihrem »Widerstand« Raum gegeben worden war, läßt sie sich mit der Beraterin auf die Gesprächsebene ein, in der persönlich bedeutsame Erfahrungen ausgetauscht werden. Und schließlich erreichen die Dialogpartner die dritte Ebene des Dialogs, wo sie auf existentielle Erfahrungen Bezug nehmen und sich auf einer quasi überpersönlichen Ebene treffen können. Diese letzte Gesprächsphase verläuft sehr ruhig und unter intensiver Beteiligung aller Mitglieder der Supervisionsgruppe.

Beziehungsdynamik zwischen Berater und Klient

Die Dynamik des Gesprächsverlaufs spiegelt sich zwar auch in der Beziehungsdynamik zwischen Berater und Klient wider. Dennoch treten in einem dialogischen Beratungsprozeß Beziehungsdynamiken zwischen Berater und Klient auf, die eigenen Gesetzmäßigkeiten zu folgen scheinen. Daher lohnt es sich, diesen Aspekt der Beratung gesondert unter die Lupe zu nehmen.

Die meisten Beratungskonzepte sprechen davon, daß in der Anfangsphase der Beratung soweit wie möglich eine »vertrauensvolle und tragfähige Beziehung« hergestellt werden sollte, wobei der Fähigkeit des Beraters zur Empathie besondere Bedeutung zukomme (vgl. z.B. Rahm 1990, 125; Rechtien 1988, 69; Weisbach 1990, 62 ff.). Damit wird suggeriert, daß diese Art der Beziehung die Voraussetzung für Beratungsprozesse überhaupt sei. Wenn es so einfach wäre, eine »vertrauensvolle und tragfähige Beziehung« herzustellen, hätten wir - Klienten ebenso wie Berater und Therapeuten - nicht immer wieder so viele Beziehungsschwierigkeiten in unserem Leben. Es kann sich dabei also nur um ein funktionales Verständnis von Beziehung handeln, das vor allem von professionell bedingten Einstellungen und Verhaltensweisen des Beraters abhängig ist.

Eine wertschätzende, empathische und authentische Zugehensweise des Beraters auf den Klienten ist auch in der Anfangsphase dialogischer Beratung, die ja häufig von Angst begleitet ist, und zwar nicht nur beim Klienten, von Bedeutung. Aber der Aufbau einer vertrauensvollen und tragfähigen Beziehung zwischen eigenständigen Personen ist eine zentrale Aufgabe des gesamten Beratungsprozesses, und sie wird auch in längerfristigen Beratungen nur immer ansatzweise erfüllt werden können. Die Verletzungen, die die meisten von uns in Erziehung und Ausbildung sowie im täglichen Umgang mit anderen Menschen erfahren, beobachten und selbst auslösen, das damit zusammenhängende Mißtrauen und die Angst vor Berührungen sind schwierige Voraussetzungen für einen vertrauensvollen Dialog; in dem Bemühen, sich zu begegnen, gehen die Beziehungspartner im Laufe eines Beratungsprozesses durch Höhen und Tiefen und oft auch durch Krisen. Es kann deshalb hilfreich sein, sich die Entwicklungen in der Beziehung zwischen Berater und Klient immer wieder bewußt zu machen und zu reflektieren, und dabei kann auch das Wissen um Gesetzmäßigkeiten im Beziehungsprozeß unterstützend sein.

Erste Ansätze zur Vertrauensbildung

Am Anfang, wenn der Klient große Hoffnungen in den Berater setzt, daß dieser ihm hilft, seine Probleme zu lösen, ist die Beziehung zwischen den Gesprächspartnern meist völlig unausgewogen. Der Berater wird zum Retter, der Klient macht sich abhängig vom Berater und bemüht sich herauszufinden, was er von ihm erwartet, denn meist will er ja ein »guter« Klient sein. Enttäuscht der Berater seine Erwartungen jedoch, dann wird der Klient vielleicht ungehalten und abweisend. Seine anfängliche Motivation zum genauen Erforschen seiner Lebenssituation ist meist nicht sehr anhaltend, er will Probleme lösen und Unangenehmes beiseite schaffen und zwar möglichst rasch. Das Beste aber, was ein dialogischer Berater anzubieten hat, liegt nicht im Problemlösen und der Befreiung von Symptomen, sondern in der Initiierung und Unterstützung von Prozessen persönlichen und transformativen Lernens, was auch bei vielen Klienten auf ein - allerdings oft nur hintergründiges - Bedürfnis stößt.

Der Berater muß entscheiden, inwieweit er sich auf solche Problemlösungsprozesse mit dem Klienten einlassen kann und will; das hängt auch von der realen Notsituation des Klienten ab. Zum transformativen Lernen aber bedarf es in den meisten Fällen einiger Anreize. Der Berater leiht dem Klienten seine Neugier, sein Interesse an dessen Leben, an den ungenutzten Potentialen, an den Bedeutungen und Sinnzusammenhängen dessen, was ans Tageslicht kommt. Er ist vielleicht gespannt darauf, wie sich die Beziehung zwischen ihm und dem Klienten entwickeln könnte. Der Klient braucht in dieser Zeit einen unterstützenden Berater, da der Prozeß ungewohnt und risikoreich ist, auf den er sich mit zwiespältigen Gefühlen einläßt. Der Balanceakt des Beraters besteht darin, seine wohlwollende Anteilnahme, Unterstützung und Kompetenz anzubieten und den Klienten dennoch nicht in einer Weise an sich zu binden, daß er in allzu starke Abhängigkeit gerät. Denn dann besteht die Gefahr, daß der Berater in

Konkurrenz zu den Beziehungspartnern im Alltag des Klienten gerät und daher bewundert und umworben wird. Der Berater muß sich einerseits einlassen auf den Klienten und sich andererseits ihm gegenüber abgrenzen, indem er seine Intention zum Dialog und transformativen Lernen aufrechterhält, ohne sie gegen den Klienten durchsetzen zu wollen.

Die »Einmaligkeit« oder Besonderheit der akzeptierenden Zuwendung des Beraters im Leben des Klienten kann überdies dadurch relativiert werden, daß der Berater nicht nur für den Klienten Partei ergreift, sondern auch für dessen Beziehungspartner, sich selbst eingeschlossen. Durch diese vielseitige Parteilichkeit, wie wir es nannten, kann er dem Klienten immer wieder einmal deutlich machen, wie dessen Einstellungen und Verhaltensweisen auf seine Beziehungspartner wirken könnten. Der Berater spricht auf diesem Weg die personale Verantwortlichkeit des Klienten für seine Einflüsse und Wirkungen in seinem Umfeld an. Dadurch versucht der Berater, die Beziehung zum Klienten so zu beeinflussen, daß sie sich in Richtung auf eine Partnerschaft zwischen verantwortlichen Personen bewegt.

Diese *erste Phase* kann sehr lange dauern, geht es doch letztlich um das Wiedererlangen eines reifen - und das heißt auch kritischen - *Vertrauens* (vgl. auch Kopp 1977, 125 und Boszormenyi-Nagy/Krasner 1989, 57 ff.). Der Klient nimmt Beratung in Anspruch, weil er in seiner alltäglichen Situation mit seinen bisherigen Verhaltensmustern und Problemlösungsstrategien nicht weiterkommt und sich nicht in befriedigender Weise weiterentwickeln kann. Das Scheitern und der Stillstand im Entwicklungsprozeß des Klienten hängen meist mit dessen fehlendem oder aber »blindem«, also unkritischem, kindlichem Vertrauen zu sich und zu anderen Menschen zusammen.

Das für jeden persönlichen Lernprozeß unabdingbare Vertrauen wurde im Erziehungs- und Bildungsprozeß oft auf vielfältige Weise beeinträchtigt oder sogar zerstört. Die Inhalte und Gesprächsthemen sind in dieser Phase des Gesprächs daher für den Lernprozeß weniger bedeutsam als der langsame Aufbau einer Vertrauensbasis. Der Klient muß die Erfahrung machen, daß der Berater fair zu ihm ist, aber auch zu den Bezugspersonen des Klienten, die ja oft im Beratungsgespräch präsent sind, ohne physisch anwesend sein zu müssen. Wenn der Klient dagegen den Eindruck gewinnt, daß der Berater ihn ausbeuten und ausnutzen will, steht dies einer Vertrauensentwicklung ebenso im Wege wie wenn der Berater sich vom Klienten ausbeuten läßt, ohne dies zur Sprache zu bringen.

Fairneß ist für Vertrauensbildung von vorrangiger Bedeutung. In der Beziehung zum Klienten zeigt sich Fairneß vor allem dann, wenn ich als Berater im Konflikt mit dem Klienten bin: Kann ich fair bleiben, wenn ich eine Einstellung oder Handlungsweise des Klienten ablehne? Gebe ich ihm eine Chance, sich verständlich zu machen und prüfe ich, ob ich einen Irrtum begangen habe, und kann ich mich gegebenenfalls dafür entschuldigen? Die gegenteilige Orientierung zu Fairneß im Konfliktfall ist Macht (im Sinne von Herrschaft): Bei einem machtorientierten Beziehungsverständnis versucht einer den anderen von der Richtigkeit seiner Sichtweise zu überzeugen, ihn auf seine Seite zu ziehen, und dadurch kann oberflächlich wieder Harmonie hergestellt werden. Bei Fairneß geht es darum, den anderen da zu lassen, wo er ist, ihm seine Würde zu lassen, auch wenn sich unterschiedliche Einstellungen und Meinungen zunächst unversöhnlich gegenüberstehen.

Die Verführung zur Machtorientierung ist sowohl für den Berater als auch für den Klienten sehr groß. Zwar muß sich der Berater immer wieder um die Bereitschaft des Klienten zur kontinuierlichen und aktiven Mitarbeit bemühen, aber er vefügt dabei kaum über institutionelle Sanktionsmittel. Er kann aber aufgrund seiner Kompetenz und Rolle (z.B. als Experte für Kommunikation und Persönlichkeitsentwicklung) eine ganz andere Art von machtvoller Position gegenüber dem Klienten einnehmen. Wenn der Berater im Konfliktfall seine Machtposition ausspielt, kann der Klient in der Vorstellung leben, einen Anteil an der Macht des Beraters zu bekommen und im Einklang mit ihm zu sein, wenn er sich ihm unterwirft. Wer dagegen Fairneß praktiziert, muß Konflikte stehen lassen und akzeptieren können oder in einer Weise lösen, bei der es keine Gewinner und Verlierer gibt. Eine wichtige Möglichkeit, Fairneß zu zeigen, besteht für den Berater überdies darin, daß er Anflüge von Mißtrauen des Klienten ihm gegenüber ernst und wichtig und als Ausdruck eines beginnenden Vertrauens würdigt, statt sie wegzureden und sich als durch und durch vertrauenswürdigen Menschen anzubieten.

Mentoren-Beziehung

Die Vertrauensbildung und das Erleben von Fairneß in der Beziehung begleitet und unterstützt die tiefergehende Erforschung der Anliegen des Klienten. Allmählich lernt der Klient, sich selbst als Experten für seine Erfahrungen und eigenen Möglichkeiten zu begreifen und gewinnt damit eine Grundlage dafür, daß er dem Berater in partnerschaftlicherer Weise gegenüberzutreten kann. Die abhängige und asymmetrische Beziehung wandelt sich in dieser *zweiten* Phase zu einer Mentoren-Beziehung. Der Berater ist dabei immer noch der Erfahrenere, zumindest der erfahrenere Lerner in vielen Bereichen; er kann den Klienten anleiten und ihm neue Wege aufzeigen, bis ihm dies aus eigener Kraft möglich ist. Beim Experimentieren mit neuen Möglichkeiten kann der Klient den Berater-Mentor nutzen, um die Wirksamkeit seiner Versuche zu überprüfen; der Berater ist dann der »bedeutsame andere«, der stellvertretend für relevante Bezugspersonen des Klienten eintritt. Dennoch steht die Übernahme von Eigenverantwortung durch den Klienten in dieser Phase im Vordergrund.

Partnerschaftlichkeit

Eine *dritte Phase* im Beziehungsprozeß wird daran erkennbar, daß der Berater auch vom Klienten als reale Person mit Stärken und Schwächen gesehen wird, daß das Verhältnis von Geben und Nehmen zwischen den Gesprächspartnern ausgewogener wird, indem der Klient dem Berater beispielsweise kritische Rückmeldungen gibt und sich ihm gegenüber auch einmal großzügig erweist, dessen persönliches Bemühen und Engagement anerkennt und nicht nur als bezahlte Dienstleistung hinnimmt. Der Klient beginnt in dieser Phase, sich in der Beziehung zum Berater (und anderen Bezugspersonen) auf eine authentische Weise wichtig zu nehmen, und er experimentiert mit ihm gemäßen Formen des Selbstausdrucks und der Kontaktaufnahme, um seinen eigenen Stil zu finden.

Ablösung

Der Wunsch des Klienten nach größerer Eigenständigkeit und Unabhängigkeit vom Berater markiert den Übergang zur Trennungsphase. Berater und Klient bereiten sich in der *vierten und letzten Phase* darauf vor, wieder ganz ihre eigenen Wege zu gehen. Dieser Ablösungsprozeß ist bei längerfristigen Beratungsprozessen ähnlich schwierig wie der anfängliche Prozeß des Sich-Einlassens: ein verläßlicher Beziehungspartner geht für den Klienten verloren und auch für den Berater hinterläßt jeder scheidende Klient erst einmal eine Lücke. Es ist ein Prozeß des »Übergangs«, der vergleichbar mit Übergängen im persönlichen Entwicklungsprozeß sein kann wie Pubertät, Eintritt ins Berufsleben, Familiengründung, Umzug, Wechsel des Arbeitsplatzes oder Pensionierung. Solche Übergänge sind Zeiten der Krisen, die mit starken Verunsicherungen verbunden sind.

Unterstützung und Sicherheiten können dabei vor allem die alltäglichen Beziehungspartner des Klienten geben, sofern er sich von diesen akzeptiert und herausgefordert fühlt. Sicherheit ist aber auch darin zu finden, daß der Klient lernt, sich selbst zu bestätigen - zumal angemessene Bestätigungen im Alltag oft ausbleiben - so daß er unabhängiger von der Bestätigung des Beraters wird.

Wie dramatisch und schwierig oder organisch und stimmig der Ablösungsprozeß verläuft, dürfte unter anderem damit zusammenhängen, inwieweit es dem Berater und dem Klienten gelungen ist, die personale Ebene der Persönlichkeitsentwicklung ins Spiel zu bringen und Lernprozesse in den Dimensionen von Identität, Beziehung und Existenz ausgelöst zu haben. Auf der personalen Ebene können sich Klient und Berater eher als gleichberechtigte Partner begegnen als bei einer einseitigen und durchgängigen Konzentration auf präpersonale Themen, und daher können sie sich vermutlich auch auf liebe- und respektvolle Weise trennen. Die Verlockung ist jedoch groß, die Aufmerksamkeit auch im Beratungsprozeß immer wieder auf die unerledigten Geschichten der präpersonalen Ebene zu lenken, die ja bei jedem Anliegen und Problem des Klienten mit hineinspielen können. Der Klient bleibt dadurch in einer relativ abhängigen, der Berater letztlich in einer überlegenen Position. In der Trennungsphase kann sich diese präpersonale Orientierung darin äußern, daß beim Klienten alte Ängste vor dem Alleinsein, der Orientierungs-, Schutz- und Hilflosigkeit aufkommen und Sehnsüchte nach Symbiose so stark aktiviert werden, daß alte Symptome wieder auftauchen.

Aber auch für den Berater ist der Ablösungsprozeß dann nicht einfach; vielleicht fühlt er sich sogar von einem Klienten, der sich zunehmend als eigenständige Person versteht und seine eigen-sinnigen Wege gehen will, bedroht und versucht unbewußt, ihn daran zu hindern. Gelegentlich enden solche Trennungen dann entweder in »Liebeserklärungen« gegenüber dem Berater mit nachfolgenden Krisen oder als Bruch mit gegenseitigen Beschuldigungen und Verunglimpfungen. Möglicherweise hat der Berater übersehen, daß der Klient damit überfordert war, daß sich die Arbeit vorwiegend auf den personalen Bereich bezog und vielleicht erst die Bearbeitung grundlegender Probleme aus dem präpersonalen Bereich erforderlich gewesen wäre. Es kann jedoch auch sein, daß der Berater die Potentiale des Klienten zur personalen Entwicklung einfach zu wenig im Blick hatte und er ihn daher unterforderte.

Dies macht die Vielzahl von diffizilen Entscheidungen deutlich, die der Berater während des Beratungsgeschehens im besten Wissen mit dem Klienten getroffen hat. Mit Entscheidungen dieser Art schließen wir immer andere Möglichkeiten aus, die rückblickend betrachtet vielleicht sogar die besseren gewesen wären. Die nicht gewählten oder erkannten Möglichkeiten zu *bedauern*, ist eine weitere wichtige Aufgabe in der Ablösungsphase. Indem sich Berater und Klient über diese Entscheidungen und auch über die verpaßten Möglichkeiten Rechenschaft ablegen, können sie zu Einsichten gelangen, die ganz neue Lernprozesse in Gang setzen, selbst wenn sich die Gesprächspartner dabei nicht mehr begleiten können. Zur Trennung gehört daher auch das gemeinsame Erlebnis des Bedauerns und das Eingeständnis, daß unsere Möglichkeiten als Berater sehr begrenzt sind.

Kontaktzyklus des Beziehungsgeschehens

Die Dynamik der Berater-Klient-Beziehung weist wiederum einige Analogien zum Kontaktprozeß auf, wie ihn die Gestalttherapie versteht. Dies wird deutlich, wenn wir das Modell des Kontaktzyklus und der Kontaktphasen als Folie über das Beziehungsgeschehen während des gesamten Beratungsprozesses legen: Über die Phase des Vorkontakts, in dem sich die Beziehungspartner abtasten und aneinander orientieren, wird die Phase des Kontaktnehmens erreicht. Jetzt können die Gesprächspartner sich auf die Erforschung inhaltlicher Probleme engagiert einlassen und auch ihre wechselseitigen Beziehungsprobleme angehen. In der Phase des vollen Kontakts verlieren die Schwierigkeiten an Relevanz, die Gesprächspartner fühlen sich beide als Experten auf unterschiedlichen Gebieten und tauschen ihre Erfahrungen und Gedanken aus, ohne miteinander zu kämpfen oder sich ineinander zu verlieren. Die Abschlußphase schließlich entspricht dem Nachkontakt, indem das Gelernte integriert wird und sich neue Möglichkeiten für die Zukunft eröffnen und indem sich die Beziehungspartner voneinander trennen.

Selbstverständlich ist diese Darstellung der Beziehungsdynamik nur wieder ein Modell, das nicht etwa Realität abbilden soll, sondern als Hilfe zum Bewußtwerden von Prozeßstrukturen und als Anregung für praktisches Handeln gedacht ist. Die Beziehungsprozesse, die wir tatsächlich im Beratungsprozeß erleben, sind von Brüchen, Stagnationen und wiederholten Neuanfängen gekennzeichnet. Als dialogischer Berater gehe ich jedoch von der Annahme aus, daß alle Beteiligten letztlich darum bemüht sein könnten, die Brüche zu überwinden, um zu einem tiefgehenden Dialog zu finden und das Erleben zu einem stimmigen Abschluß zu bringen. Immer wieder einmal gelingt dieser Dialog ja auch und beschert uns Intensität und Gelassenheit als spürbaren Ausdruck persönlicher Entfaltung und eines tief empfundenen ästhetischen Vergnügens.

Persönliche Entwicklungsdynamik des Klienten

Eine dritte Dimension, nach der wir Beratungsprozesse betrachten können, betrifft die persönlichen Entwicklungs- und Lernprozesse des Klienten. Auch in dieser Hinsicht können Gesetzmäßigkeiten erkennbar werden, die uns Anregungen und Orientierungen geben bei dem Versuch, solche Entwicklungs- und Lernprozesse zu verstehen.

Allgemeine Verunsicherung

Transformative Lernprozesse, wie sie durch dialogische Beratung intendiert werden, lösen Phasen der Verunsicherung und solche der Stabilisierung aus. Das Empfinden des Klienten wechselt je nachdem, ob er im Leben gut zurechtkommt, die Aufgaben des Alltags meistern kann, oder ob Beziehungen brüchig werden, Vorhaben scheitern, alte Wertvorstellungen zusammenbrechen, die Orientierungen verloren gehen. Dieser Wechsel kann plötzlich oder allmählich eintreten, und oft ist er dem Klienten (und vielleicht auch dem Berater) nicht einmal voll bewußt. Das Wissen um die prinzipielle Notwendigkeit solcher Wechselfälle im Prozeß transformativen Lernens, auch der Krisen, in die er gerät, kann tröstlich wirken und dem Klienten das nötige Vertrauen geben, diese Phasen zu akzeptieren. In Krisenzeiten ist es besonders wichtig, daß der Berater seinen ausgesprochenen oder unausgesprochenen Wunsch kontrolliert, den Klienten aus der Verwirrung, Sackgasse, Krise oder Verzweiflung herausholen zu wollen, bevor dieser aus eigenen Kräften dazu bereit und in der Lage ist. Die Aufgabe des Beraters in Krisenzeiten des Klienten besteht darin, dabei zu bleiben, Anteil zu nehmen und zu unterstützen, wo es notwendig ist und sonst »nichts« zu tun.

Problembewältigung

Klienten, die Beratung in Anspruch nehmen, bringen anfangs meist aktuelle Probleme in die Gespräche ein: Schwierigkeiten in Partnerschaften, berufliche Orientierungsprobleme, Konflikte in Teams und dergleichen. In den ersten Abschnitten des Beratungsprozesses geht es also häufig um die Bewältigung des Lebensalltags im privaten oder im beruflichen Bereich. Irgendwann lernen die Klienten mit dem Berater, diese Probleme teilweise zu lösen oder mit ihnen zu leben. Es ist eine Zeit, in der häufig auch Reste aus dem präpersonalen Entwicklungsprozeß bearbeitet werden, die die Bewältigung aktueller Lebensprobleme erschweren. Wenn die Klienten akzeptiert haben, daß Beratung ebenso wenig wie Therapie dazu führen kann, daß man nach einiger Zeit ein für allemal geheilt ist, schon gar nicht in einer unheilen Welt, wird ein kritischer Punkt im Beratungsprozeß erreicht. Entweder die Gesprächspartner entscheiden sich dann für die Beendigung der Beratung oder sie lassen sich auf eine ganz neue Phase ein, sofern auf beiden Seiten genügend Interesse aneinander und am Weiterlernen geweckt wurde.

Transformative Lernprozesse

> Ingrid ist seit eineinhalb Jahren in Beratung. In die 43. Sitzung kommt sie mit der Frage, was sie jetzt eigentlich noch von mir wolle. Sie hat in den vergangenen Monaten gelernt, sich ihrer Selbstabwertung bewußt zu werden, fühlt sich häufiger als früher von anderen akzeptiert, kann sich leichter von der in ihren Augen maroden Welt ihrer Eltern abgrenzen, ohne diese zu verdammen; sie kann sich in Phasen der Niedergeschlagenheit Unterstützung durch andere holen und auch für sich selbst sorgen. Insgesamt kommt sie ihm Leben besser zurecht und kann es manchmal auch genießen. Die Beratung scheint ihren Zweck erfüllt zu haben, trotzdem hat sie das Bedürfnis, noch weiterzumachen. Aber wie? Ihr Leben war bisher davon erfüllt, Probleme zu lösen, seien es die anderer Menschen - wozu ihr Beruf als Sozialarbeiterin viele Gelegenheiten bot - aber auch eigene Probleme. Die Probleme sind nicht weg, aber sie kann sie immer wieder bewältigen. Das hinterläßt bei ihr jedoch auch ein Loch. Allmählich arbeiten wir die Frage heraus, die sie jetzt beschäftigt und an der wir uns in der nächsten Zeit orientieren können: »Wie kann ich mein Leben aktiv und kreativer gestalten, statt immer nur zu reagieren und von Problemen zu leben?«

Die Arbeit in der zweiten Phase des Prozesses der Persönlichkeitsentwicklung, den dialogische Beratung begleiten und unterstützen kann, konzentriert sich vor allem auf personale Entwicklungsherausforderungen, in denen Fragen der Identität, der dauerhaften Beziehungen sowie existentielle Fragen des Lebens im Vordergrund stehen. Es geht nicht mehr so sehr um das Zurechtkommen, sondern viel grundsätzlicher um die Art und Weise, wie der Klient die Welt sieht und versteht. Auf der praktischen Ebene geht es darum, ein erfüllteres Leben zu führen, die kreativen Potentiale in der Arbeit, in Beziehungen und in der Gestaltung des Alltags zu entfalten und die Lebensziele neu zu formulieren. Der Entwicklungsprozeß hat eine Stufe erreicht, wo es vorrangig um die für dialogische Beratung genuinen Themen geht und der dialogische Ansatz am ertragreichsten werden kann. In dieser Phase ist die Beratungsarbeit auch stark davon geprägt, welche Bereiche Berater und Klient für sich jeweils erschlossen haben oder erschließen wollen, wo also beide am meisten voneinander als Partner lernen können. Die Arbeit konzentriert sich stärker als in der vorhergehenden Phase auf Bedeutungsmuster in der Lebensgestaltung und auf Sinnzusammenhänge über den Bereich des unmittelbaren Umfelds hinaus und über die Generationen hinweg. Wenn der Klient in diesem Stadium ein Problem einbringt, dann geht es ihm nicht mehr in erster Linie darum, es zu lösen. Er begreift jede Herausforderung im Leben als Möglichkeit, sich seiner Einstellungen zu sich und zu anderen und zu seinen Lebensaufgaben bewußt zu werden und an ihnen zu lernen.

Entwicklung neuer Lebensformen
   Eine dritte Phase im persönlichen Entwicklungsprozeß deutet sich an, wenn der Klient an einen Punkt gelangt, an dem es ihn drängt, mit seinen kreativen Möglichkeiten praktisch wirksam zu werden, seine Beziehungen neu zu gestalten, seine Berufssituation umzugestalten oder zu verändern, andere Formen des Seins und Denkens in der Welt zu erproben. In dieser Phase geht es nun vorwiegend um die Entwicklung neuer Perspektiven, um das Zulassen und Ernstnehmen von Visionen, um das realistische Prüfen und Erproben von Handlungsalternativen. Dieser Zeitpunkt im Beratungsprozeß kündigt die bevorstehende Beendigung der Beratung an; denn der Berater kann den Klienten nur noch ein Stück weit begleiten auf seinem Weg in neue Bereiche, aber dann kommt unweigerlich der Zeitpunkt, an dem der Klient ohne ihn weitergehen muß.
   Marginalität kann ein wichtiges Thema für den Klienten in dieser Phase sein. Wenn er lernt, eigene Interessen zu entwickeln und verantwortlicher mit seinen kreativen Potentialen umzugehen, wenn er sich seiner eigenen Reaktionsweisen und der des Umfeldes bewußter wird und mit größerer Sensibilität wahrnimmt, wer sorglos und zerstörerisch und wer sorgend und liebevoll mit sich und seiner Umwelt umgeht, gerät er leicht in eine marginale Position, die Ängste vor Isolation aufkommen lassen kann. Dem Berater dürfte diese marginale Position am ehesten vertraut sein. Er steht aufgrund seiner professionellen Aufgabe oft am Rande, er arbeitet an der Grenze, denn nur dort, wo ein Mensch den anderen oder ein System das

andere berührt, sind Veränderung und Entfaltung möglich (vgl. Nevis 1988, 211 ff.; Perls, L. 1989, 177 ff.). Der Berater hat zwar Teil am Geschehen in der Beratung und an den Lebensvollzügen des Klienten, aber immer auch als Beobachter, der nie ganz dazugehört. Aus seinen Erfahrungen heraus ist es ihm möglich, den Klienten die Schwierigkeiten zu verdeutlichen, die Persönlichkeitsentwicklung mit sich bringt in einem Umfeld, das vor allem an Fortschritt als Ersatz für tiefgehende Sehnsüchte interessiert ist.

Einsicht in zyklische Prozesse des Lernens
In der Abschlußphase der Beratung tauchen - angeregt durch das Bewußtsein der bevorstehenden Trennung - oft alte, schon längst bewältigte Probleme, Verhaltensweisen und Symptome wieder auf und man könnte den Eindruck gewinnen, daß sich in der ganzen Zeit wenig getan hat. Erst bei genauerem Hinschauen wird deutlich, daß der Umgang mit diesen alten Problemen wahrscheinlich ein anderer geworden ist, daß ihnen leichter ein angemessener Stellenwert zugewiesen wird und sie nicht mehr als so überwältigend erlebt werden wie am Anfang. Spätestens zu diesem Zeitpunkt kann dem Klienten deutlich werden, daß Prozesse des persönlichen Lernens nicht linear verlaufen, sondern zyklisch sind. Alte Themen und Probleme, wohlbekannte schwierige Situationen und vertraute Einstellungs- und Verhaltensmuster tauchen immer wieder auf, auch wenn sie sich uns oft in anderer Form und Verkleidung darstellen. Immer wieder kann der Lernende neue Aspekte an ihnen bemerken, die eine Herausforderung für ihn sein können. Der persönliche Lernprozeß erreicht insofern nie ein Ziel, an dem wir uns ein für allemal ausruhen könnten. Vielmehr wird der Lernprozeß selbst zum Ziel.

Bildungspolitikern und Auftraggebern ist oft nur schwer klarzumachen, daß Lernprozesse dieser Art, wie sie heute auch schon gelegentlich in den Weiterbildungskonzepten von Firmen und Verwaltungen angestrebt werden, nicht in gleicher Weise Ergebnisse nachweisen können wie etwa ein Computerkurs oder ein Seminar in »Zielorientierter Projektplanung (ZOPP)«. Dennoch besteht der Anspruch zurecht, daß auch persönlichkeitsbildende Beratungsprozesse auswertbar sein müssen, wenn auch nach anderen Kriterien und Verfahren und unter Verzicht auf objektive Überprüfbarkeit. Am Schluß dieses Buches werde ich daher einige Möglichkeiten der Überprüfung und Auswertung von dialogischer Beratung im Hinblick auf den Prozeß der Persönlichkeitsentwicklung zusammenstellen.

Zuvor will ich die Strukturen der verschiedenen Dynamiken des Beratungsprozesses in einer Übersicht zusammenstellen. Damit soll weder eine strikte Parallelität noch eine lineare Abfolge der Strukturelemente nahegelegt werden.

Dynamik des Gesprächsverlaufs	Beziehungsdynamik zwischen Berater und Klient	Persönliche Entwicklungsdynamik des Klienten
Ebene der Konventionen	Ansätze zur Vertrauensbildung	Allgemeine Verunsicherung
Ebene des persönlichen Austauschs	Mentoren - Beziehung	Problembewältigung
Existentielle Ebene	Partnerschaftlichkeit	Transformative Lernprozesse
	Ablösung	Entwicklung neuer Lebensformen

Tabelle 2: Übersicht über die Strukturen des Beratungsprozesses

15. Kapitel

Ansätze einer personalen Diagnostik

Diagnostik als gemeinsame Hypothesenbildung

Einschätzungen des Gesprächsverlaufs, der Beziehungsdynamik zwischen Berater und Klient sowie des persönlichen Entwicklungsprozesses sind auch in dialogischer Beratung von entscheidender Bedeutung. Solche Einschätzungen brauchen wir zu unserer eigenen konstruktiven Verunsicherung, zur Orientierung und Bestätigung als Lernende und zur Entwicklung von Perspektiven und einer thematischen Schwerpunktsetzung in der weiteren Beratungsarbeit. Darüber hinaus kann Diagnostik auch Teil eines gemeinsamen Forschungsprozesses zwischen Berater und Klient sein, der der Weiterentwicklung von Beratungskonzepten dient.

Der Begriff »Diagnostik« ist jedoch vorbelastet. Meist assoziiert man damit die Analyse eines Patienten/Klienten mit Hilfe von Tests, Anamnesen und Befragungen, um Defizite und Ursachen seines Problems festzustellen und Behandlungspläne für ihn aufstellen zu können. Dieses Verständnis von Diagnostik, das dem »schulmedizinischen Paradigma« verpflichtet ist, steht im Widerspruch zu Prinzipien dialogischer Beratung (vgl. auch Nevis 1988, 131 ff., Buer 1991). Ich verstehe »Diagnostik« im ursprünglichen Sinn des Wortes als »Erkenntnis von Unterschieden«. Es ist also zu klären, auf welche Unterschiede sich die Einschätzungen beziehen sollen und an welchen Stellen nach welchen Kategorien und Dimensionen solche Einschätzungen sinnvollerweise vorgenommen werden können.

Dialogische Beratung ist ein kontinuierlicher Prozeß; Einschätzungen gelten daher immer nur für die Augenblicke, in denen sie vorgenommen werden, sie können keine dauerhafte und objektive Gültigkeit beanspruchen. Zwar können wir die Einschätzungen, die wir beispielsweise im

Hinblick auf den Gesprächsverlauf, den Beziehungsprozeß und die persönliche Entwicklung im Zusammenhang eines bestimmten Beratungsgeschehens vornehmen, in Begriffen ausdrücken, die von allgemeinerer Gültigkeit sind. Solche Begriffe stehen jedoch für Bedeutungen, denen wir jeweils einzigartigen Erfahrungen zuordnen. Insofern können diagnostische Aussagen in einem Beratungsprozeß unter dem Blickwinkel einer Kategorie oder Dimension sowohl auf einmalige Erfahrungen hinweisen als auch verallgemeinerbare Bedeutungen der Erfahrungen bezeichnen und damit andere Lerner und Berater in ihrer Arbeit anregen.

Das Diagnostizieren kann in dialogischer Beratung letztlich nie ein einseitiger Vorgang sein. Als Berater kann ich mir ein Bild vom Klienten machen. Dieses Bild entspricht meiner eigenen Realitätskonstruktion und hat unter Umständen wenig oder gar nichts mit der Selbstwahrnehmung und -einschätzung des Klienten zu tun. Die einseitige Einschätzung erzeugt also nichts anderes als Vorurteile. Solche Vorurteile sind immer vorhanden, ob wir sie nun wahrhaben wollen oder nicht. Vorurteile können auch sehr hilfreich sein, wenn sie uns als solche bewußt und einer Überprüfung zugänglich sind. Wenn ich meine Vorurteile als Berater mit dem Klienten zusammen überprüft habe oder mit ihm zusammen diagnostische Aussagen formuliere, können diese den Wert von Hypothesen haben. Solche Hypothesen können mehr oder weniger gut begründet sein, in jedem Fall aber bedürfen sie immer wieder einer Überprüfung.

Diagnostische Prozesse

Aus dem Verständnis der Diagnostik als gemeinsame Hypothesenbildung folgt, daß es sich um einen Vorgang handelt, der wiederholt im Beratungsprozeß vollzogen werden muß. Genau genommen stellen wir als Berater sehr häufig und in jeder einzelnen Sitzung Hypothesen über den persönlichen Prozeß des Klienten auf und formulieren auf dieser Grundlage unsere Angebote an den Klienten. Der Prozeß des Diagnostizierens, von dem ich hier spreche, unterscheidet sich gegenüber dem »beiläufigen« Diagnostizieren darin, daß wir unsere ganze Aufmerksamkeit bewußt auf die Formulierung von Hypothesen konzentrieren und auf nichts anderes.

Dies ist prinzipiell an jeder Stelle des Beratungsprozesses möglich. Es gibt aber im Beratungsgeschehen Momente, in denen Diagnostik besonders angebracht ist. Dazu zählt der Beginn einer Beratung, das Ende eines gemeinsamen Prozesses oder andere Zäsuren wie etwa der Ferienbeginn, der Jahreswechsel oder der Zeitpunkt vor der Neu- bzw. Umformulierung des Beratungsvertrages. Auch wenn der Beratungsprozeß über längere Zeit stagniert, ist Diagnostik angesagt.

Diagnostik dient der konstruktiven Verunsicherung, der Orientierung und Bestätigung, habe ich eingangs behauptet. Im Unterschied zum schulmedizinischen Verständnis von Diagnostik geht es nicht darum, Ursachen von Krankheiten zu ermitteln und Behandlungspläne aufzustellen, die Krankenkassen oder Auftraggebern vorgelegt werden müssen. Dies hat einen Platz in der Therapie im Sinne von Heilbehandlung und in problemlösender Auftragsberatung (z.B. Projektberatung).

In dialogischer Beratung kann Diagnostik Erfolge deutlich machen, die Klient und Berater erzielt haben. Solche Erfolge können immer nur relativ sein, weil jeder Schritt in der persönlichen Entwicklung gleichzeitig einen Widerstand gegenüber dem nächsten notwendigen Schritt hervorrufen kann. Der Klient, der sich seines bisher unbemerkten Hasses auf bestimmte Mitmenschen bewußt geworden ist, sieht sich bald vor die Herausforderung gestellt, mit diesem Menschen auf eine ethisch vertretbare Weise umzugehen und seinen Haß zu kontrollieren. Die Gruppenmitglieder, die sich unbewußter Gruppennormen gewahr geworden sind, stehen jetzt vor der Aufgabe, autonom zu entscheiden, was jeweils angemessen ist. Auch für Erfolg gibt es leider keine allgemeingültigen Kriterien: Der stark verunsicherte Klient kann einen großen Schritt getan haben, weil er mit seiner Angst vor Kontrollverlust umgehen gelernt hat. Wie auch immer: wir brauchen auch hin und wieder die Bestätigung, etwas geschafft zu haben.

Diagnostik kann natürlich auch *Defizite* und Gründe für Stagnationen im Beratungsprozeß aufzeigen. Nach Ken Wilber ist Persönlichkeitsentwicklung durch zunehmende Differenzierung und Integration gekennzeichnet. Die generelle diagnostische Frage könnte also lauten: »Wovon grenze ich mich jetzt ab, was habe ich akzeptiert und integriert?« Durch diagnostische Prozesse können wir dabei auch lernen, uns in immer differenzierterer Weise selbst einzuschätzen und Fremdeinschätzungen anderer kritisch auszuwerten. Da das Bildungssystem mit dem wenig aussagekräftigen Diagnosesystem von Noten und Punkten kaum Gelegenheiten bietet, differenzierte Selbsteinschätzung zu lernen, kann Beratung auch hierfür im Sinne einer Nacherziehung genutzt werden. Das mag anfangs sehr mühsam und zeitaufwendig sein; ich halte diese »Übung« aber für eine wesentliche Hilfe im Prozeß der Identitätsentwicklung.

Diagnostische Aussagen sind Bedeutungsaussagen von Erfahrungen. Solche Aussagen über Erfahrungen sind nur verständlich, wenn auch der Kontext, auf den sie sich beziehen, klar ist. Eine Aussage der Art: »Ich habe zunehmend größere Schwierigkeiten mit meiner Rolle als Lehrerin«, erhält erst dann diagnostischen Wert, wenn deutlich ist, welchen Stellenwert die Aussage im Prozeß der Persönlichkeitsentwicklung hat. Solche Kontextbezüge sind beispielsweise:

- Die *Zwischenbilanz* über den persönlichen Entwicklungsprozeß eines Klienten: dann könnte es sich bei unserem Beispiel um einen neu beginnenden Berufsfindungsprozeß handeln oder um eine beginnende Auseinandersetzung mit institutionellen Normen;
- die *Suche nach Gründen für Stillstand* im Beratungsprozeß: die Aussage könnte dann auf große Angst vor dem Verlust einer sicheren Existenzgrundlage hindeuten, die auf den Klienten insgesamt lähmend wirkt;
- die *Gesamtauswertung eines persönlichen Beratungsprozesses:* dann könnte die diagnostische Aussage beispielsweise den Wunsch nach professioneller Supervision oder nach einer Selbsthilfegruppe im Anschluß an die Beratung andeuten.

Diagnostische Kategorien und Dimensionen

Für Diagnostik in der dialogischen Beratung kann es keine objektiven Maßstäbe geben. Es stehen auch keine idealtypischen Modelle etwa für eine »dialogische Persönlichkeit« zur Verfügung, die uns Kategorien und Kriterien liefern könnten, nach denen sich Testinstrumente konstruieren ließen. Dialogische Prozesse lassen sich nicht an einer festen Meßlatte ablesen, es sei denn, wir errichten selbst einmal solche Meßlatten oder benutzen vorgefertigte Diagnoseinstrumente, um uns für bestimmte Beobachtungsaufgaben und Bedeutungshypothesen anregen zu lassen. Was wir jedoch in jedem Fall tun können, ist, die Selbst- und Fremdeinschätzungen der Person auf bestimmte Kategorien und Dimensionen der Persönlichkeitsentwicklung zu beziehen.

Die Therapie- und Beratungsliteratur hält eine Fülle von Anregungen für Persönlichkeitsstrukturen, für Persönlichkeitsstörungen und -stile sowie für Charakterstrukturen und -störungen bereit. Die überwiegende Zahl der Kategoriensysteme bezieht sich dabei auf die präpersonalen Aspekte der Persönlichkeit. Bekannte Systeme stammen aus der Psychoanalyse, wie sie etwa Riemann in dem Klassiker *Grundformen der Angst* dargestellt hat (Riemann 1981). Die Objektbeziehungstheorie stellt Kategoriensysteme bereit, die auf Störungen zu wichtigen Beziehungspersonen zurückgeführt werden (vgl. Cashdan 1990). Von Dörner und Ploog werden psychoanalytische Grundkategorien in einen systemischen Zusammenhang gestellt (Dörner/Ploog 1984). Auch auf der Grundlage der gestalttherapeutischen Konzeption des Kontaktzyklus und der Theorie des Selbst (Perls u.a. 1951, 425 ff.) wurden erste Ansätze einer Prozeßdiagnostik für Beratung formuliert (Rahm 1990, 83 ff.). Hierbei überwiegen allerdings die präpersonalen, speziell die neurotischen Aspekte der Persönlichkeitsentwicklung mit Ausnahme eines Kategoriensystems für die Identitätsentwicklung von Petzold (Petzold/Heinl 1983). Ken Wilber schließlich bietet ein System von Kategorien und Kriterien für die gesamte Spannbreite der Persönlichkeitsentwicklung an. Allerdings konzentriert sich Wilber einseitig auf Pathologien, so daß seine Kategorien und Dimensionen für den Gebrauch in Beratung modifiziert werden müßten. Die Kategorien, die Dietrich speziell für Beratung zusammengestellt hat, gehen ebenfalls von »Störungen« aus, die zu beheben sind, und damit lehnt er sich am schulmedizinischen Arzt-Patient-Modell an (Dietrich 1987). Schließlich lassen sich aus speziellen Ansätzen der Entwicklungstheorie Kategoriensysteme für einzelne Aspekte des personalen Bereichs herausarbeiten, beispielsweise aus dem von Hausser, der das Modell der Identitätsentwicklung nach Erikson weiterentwickelte (Hausser 1983, 114 ff.) sowie die gestalttherapeutisch orientierte Arbeit von Mullen (Mullen 1991). Die Hinweise auf Kategoriensysteme und Kriterien zur Diagnostik von Prozessen der Persönlichkeitsentwicklung ließen sich seitenweise fortsetzen.

Diagnostische Kategorien für personale Entwicklung
Im folgenden werde ich einige Kategorien und Dimensionen zusammenstellen, die sich auf die Grundprinzipien dialogischer Beratung beziehen. Dabei konzentriere ich mich auf den Teilaspekt dialogischer Beratung, der die personale Entwicklungsdynamik des Klienten betrifft. Die Ausführungen über die Dynamik des Gesprächsverlaufs und die Beziehungsdynamik zwischen Berater und Klient in den vorherigen Kapiteln enthalten schon eine Vielzahl von Aussagen über den Prozeß, die meist auch in diagnostischer Weise verwendet werden können. Da die zentrale Aufgabe dialogischer Beratung letztlich in der Förderung und Unterstützung des Klienten

besteht, scheint mir hier die Eingrenzung der Diagnostik auf die Entwicklungsdynamik des Klientensystems gerechtfertigt zu sein. Verständlich und sinnhaft können diagnostische Aussagen über die persönliche Entwicklungsdynamik jedoch immer nur in ihren Wechselbeziehungen zu anderen Aspekten des Beratungsprozesses sein, also vor allem zum Gesprächsverlauf und zur Beziehungsdynamik zwischen Berater und Klient.

Die Zusammenstellung von Kategorien und Kriterien für Einzelklienten und Klientengruppen (z.B. Paare, Teams, Projekte etc.) ist das vorläufige Ergebnis eines mehrjährigen Forschungsprozesses, und ich will kurz erläutern, wie diese Listen für Einzelklienten und Klientengruppen zustande kamen.

Eine Durchsicht unserer Aufzeichnungen über den Verlauf von Beratungen ließ deutlich werden, daß bestimmte Themen bei den einzelnen Klienten oder Gruppen immer wiederkehrten. Es ist, als kreisten wir über mehrere Monate und manchmal Jahre hin um einige wenige zentrale Themen. Die Muster, die wir in der Beratungsarbeit immer wieder aufdeckten, erwiesen sich in der Rückbesinnung als Manifestationen dieser zentralen Themen. Wie wir aus unseren eigenen Lernprozessen wissen, lassen sich solche Themen oft sogar zu Lebensthemen verdichten, mit denen wir uns Zeit unseres Lebens auseinandersetzen müssen und die in vielfach wiederkehrenden Grundmustern ihren Ausdruck finden. Auch von den Klienten selbst wurden in diagnostischen Gesprächen immer wieder bestimmte Themen erwähnt, die ihrer Selbsteinschätzung zufolge für ihren eigenen Prozeß der Persönlichkeitsentwicklung und für die Förderung ganzheitlichen Denkens kennzeichnend waren. Der »Fortschritt« in der Persönlichkeitsentwicklung bestand nun darin, daß diese zentralen Themen immer facettenreicher wurden, die Klienten mit diesen Themen auch besser umgehen lernten und die Potentiale, die in den entsprechenden Mustern verborgen sind, konstruktiver zu nutzen wußten, bis alte Themen manchmal verblaßten und ganz neue Themen auftauchten, ausgelöst durch neuartige Herausforderungen und Schwierigkeiten.

Personale versus präpersonale Diagnostik

Eine eindeutige Abgrenzung der personalen Aspekte der Persönlichkeitsentwicklung gegenüber den präpersonalen ist diagnostisch gesehen wohl kaum möglich. Die Gewohnheiten, die wir in der Auseinandersetzung mit Herausforderungen auf der personalen Ebene ausbilden, und die mit ihnen korrespondierenden Muster können durch unbewältigte Entwicklungsschwierigkeiten auf der präpersonalen Ebene mehr oder weniger stark beeinträchtigt sein. In der Art und Weise, wie die Gewohnheiten und Muster in Erscheinung treten, bestehen jedoch Unterschiede, je nachdem, ob sich die Person hauptsächlich mit einer präpersonalen oder einer personalen Thematik auseinandersetzt. Herrschen Reste aus der präpersonalen Thematik vor, dann treten die Gewohnheiten und Muster, die wir dem personalen Bereich zuordnen, in einer Weise auf, daß der Klient das Empfinden hat, keinen Einfluß auf das Geschehen nehmen zu können. Hat der Klient dagegen die präpersonalen Aspekte der Thematik schon bearbeitet, dann sind die Gewohnheiten und Muster nicht in erster Linie durch mangelnde Selbstunterstützung, sondern stärker durch fehlendes Wissen, fehlende Übung, mangelnde Bestätigung im Alltag, eingefahrene Denkweisen oder auch bewußte Entscheidungen bedingt.

Einige Beispiele sollen diesen Unterschied zwischen präpersonalen und personalen Erscheinungsformen der Gewohnheiten und Muster im Kontext der folgenden Kategorien und Dimensionen verdeutlichen:

Eine Klientin in einer Ausbildungsgruppe weigert sich, bei Rollenspielen bestimmte Rollen zu übernehmen. Im diagnostischen Gespräch darüber stellt sich heraus, daß sie diese Rollen nicht übernehmen möchte, weil sie befürchtet, sich bloßzustellen und verletzt zu werden. Diese Gewohnheit ist ihr auch aus ihrer beruflichen Arbeit bekannt, wodurch sie häufig in eine marginale Position in Teams gerät, weil sie weder leicht einzuordnen noch schnell zu Kompromissen bereit ist. Sie weiß, daß sie bei Rollenanforderungen, die nicht stimmig für sie sind, aus Angst vor Authentizitätsverlust sehr empfindlich reagiert (ein Rest aus einer präpersonalen Problematik). Sie möchte dieses Muster nicht grundsätzlich überwinden, aber gelassener damit umgehen lernen.

Ein Klient verwechselt immer wieder einmal die Kontexte. Dadurch kommt es häufig zu Mißverständnissen und Frustrationen, weil er beispielsweise den Wechsel der Gesprächsebene nicht bemerkt, den er selbst oder der Berater vollzieht. Sobald der Berater ihm den Wechsel des Kontextes jedoch bewußt macht, kann er folgen oder sich dafür entscheiden, auf einer bestimmten Gesprächsebene zu bleiben. Im Alltag gerät dieser Klient häufiger in die Rolle des von der Welt Mißverstandenen. Wäre es dem Klienten auch bei Unterstützung durch den Berater nicht möglich, sich des jeweiligen Kontextes bewußt zu werden und einen Wechsel nachzuvollziehen, wäre der Verdacht auf eine nicht bearbeitete präpersonale Entwicklungsschwierigkeit begründet.

Die Mitglieder einer Supervisionsgruppe geben sich oft Rückmeldungen, die auf die Empfänger aggressiv oder abwertend wirken. Im diagnostischen Gespräch mit der Gruppe stellt sich heraus, daß das von Mißtrauen und gelegentlich sogar von Feindseligkeit geprägte Gruppenmuster nicht an der fehlenden Bereitschaft der Teilnehmer liegt, füreinander zu sorgen, sondern daran, daß sie nicht wissen, wie man bestätigende Rückmeldungen geben kann und bisher auch keine Modelle dafür kennengelernt haben.

Die folgenden diagnostischen Kategorien und Dimensionen sind an den Schlüsselbegriffen für dialogische Beratung orientiert: Person, Beziehung, Ganzheit. Die Gesprächspartner müssen im diagnostischen Gespräch zu den jeweiligen Kategorien und Dimensionen selbst Kriterien finden, die es ihnen erlauben, treffende Aussagen zur jeweiligen Kategorie machen zu können: »Woran erkennst du/erkenne ich bei dir, daß deine Selbstwertschätzung zugenommen/abgenommen, du dich in deiner Rolle als ... sicherer/unsicherer fühlst, sich deine Präsenz als Mann/Frau gewandelt hat, du mehr Bewußtheit über existentielle Grundängste hast usw.?«

Ich gehe davon aus, daß die Person in jeder Kategorie zwischen den Polen der Dimensionen pendelt, je nach Stimmung und Situation. Dabei lassen sich Tendenzen erkennen: Entweder der Klient schwankt sehr stark zwischen den Extremen oder er spielt sich auf einen Bereich zwischen den Polen ein. Auf diese Weise ergibt sich als momentane Bestandsaufnahme ein Profil der personalen Entwicklung, das sowohl auf Erreichtes hinweist als auch die Lernherausforderungen erkennen läßt.

Diagnostische Kategorien und Dimensionen für Einzelklienten

Diagnostische Aspekte zur Person
Existenzberechtigung: Diese Kategorie bezieht sich auf das Empfinden hinsichtlich der eigenen Existenzberechtigung. Damit ist das grundsätzliche Empfinden angesprochen, einen Platz in dieser Welt oder in einer

bestimmten Gemeinschaft, Berufsgruppe oder Institution einnehmen zu dürfen. Dieses Existenzrecht ist meist eingeschränkt: Nur, wenn sich die Person in einer bestimmten Weise verhält, bestimmte Leistungen erbringt oder sich legitimieren kann, hat sie das Empfinden, da sein zu dürfen. Im einen Extremfall ist das Empfinden, eine Existenzberechtigung zu haben, sehr labil, im anderen hat die Person stets das Empfinden uneingeschränkten Rechts auf ihre Existenz, ohne damit bestimmte Verpflichtungen zu verbinden.

Selbstwertschätzung: Diese Kategorie betrifft das Ausmaß an authentischer Selbstliebe (im Sinne eines »gesunden« Narzißmus), Selbstakzeptanz und Sorge für sich selbst. Auf dem einen Pol steht häufige Selbstabwertung, auf dem anderen eine überhöhte Selbstwertschätzung. Auch diese Einstellungen können grundsätzlicher Art sein oder sich auf bestimmte Verhaltensweisen und Leistungen bzw. auf bestimmte Situationen beziehen. In der Mitte der Skala steht ein kritisches Sich-wichtig-Nehmen und Sich-Wertschätzen.

Selbsteinschätzung: Hierbei geht es um die Einschätzung der eigenen Kompetenzen, Begabungen und kreativen Potentiale. Diese können im Extremfall entweder unterschätzt oder überschätzt werden. Manchmal weiß die Person zwar verstandesmäßig, was sie leisten kann, bewertet dies aber nicht als ein zu ihr gehöriges Können, sondern als Zufall, Glück oder als »nichts Besonderes«.

Würde: Diese Kategorie bezieht sich auf das Empfinden für die eigene Würde und die Achtung vor eigenen Schamgrenzen. Die Dimension reicht von der Unbekümmertheit, mit der die Person sich beispielsweise häufiger lächerlich macht oder machen läßt sowie ihr »Innerstes nach außen kehrt« (Schamlosigkeit) bis zum übertriebenen Bedacht-Sein auf die eigene Würde in jeder Situation.

Präsenz: Dies betrifft die Ausstrahlung der Person als Frau/als Mann. Im einen Extremfall füllt die Person einen Raum völlig aus, so daß kein Platz für andere zu sein scheint, im anderen bleibt sie fast unbemerkt und unscheinbar. Diese Kategorie bezieht sich auch auf die Bewußtheit der Person über die Qualität ihrer Ausstrahlung (z.B. feindselig oder wohlwollend, kühl und distanziert oder warm und offen, aufmerksam oder abwesend, klar oder verwirrend, anregend oder lähmend usw.).

Rollenverständnis: Hierbei geht es um die Übernahme und das Ausfüllen sozialer Rollen. Es betrifft die grundsätzliche Bereitschaft und Fähigkeit, Rollen bewußt einzunehmen und auszufüllen, aber auch die Art, wie die Person Rollen ausfüllt. Im einen Extremfall zögert die Person, Rollen einzunehmen, im anderen Extremfall fühlt sie sich ausschließlich in einer klar definierten Rolle sicher und handlungsfähig (dies betrifft z.B. Berater oder Therapeuten, die auch in informellen Situationen ganz beraterisch oder therapeutisch bleiben). Die Person kann auf die jeweilige Rolle fixiert sein und sich stereotyp verhalten oder locker mit ihr umgehen und Spontaneität in der Rolle entwickeln. In besonderer Weise kommt diese Dimension bei der Übernahme von Führungsfunktionen zum tragen: Die Person weigert sich innerlich, die Leitungsrolle in einem Gespräch, einer Gruppe etc. bewußt einzunehmen, obwohl sie sie formal innehat, oder sie ist darauf bedacht, die ihr zustehende Leitungsrolle in jedem Augenblick in der Hand zu behalten.

Diagnostische Aspekte zur Beziehung
Durchlässigkeit: Diese Kategorie bezieht sich auf die Fähigkeit der Person, sich in andere hineinzufühlen und hineinzuphantasieren. Am einen Pol verfügt die Person nur über eine eingeschränkte Fähigkeit von Mitempfinden und vorstellungsmäßigem Nachvollzug der Wirklichkeit des anderen, am anderen Pol neigt die Person dazu, sich in der Gefühls- und Vorstellungswelt des anderen zu verlieren.

Vertrauen: Das Vertrauen zu anderen Menschen kann sehr brüchig sein oder die Person vertraut ganz im Gegenteil dazu anderen Menschen recht blind. Ein ausbalanciertes Verhältnis dieser beiden Extreme liegt bei einem prüfenden Vertrauen. Dabei dürfte es interessant sein zu ermitteln, wie lange, wie genau und nach welchen Kriterien die Vertrauensprüfung erfolgt, bis sich eine Person auf einen anderen Menschen einläßt und wie rasch dieses Vertrauen wieder zu erschüttern ist.

Eros: Bei dieser Kategorie geht es um die psychische und physische »Energie«, mit der sich die Person auf andere bezieht und um die Entfaltung der kreativen Möglichkeiten im Kontakt mit anderen. Auf dem einen Pol stehen Einfallsarmut und Gleichgültigkeit anderen Menschen gegenüber, auf dem anderen Pol ist ein leidenschaftliches, aber unstetes Interesse und ungezähmter Tatendrang anzutreffen.

Sorge: Bei dieser Kategorie geht es um die Möglichkeiten der Person, andere Menschen zu unterstützen, Mitgefühl für sie zu entwickeln und sich um sie zu kümmern. Die Sorge kann übertrieben sein und entmündigend wirken oder sie ist stark eingeschränkt und hat ausbeuterische Tendenzen, indem sich die Person vor allem dann um andere Menschen bemüht, wenn es im eigenen Interesse liegt.

Verantwortung: Hierbei geht es um das Verantwortungsempfinden sich selbst und anderen gegenüber, einschließlich der Umwelt. Das Verantwortungsempfinden kann übertrieben und daher für die Person selbst belastend oder sehr gering ausgeprägt sein. Hierzu gehört auch das Ausmaß an Schuld und die Fähigkeit, zwischen »normaler« Schuld (etwa bei schwierigen Entscheidungen) einerseits und nichtberechtigter (»neurotischer«) Schuld andererseits unterscheiden zu können.

Machtbewußtheit: Diese Kategorie bezieht sich auf die Fähigkeit einer Person, sich der eigenen Machtausübung (im Sinne von Herrschaft) oder Unterwerfung bewußt zu sein, reaktives Verhalten bei sich und anderen wahrzunehmen und sich aus Machtdynamiken auch wieder lösen zu können. Dazu gehört auch die Fähigkeit, sich vor Machtausübung anderer schützen und sich in fairer Weise behaupten zu können. Die Dimension reicht von häufigem, unbewußten Verwickelt-Sein in Machtdynamiken bis zum nicht hinterfragten Einsetzen von Machtstrategien (bewußte Ausübung von Herrschaft).

Diagnostische Aspekte zur Ganzheit
Existentielle Bewußtheit: Hierbei geht es um die generelle Bewußtheit der Person über die eigenen Grundängste, insbesondere die vor Tod, Isolation, Freiheit (im Sinne von Bodenlosigkeit) und Sinnlosigkeit. Die Dimension reicht von weitgehender Verleugnung der »letzten Dinge« bis zur Fixierung auf Tod, Isolation, Freiheit und Sinnlosigkeit. In der Mitte dieser Pole steht die Einsicht in die existentielle Tatsache, daß wir aus der Ganzheit herausgefallen sind und immer wieder einmal Zugang zur Ganzheit erhalten können.

Eigen-Sinn: Mit dieser Kategorie ist das Empfinden einer Person gemeint, sich zur menschlichen Gemeinschaft zugehörig zu fühlen und gleichzeitig einzigartig und besonders zu sein. Auf dem einen Pol steht das Bedürfnis, immer dazugehören zu wollen, auch um den Preis der Eigen-Art (»Mitschwimmen«), auf dem anderen ein ausgeprägtes Empfinden von Einzigartigkeit und Besonderheit, was als Preis soziale Isolation bedeuten kann.

Sinnperspektive: Bei dieser Kategorie geht es um die Einsicht der Person in die grundsätzliche Sinnlosigkeit bzw. die Nicht-Einsehbarkeit eines höheren Sinns und um die Fähigkeit, dem eigenen Leben und Handeln Sinn zu geben. Die Dimension reicht vom überwiegenden Verleugnen der Sinnfragen oder einem Sinnlosigkeitsempfinden bis hin zur Fixierung auf Sinnhaftigkeit. In der Mitte der Pole liegt die Fähigkeit einer Person, einerseits sinngebend zu wirken, Berufungen zu erkennen, sich kreativen oder sozialen Aufgaben hinzugeben und auch Sinnlosigkeit aushalten zu können.

Übergegensätzlichkeit: Damit ist die Fähigkeit gemeint, Polaritäten wahrzunehmen und zu akzeptieren. Auf dem einen Extrem steht die Tendenz, jeweils nur eine »Wahrheit« gelten zu lassen und der Zwang, sich stets eindeutig entscheiden zu müssen (Dogmatismus), auf dem anderen Pol sind häufige Entscheidungsschwierigkeiten anzutreffen und das Fehlen eigener Positionen. In der Mitte liegt die Fähigkeit zur übergegensätzlichen Sichtweise einerseits (dem Sowohl-als-Auch) und zum bewußten Einlassen auf einen Pol (dem Sich-Entscheiden-es-so-zu-Sehen) andererseits.

Kontextbewußtsein: Damit ist das Wissen um vielfältige Realitäten gemeint und die Fähigkeit, Perspektiven zu wechseln und vernetzt zu denken. Der eine Pol besteht darin, daß die Person sich der Perspektivität oder Ausschnitthaftigkeit ihrer eigenen Sichtweisen wenig bewußt ist und vor allem monokausal denkt, der andere Pol besteht in Kontextverwirrung und Orientierungslosigkeit, weil die Unterschiedlichkeit von Perspektiven nicht wahrgenommen wird oder alle Perspektiven für gleichwertig gehalten werden.

Selbsttranszendenz: Hiermit ist die Fähigkeit gemeint, sich seiner selbst bewußt zu sein und auch über sich selbst hinaustreten zu können. Inwieweit kann sich die Person einerseits auf eine Erfahrung einlassen, sich andererseits disidentifizieren und mitfühlender Zeuge seiner selbst sein? Auf dem einen Pol liegt die Fixierung auf das Ego, auf dem anderen die Entrückung in spirituelle Dimensionen.

Kategorie	Dimension	
	Pol A	Pol B
zur Person		
Existenzberechtigung	Labiles Empfinden für Existenzberechtigung	bedingungslose Existenzberechtigung
Selbstwertschätzung	Häufige Selbstabwertung	überhöhte Selbstwertschätzung
Selbsteinschätzung	Unterschätzung eigenen Könnens	Überschätzung eigenen Könnens
Würde	Geringes Empfinden für eigene Würde und Schamgrenzen	Fixierung auf eigene Würde
Präsenz	Unscheinbarkeit	Ausfüllen des ganzen Raums
Rollenverständnis	Zögernde Rollenübernahme	Überidentififkation mit bestimmten Rollen
zur Beziehung		
Durchlässigkeit	Eingeschränktes Mitempfinden und Nachvollzug der Wirklichkeit des anderen	Neigung, sich im anderen zu verlieren
Vertrauen	Brüchiges Vertrauen zu anderen	unkritisches Vertrauen

Eros	Gleichgültigkeit und Einfallsarmut	leidenschaftliches u. unstetes Interesse u. Tatendrang
Sorge	Eingeschränkte und egoistische Sorge	Überbesorgt-Sein
Verantwortung	Überverantwortlichkeit und hohes Schuldempfinden	Geringe Verantwortlichkeit und eingeschränktes Schuldempfinden
Machtbewußtheit	Häufige Verwicklung in Machtdynamiken	Gezielter, unkritischer Einsatz von Machtstrategien
	zur Ganzheit	
Existentielle Bewußtheit	Weitgehende Verleugnung der »letzten Dinge«	Fixierung auf »letzte Dinge«
Eigen-Sinn	»Mitschwimmen«	Besonderheit
Sinnperspektive	Verleugnung von Sinnfragen	Fixierung auf Sinnhaftigkeit
Übergegensätzlichkeit	Dogmatismus	Positionslosigkeit
Kontextbewußtsein	Monokausales Denken	Orientierungslosigkeit
Selbsttranszendenz	Ego-Gebundenheit	Spirituelle Entrückung

Tabelle 3: Übersicht über diagnostische Kategorien und Dimensionen für Einzelklienten

Diagnostische Kategorien und Dimensionen für Gruppen

Eine Gruppe im Sinne einer sozialen Einheit wie Team, Familie, Paar, Ausbildungsgruppe, Arbeitsgemeinschaft, Projektgruppe etc. stellt nicht nur mehr dar als die Summe der einzelnen Teilnehmer, sondern auch qualitativ etwas anderes. Natürlich ist die Entwicklungsdynamik einer solchen Gruppe abhängig von der jedes einzelnen Mitglieds. Es kristallisiert sich jedoch - wie jeder Gruppenleiter weiß - nach einiger Zeit ein bestimmtes, längerfristig anhaltendes Gruppenklima oder eine bestimmte Gruppenqualität heraus, die nicht nur von den einzelnen Personen und der Beziehungsdynamik innerhalb der Gruppe geprägt wird. Diese Gruppenqualitäten lassen sich ebenfalls auf dem Hintergrund personaler Entwicklungsprozesse diagnostizieren. Dabei wird die Gruppe als Einheit verstanden, die sowohl bestimmte Merkmale personaler Entwicklung nach innen als auch nach außen gegenüber dem jeweils größeren System sichtbar werden läßt. Diese Merkmale können ihren Ausdruck in Gruppenmustern finden.

Die folgenden Kategorien und Dimensionen sollen die Reflexion über den Gruppenprozeß anregen und unterstützen. Bei der Einschätzung einer Gruppe gibt es allerdings noch viel weniger allgemeingültige Maßstäbe als bei einer Einzelperson, da die Funktion und Aufgabe, die Größe, die Häufigkeit und Zeit des Zusammenseins usw. eine entscheidende Rolle spielen.

Diagnostische Aspekte zur Gruppen-Identität
Bedeutung: Diese Kategorie betrifft die Bedeutung der Gruppe im Umfeld. Es kann sich um eine für das Umfeld marginale oder bedeutungslose Gruppe handeln oder ihr wird ein Ausmaß an Bedeutung zugesprochen, das die Gruppe auf Dauer nicht erfüllen kann. Die Einschätzung der Bedeutung einer Gruppe berücksichtigt dabei sowohl die Außenperspektive (was die anderen von der Gruppe halten, erwarten usw.) als auch die Selbsteinschätzung durch die Gruppenmitglieder.

Funktion: Hierbei geht es darum, welche Funktion die Gruppe für das umfassendere System erfüllt. Es kann sich um Funktionen handeln, die mit dem Selbstverständnis und den Kompetenzen der Gruppe übereinstimmen oder divergieren. Die Funktion einer Gruppe kann stark von dem tatsächlichen Auftrag oder der Aufgabe abweichen, und es können sich Funktionen einschleichen, die im Widerspruch zum Selbstverständnis der Gruppenmitglieder stehen.

Interdependenz: Jede Gruppe steht in wechselseitiger Abhängigkeit von der nächstgrößeren Einheit. Im einen Extrem kann daraus eine die Gruppeninitiative lähmende Abhängigkeit werden, im anderen Extrem führt die Gruppe ein unverbindliches Eigenleben, wobei auch hier das Selbstverständnis der Gruppe ein wesentlicher Faktor ist.

Abgrenzung: Hierbei geht es um die Art der Grenzziehung zwischen der Gruppe und dem Umfeld. Auf dem einen Pol herrscht eine gegenüber der Umwelt starre Grenzziehung vor (z.b. keine Eingliederung neuer Mitglieder, Informationssperre, eigene Ideologie etc.), auf dem anderen Pol weitgehende Offenheit (z.b. starke Fluktuation der Mitgliedschaft, wenig Gruppenidentität und -profil).

Selbstdarstellung: Diese Kategorie bezieht sich auf die Art und Weise, wie sich eine Gruppe nach außen darstellt (analog zur Präsenz einer Person). Die Spannbreite kann schwanken zwischen einer bescheidenen und/oder stillosen bis hin zu einer fassadenhaften und protzigen Selbstdarstellung, je nach der Ausgestaltung des Lebensraums der Gruppe, dem öffentlichen Auftreten der Gruppenmitglieder und ihren Tätigkeiten.

Aspekte zur Beziehungsdynamik
Differenziertheit: Hierbei geht es darum, ob die Gruppe im einen Extrem eine homogene Masse oder im anderen Extrem eine Ansammlung von Einzelgängern ist. Dazwischen läge eine Gemeinschaft profilierter Personen, die ein gemeinsames Anliegen verfolgen und aufeinander bezogen sind, wobei gleichzeitig jeder seine Besonderheit bewahren kann.

Interessenorientierung: Auf dem einen Pol dieser Dimension zählt nur das Sachinteresse, die Leistung oder die Außenwirkung (reine Zweckgemeinschaft), auf dem anderen Pol ist dagegen das persönliche Interesse der Gruppenmitglieder aneinander entscheidend und es gibt nur eine geringe oder gar keine gemeinsame Aufgabenorientierung (fehlende »dritte Sache«). Dazwischen liegt eine Mischung aus Sachinteresse und persönlichem Interesse.

Vertrauen: Bei dieser Kategorie kann das Vertrauen ganz ähnlich wie im Hinblick auf eine Einzelperson schwanken zwischen starkem gegenseitigen Mißtrauen einerseits bis hin zur Vertrauensseligkeit (Verschwörergemeinschaft) andererseits. Das Maß an gegenseitigem Vertrauen dürfte sehr stark von der Beziehungsethik der Gruppe abhängen, also davon, ob beispielsweise Fairneß und Transparenz einen hohen Stellenwert haben oder nicht.

Unterstützung: Diese Kategorie bezieht sich darauf, ob im Extremfall nur negative Kritik und Abwertung oder aber nur Unterstützung bei fehlender Konfrontation vorherrschen. Bei der Einschätzung dieser Dimension ist zwischen den (guten) Absichten der Teilnehmer und dem tatsächlichen Erscheinungsbild zu unterscheiden. Häufig wissen die Mitglieder einer Gruppe einfach nicht, wie sie sich gegenseitig unterstützen und konstruktiv kritisieren könnten.

Machtbewußtheit: Ausgehend von der Annahme, daß in jeder sozialen Gruppe Machtdynamiken vorkommen, geht es bei dieser Kategorie darum einzuschätzen, ob Machtdynamiken oder aber Begegnung im Miteinander der Gruppenmitglieder vorherrschen, wie transparent und bewußt einzelne Gruppenmitglieder mit der informellen oder institutionellen Machtstruktur umgehen und wie tabuisiert oder thematisierbar Machtdynamiken sind. Die Einschätzung in dieser Dimension korreliert sehr häufig mit dem Maß an Angst, das die Gruppenmitglieder voreinander haben.

Aspekte zur Ganzheit
Reflexivität: Phänomene der Ganzheitlichkeit beziehen sich überwiegend auf geistige Prozesse der Person. Der Beitrag einer Gruppe läßt sich daher auf eine globale Kategorie reduzieren. Die Kategorie »Reflexivität« soll darauf hinweisen, wie bereit und fähig die Gruppe ist, sich ihrer selbst nach zuvor genannten Kategorien bewußt zu werden und die Beziehung zueinander und zur Umwelt zu thematisieren. Die Dimension reicht von der Tabuisierung der Gruppenselbstreflexion oder starkem Widerstand dagegen bis hin zur ständigen Selbstreflexivität und damit verbundener Entscheidungs- und Handlungsunfähigkeit.

Kategorie	Dimension Pol A ──────── Pol B	
	zur Gruppen - Identität	
Bedeutung	Relative Bedeutungslosigkeit	überhöhter Anspruch
Funktion	Kongruenz von offizieller und inoffizieller Funktion	starke Divergenz in den Funktionen
Interdependenz	Lähmende Abhängigkeit	unverbindliches Eigenleben
Abgrenzung	starre Abgrenzung	unkontrollierte Offenheit
Selbstdarstellung	Bescheidenheit und/oder Stillosigkeit	übetriebene Selbstdarstellung
	zur Beziehungsdynamik	
Differenziertheit	innere Undifferenziertheit	Einzelgängertum
Interessenorientierung	einseitig funktionales Interesse	fehlende Aufgabenorientierung
Vertrauen	gegenseitiges Mißtrauen	blindes Vertrauen
Unterstützung	gegenseitige Abwertung	fehlende Konfrontation
Machtbewußtheit	Vermeidung von Machtbewußtsein	Vorherrschen von Machtstrategien

	zur Ganzheit	
Reflexivität	Tabuisierung von Gruppenselbstreflexion	ständige Selbstreflexivität

Tabelle 4: Übersicht über diagnostische Kategorien und Dimensionen für Gruppen

Entwicklung und Stillstand

Es ist das Anliegen dialogischer Beratung, Persönlichkeitsentwicklung zu initiieren und zu unterstützen sowie zu ganzheitlichem Denken herauszufordern. Die Einschätzung eines solchen Entwicklungsprozesses nach den diagnostischen Kategorien und Dimensionen kann zur Einsicht führen, daß wir bestimmte Stadien in der Entwicklung erreicht haben: Wir sind als Person vielleicht authentischer, sicherer und spontaner in unseren Rollen geworden; wir gehen liebevoller mit uns selbst und anderen um; wir werden vielleicht etwas gelassener angesichts von Schicksalsschlägen; wir können uns leichter der Trauer hingeben und danach wieder Mut schöpfen. An solchen Entwicklungsschritten können wir uns dann freuen und sie auch würdigen. Oft kommen wir jedoch nicht umhin, uns zu vergleichen - der Berater mit dem Klienten, der Klient mit dem Berater, der Klient mit anderen Beziehungspartnern, die Teilnehmer einer Gruppe untereinander, die ganze Gruppe mit anderen Gruppen. Solche Unterschiede im Entwicklungsprozeß sind nicht zu leugnen und sie bewußt wahrzunehmen ist auch notwendig, wenn dialogische Beratung einen Sinn ergeben soll. So muß der Berater beipielsweise dem Klienten unter gewissen Aspekten voraus sein; er muß Erfahrungen haben im Überschreiten selbst- und fremdgesetzter Grenzen, muß die Freuden und Leiden eines persönlichen Entwicklungsprozesses nachvollziehen können. Hat er deshalb eine »höhere« Entwicklungsstufe erreicht? - Ja und nein. Wir gehen davon aus, daß jede Person und jede Gruppe die Herausforderungen des Lebens immer dazu nutzen kann, um daran zu lernen und sich weiterzuentwickeln. Diese Entwicklung vollzieht sich unserer Erfahrung nach nicht linear sondern zyklisch: wir begegnen immer wieder ähnlichen Herausforderungen und können ihnen immer neue

Aspekte abgewinnen, aber selten haben wir eine Lernaufgabe völlig erfüllt, ein Lebensthema erledigt. Außerdem bleiben wir auch immer wieder stekken, weigern uns, die Herausforderungen anzunehmen und uns weiterzubewegen, sind längere Zeit in Unentschlossenheit und Orientierungslosigkeit gefangen. Oder wir glauben, wir seien auf einer hohen Stufe angelangt und merken gar nicht, wie wir in Streßsituationen auf längst überwunden geglaubte Einstellungs- und Verhaltensmuster zurückfallen. Solche Stillstände und Rückschritte können eintreten, ganz gleich auf welcher »Entwicklungsstufe« wir uns befinden mögen. Es besteht sogar Anlaß zu der Annahme, daß die Stillstände desto anhaltender sind, je »höher« die erreichte Entwicklungsstufe ist. Die Einsicht in die Fragwürdigkeit dauerhaften Fortschritts im persönlichen Entwicklungsprozeß kann uns davor schützen, uns gegenüber den »noch nicht so weit entwickelten anderen« überlegen zu fühlen und sie abzuwerten. Das, was letztlich zählt, ist nicht der Fortschritt auf der Spirale der Entwicklung, sondern die Bewegung selbst. Die schmerzliche Erfahrung des Stecken-Bleibens einerseits und die Freude über das In-Bewegung-Sein und das Bewegt-Sein kann uns trotz aller Unterschiede immer wieder zu gleichwertigen Dialogpartnern werden lassen.

Literaturverzeichnis

Adler, Alfred: Menschenkenntnis (Fischer) Frankfurt 1966
Bateson, Gregory: Von den Strukturen hinter den Strukturen. Bateson im Gespräch mit Daniel Goleman. In: Psychologie heute 11/ 1978, 57-64
Bateson, Gregory: Geist und Natur. Eine notwendige Einheit. (Suhrkamp) Frankfurt a.M. 1982
Bateson, Gregory: Ökologie des Geistes. (Suhrkamp) Frankfurt a.M. 1981
Beaumont, Hunter: Gestalttherapie ist mehr als Fritz Perls. In: Psychologie heute 7/1986
Beisser, Arnold R.: The Paradoxical Theory of Change. In: Fagan, J./ Sheperd, I.L.: Gestalt Therapy Now. Harmondsworth 1972, 77-80
Berman, Morris: Wiederverzauberung der Welt. (Dianus-Trikont) München 1984
Berne, Eric: Was sagen Sie, nachdem Sie »Guten Tag« gesagt haben? (Fischer) Frankfurt a.M. 1983
Boszormenyi-Nagy, Ivan/Krasner, Barbara: Between Give and Take. (Brunner/Mazel) New York 1986
Buber, Martin: Der Weg des Menschen nach der chassidischen Lehre. (Pulvis Viarum) Niederlande 1950
- : Ich und Du. (Schneider) Heidelberg 1983
Buer, Ferdinand: Das Psychodrama als Methode der Selbsterforschung. Arbeitspapier. Göttingen 1991
Cashdan, Sheldon: »Sie sind ein Teil von mir«. (Edition Humanistische Psychologie) Köln 1990
Dewe, Bernd/Scherr, Albert: Beratung und Beratungskommunikation. In: Neue Praxis 6/1990, 488-500
Dietrich, Georg: Spezielle Beratungspsychologie. (Hogrefe) Göttingen etc. 1987
Dietrich, Georg: Allgemeine Beratungspsychologie. (Hogrefe) Göttingen 1983

Dörner, Klaus/Plog, Ulrike: Irren ist menschlich. Lehrbuch der Psychiatrie/ Psychotherapie. (Psychiatrie-Verlag) Rehburg-Loccum 1984
Duden: Deutsches Universalwörterbuch. (Duden) Mannheim etc. 1989
Duerr, Hans-Peter: Traumzeit. Über die Grenze zwischen Wildnis und Zivilisation. (Suhrkamp) Frankfurt 1985
Farau, Alfred/Cohn, Ruth C.: Gelebte Geschichte der Psychotherapie. Zwei Perspektiven. (Klett-Cotta) Stuttgart 1984
Freire, Paulo: Der Lehrer ist Politiker und Künstler. (rororo) Reinbek 1981
- : Pädagogik der Unterdrückten. (rororo) Reinbek 1973
Friedmann, Maurice: Der heilende Dialog in der Psychotherapie. (Edition Humanistische Psychologie) Köln 1987
Fuhr, Reinhard/Gremmler-Fuhr, Martina: Faszination Lernen. Transformative Lernprozesse im Grenzbereich zwischen Pädagogik und Psychotherapie. (Edition Humanistische Psychologie) Köln 1988
Fuhr, Reinhard/Portele, Heik: »Kontakt« und »Kontaktunterbrechungen« - ein erkenntnistheoretischer Irrtum? In: Gestalttherapie 2/1990, 54-59
Goethe, J.W. von: Maximen und Reflexionen. (Insel) Frankfurt a.M. 1982
Goethe, Johann Wolfgang von: Faust. Der Tragödie erster und zweiter Teil.(Hamburger Ausgabe) (Beck) München 1981
Gottschalch, W.: Wahrnehmen, Verstehen, Helfen. Heidelberg 1988
Goulding, M.M./Goulding, R.L.: Neuentscheidungen - Ein Modell der Psychotherapie. (Klett-Cotta) Stuttgart 1981
Gremmler-Fuhr, Martina: Wenn Wahrnehmung einen Unterschied macht. Zu den Grundlagen einer personalen Bildung. In: Österreichisches Institut für Integrative Pädagogik (Hrsg.): Wahr ist viel mehr. Katalog des Museums der Wahrnehmung. (Kulturvermittlung Steiermark) Graz 1990, H. 9
Gronemeyer, Marianne: Konsens und Eigensinn. Habilitationsvortrag. Göttingen o.J.
Hausser, Karl: Identitätsentwicklung. (Harper & Row) New York 1983
Hayward, Jeremy W.: Die Erforschung der Innenwelt. (Scherz) Bern/München 1990
Heinl, Peter: Kontext und Kommunikation: Koordinaten des Genogramms. In: Integrative Therapie 4/1988, 365-75
- : Die Technik der visuellen Analyse von Genogrammen (Familienstammbäumen). In: Familiendynamik 2/1987, 118-38
Holl, H.G.:Das lockere und das strenge Denken. Essays über Gregory Bateson. (Beltz) Weinheim 1986

Hycner, Richard: Zwischen Menschen. Ansätze zu einer dialogischen Psychotherapie. (Edition Humanistische Psychologie) Köln 1989
Johnson, Stephen M.: Der narzißtische Persönlichkeitsstil. (Edition Humanistische Psychologie) Köln 1988
Kälin, Karl/Müri, Peter (Hg.): Führen mit Kopf und Herz. (Ott) Thun 1988
Kappert, Detlef: Tanztraining, Empfindungsschulung und persönliche Entwicklung. (Ästh. Bildung) Bochum 1990
Keen, Sam: Die Lust an der Liebe. (Beltz) Weinheim/Basel 1984
Kepner, James I.: Körperprozesse. Ein gestalttherapeutischer Ansatz. (Edition Humanistische Psychologie) Köln 1988
Kohn, Alfie: Mit vereinten Kräften. Warum Kooperation der Konkurrenz überlegen ist. Psychologie heute-Buch. (Beltz) Weinheim/Basel 1989
- : Sind wir besser als unser Ruf? In: Psychologie heute 10/1990
Kopp, Sheldon: Back to One. (Science and Behavior) Palo Alto 1977
Lowen, Alexander: Lust. Der Weg zum kreativen Leben. (Goldmann) München 1979
- : Angst vor dem Leben. (Kösel) München 1984
Maturana, H./Varela, F.: Der Baum der Erkenntnis. Die Grundlagen menschlichen Verstehens. (Scherz) Bern 1987
Maturana, Humberto: Reflexionen über Liebe. In: Z. f. systemische Therapie. 7/1985, 129-31
May, Rollo: The Art of Counseling. (Gardner) New York/London 1989
- : Liebe und Wille. (Edition Humanistische Psychologie) Köln 1988
Meier, Georg: Ganzheit und Prägnanz. Vor 100 Jahren beschrieb Christian von Ehrenfels erstmals das Gestaltphänomen. In: Gestalttherapie 2/1990, 28-43
Mollenhauer, Klaus: Umwege. Über Bildung, Kunst und Interaktion. (Juventa) München 1986
- : Vergessene Zusammenhänge. Über Kultur und Erziehung. (Juventa) München 1983
Moreno, Jakob L.: Psychodrama und Soziometrie. (Edition Humanistische Psychologie) Köln 1989
Mullen, Peter F.: Gestalt-Therapie und konstruktive Entwicklungspsychologie. In: Gestalttherapie 2/1991
Nevis, Edwin C.: Organisationsberatung. Ein Gestalttherapeutischer Ansatz. (Edition Humanistische Psychologie) Köln 1988
Osherson, Samuel: Die ersehnte Begegnung. Männer entdecken ihre Väter. (Edition Humanistische Psychologie) Köln 1990

Pagès, Max: Das affektive Leben in der Gruppe. (Klett-Cotta) Stuttgart 1970
Perls, F./Hefferline, R.F./Goodman, P.: Gestalt Therapy. (Pelican Books) London 1951
Perls, Fritz: Gestalt-Wahrnehmung - Verworfenes und Wiedergefundenes aus meiner Mülltonne. (Verlag Humanistische Psychologie) Frankfurt a.M. 1981
Perls, Laura: Leben an der Grenze. (Edition Humanistische Psychologie) Köln 1989
Petzold, Hilarion/Heinl, H. (Hrsg.): Psychotherapie und Arbeitswelt. (Junfermann) Paderborn 1983
Petzold, Hilarion: Konfluenz, Kontakt, Begegnung und Beziehung als Dimension therapeutischer Kooresponzenz in der Integrativen Therapie. In: Integrative Therapie 4/1986, 320-41
- : Integrative Dramatherapie - Überlegungen und Konzepte zum »Tetradischen Psychodrama«. In: ders. (Hrsg.): Integrative Dramatherapie. (Hippokrates) Stuttgart 1982, 166-187
Platon: Gastmahl. (Übersetzung von F. Schleiermacher). (Reclam) Stuttgart 1958
Polster, Erving: Jedes Menschen Leben ist einen Roman wert. (Edition Humanistische Psychologie) Köln 1987
Portele, Gerhard: Autonomie, Macht, Liebe. (Suhrkamp) Frankfurt 1989
- : Feld und Interdependenz. Zu den Grundlagen der Gestalttherapie bei Lewin und Bourdieu. 2/1990, 17-27
- : Psychotherapie ist keine »Ausübung von Heilkunde«, sondern ... In: Gestalttherapie 1/1988, 12-17
Pühl, Harald: Angst in Gruppen und Institutionen. (Fischer) Frankfurt 1988
Rahm, Dorothea: Gestaltberatung. Grundlagen und Praxis integrativer Beratungsarbeit. (Junfermann) Paderborn 1990
Rechtien, Wolfgang: Beratung im Alltag. Psychologische Konzepte des nicht-professionellen beratenden Gesprächs. (Junfermann) Paderborn 1988
Riemann, Fritz: Grundformen der Angst. (Reinhardt) München etc. 1981
Roedel, Bernd: Praxis der Genogrammarbeit. Die Kunst des banalen Fragens. (modernes lernen) Dortmund 1990
Rost, Wolfgang: Emotionen. Elixiere des Lebens. (Springer) Berlin etc. 1990
Roszak, Theodore: Mensch und Erde auf dem Weg zur Einheit. (rororo) Reinbek 1986

Rothenberg, Albert: Kreativität in der Psychotherapie. (Edition Humanistische Psychologie) Köln 1990
Rumpf, Horst: Belebungsversuche. Weinheim/München 1987
- : Mit fremdem Blick. (Beltz) Weinheim/Basel 1986
Schlegel, Friedrich: Theorie der Weiblichkeit. (Insel) Frankfurt 1982
Schönig, Wolfgang/Brunner Ewald J.: Beratung in pädagogischen, sozialpädagogischen und psychologischen Praxisfeldern - Rahmenbedingungen und Probleme. Brunner, E.J./Schönig, W. (Hrsg.): Theorie und Praxis von Beratung. (Lambertus) Freiburg i.Br. 1990
Siems, Martin: Dein Körper weiß die Antwort. Focusing als Methode der Selbsterfahrung. (Rowohlt) Reinbek 1986
Staemmler, Frank-M./Bock, Werner: Neuentwurf der Gestalttherapie. Ganzheitliche Veränderung im therapeutischen Prozeß. (Pfeiffer) München 1987
Suzuki, Daisetz-Teitaro: Ur-Erfahrung und Ur-Wissen. Die Quintessenz des Buddhismus. (Okotpus) 1990
Watts, Alan: Die sanfte Befreiung. (Goldmann) München 1985
Weisbach, Christian-Rainer: Beratung kann man lernen - ist empathische Kompetenz trainierbar? In: Bruner, Ewald J./Schönig, Wolfgang (Hrsg.): Theorie und Praxis von Beratung: pädagogische und psychologische Konzepte. (Lambertus) Freiburg i.B. 1990, 62-76
Wilber, Ken u.a.: Psychologie der Befreiung. (Scherz) Bern 1988
- : Das Spektrum der Entwicklung. In: Wilber, K. u.a.: Psychologie der Befreiung. (Scherz) Bern 1988, 77-116
- : Das Spektrum der Psychopathologie. In: Wilber, K. u.a.: Psychologie der Befreiung. (Scherz) Bern 1988, 117-146
- : Behandlungsmodalitäten: Therapie oder meditative Praxis. In: Wilber, K. u.a.: Psychologie der Befreiung. (Scherz) Bern 1988, 137-169
Wilber, Ken: Der glaubende Mensch. Die Suche nach Transzendenz. (Goldmann) München 1988 (a)
Yalom, Irvin D.: Existentielle Psychotherapie. (Edition Humanistische Psychologie) Köln 1989

Personen- und Sachregister

Ablösung 249 ff.
Abgrenzung 272
Abschiednehmen 153, 226, 236
Adler, Alfred 101f, 131, 199
Ästhetik 81, 105
ästhetischer Zeitrhythmus 179
ästhetisches Geschehen 154
All-Einheit 39f
Alltäglichkeit 20
Alternativen 143f, 230-235
altruistisch 121
Ambivalenz 31, 60f, 65, 69, 72, 125
  beim Klienten 26
  des Beraters 27ff, 31
Anamnese 257
Anarchismus 55
anarchistisch 57, 60
Anarchistisches im Personalen 55
Anderheit 200
Andersartigkeit 69f, 84f, 94f, 131
Anderssein 123ff, 131, 173f, 177
Anonymität 40
Anpassungsprozeß, kreativer 143
Apathie 38, 42, 163
Arendt, Hannah 60
Aufspüren des Standorts 157ff
Ausdrucksvielfalt (von Mustern) 221ff
Autonomie 44ff, 60, 66, 227
  des Klienten 139

Autorität 156, 162

Bateson, Gregory 15, 72ff, 81, 86, 103, 109, 191
Beaumont, Hunter 10
Bedauern 251
Bedeutung 152f, 185-223
  und Deuten 190f
Bedeutungsebene 194f
  aktuelle 195-199
  existentielle 211-214
  institutionelle 204-214
  lebensgeschichtliche 199-204
  sozio-kulturelle 204-214
Beeltern 44
Begegnung 28, 30, 37, 66, 89, 94, 118, 125, 144
  als Risiko 98-101
  Angst und Scham 98-101
  Momente der 33
  und Dialog 89-92
Beisser, Arnold 71
Berater
  Abgrenzung des 139
  Aufgabe des 145ff
  als Experte 160
  als Lernender 130f
  als Person 160
  Ambivalenz des dialogischen 27ff, 31
  Aufgaben des 145ff

Einstellungen und Haltungen des 31
  als Experte oder Freund 137-142
  Kompetenz als 29
  Selbstverständnis des 31f, 138
Berater-Falle 198
Beratung
  Abbruch der 136
  professionelle 135ff
  und Therapie 18ff
  Vertrag 135ff
Bereich, transpersonaler
Berman, Morris 73, 75f
Berne, Eric 198
Bestätigung 37, 84, 89ff, 216, 250, 257, 259, 264
  bedingte 89ff
  echte 88
  existentielle 87ff, 173 ff
  funktionale 95
  Nicht- 174
  personale 95
Bewertung 86
Bewußtheit 145, 166, 180
Bewußtsein 86, 152
Bewußtseinserweiterung, und Mitverantwortung 185-191
Bewußtseinssprünge 77
Beziehung 110, 114f, 145, 243, 253f, 264ff
  Aufnehmen einer 157f, 161
  und Kontakt 102ff
  zwischen Berater und Klient 170
Beziehungsdynamik 245-250, 272f
Beziehungsqualitäten 170f
Beziehungsverständnis 33
  dialogisches 87-105
Bock, Werner 241

Borderline- und Psychoneurosen 17
Boszormenyi-Nagy, Ivan 10, 18, 111, 125, 129, 199, 202, 217, 247
Brunner, Ewald J. 47
Buber, Martin 18, 30, 55, 69f, 89f, 119, 125, 177
Buddhismus 86
Buer, Ferdinand 257

Cashdan, Sheldon 261
Cohn, Ruth C. 10, 218
Commitment 162f, 165-184

Dämon
  Eros als 36ff, 127f
  Vermittlerfunktion des 39f
Day, Dorothy 55
Denken
  bewußtes und unbewußtes 72ff
  dialogisches 110
  ganzheitliches 13, 110, 120, 146
  lineares 120
  lockeres und strenges 109
  zyklisches 110
Denkweise, mechanistisch geprägte
Dewe, Bernd 204
Dewey, John 55
Dharma 86
Diagnostik 257-275
Dialog 17, 110ff, 149ff
  Gestaltung des 133-275
  statt Konsens 69f
  und Begegnung 89-92
  und Macht 13f
dialogische Beratung
  Anliegen der 13ff
  Lernbereiche für 31 ff
  Wurzeln der 17f

Prinzipien der 14, 123-132
Setting für 135-147
dialogisches Beziehungsverständnis 87-105
Dialogpartner, Ungeduld der 96ff
Dietrich, Georg 261
Differenziertheit 272
Diotima 35f
Disziplin 165f
Dörner, Klaus 261
Double-bind 45
Drama-Dreieck 197
Duerr, Hans-Peter 72, 76
Duncan, Isadora 75
Durchlässigkeit 266
und Zentrierung 159-161

Ebenen der emotionalen Tiefung 241
Egoismus 53, 121
Egotismus 59
Ehrenfels, Christian 115
Eigen-Sinn, und Konsens 68ff, 267f
Eigenwilligkeit, und Integration 225f
Einsamkeit 52
Einstellungsperspektiven 230ff
Einzigartigkeit 32, 35, 41, 56f, 77, 88, 90, 94
Empathie 88f, 105, 176f
und Trance 177
Entdeckungsprozeß 13
Entfaltung, des anderen 129f
Entwicklung und Stillstand 275f
Entwicklungsdynamik 252-256
Entwicklungsphase 49
Erikson, Erik 113

Erkenntnis
als schöpferischer Prozeß 75f
Bewußtseinsschritte zur ganzheitlichen 76-79
Erkenntnisweise 32
Kompetenzen einer ganzheitlichen 79-82
Konsequenzen f. Persönlichkeitsentwicklung 82-86
Erkenntnisprozesse 71f
Eros 35ff, 127f, 162, 180f, 266
Identität des 36
Macht des 36
und Sex 35ff, 127 f
und Sorge 33, 35ff, 102, 146
Vermittlerfunktion des 39f
zerstörerische Seite des 127f, 180
existentielle
Ängste 131, 212
Bedeutungsebene 211-214
Bestätigung 93ff, 173f
Bewußtheit 267f
Pathologie 49
Psychotherapie 138, 21
Existenzberechtigung 63f, 264f

Fairneß 129, 217, 248
Farau, Alfred 218
Feldenkrais, Moshe 56
Focusing 222
Fortschrittsdenken 167f
Frankl, Viktor 234f
Freiheit 52, 65f, 81ff, 194, 211, 236, 267f
ambivalente Gefühle bei 65
Angst vor 83, 119
Freire, Paulo 10, 55, 91, 116, 235
Freud, Sigmund 105, 147

Friedman, Maurice 18, 88f, 105, 125, 138, 202
Funktion 141, 147, 271f

Ganzheit 74, 76, 80f, 82, 85f, 110f, 115ff
   Aspekte der 190, 273
ganzheitlich(e/es)
   Denken 13, 17, 120
   Erkenntnisweise 63-86
Ganzheitlichkeit 82, 84, 149
Geist 73, 190
Genogramm 181, 203f
Gesprächsbeginn 155ff
Gesprächsebene 240ff
   Konventionen 241f
   existentielle 242f
   persönliche 242
Gesprächsphasen 155-237
   Bedeutung 185-224
   Commitment 165-184
   Orientierung 155-163
   Resümee 225-237
Gesprächsverlauf, Dynamik des 240-245
Gestalttherapie 17, 154, 241, 251, 261
gleichräumiger Prozeß
Goethe, Johann Wolfgang von 42f, 64, 85
Goodman, Paul 10, 17 55
Gottschalch, W. 113, 121
Goulding, M.M. u. R.L.
Gronemeyer, Marianne 68ff, 85, 95
Gruppe 163, 166f, 169, 196, 206, 236, 259, 262, 271-275

Handlungsperspektiven 233ff

Hausser, Karl 261
Hayward, Jeremy, W. 86
Heidegger, Martin
heilen 145
Heilmachen 115
Heinl, Peter 199, 203, 261
Hemnisse, und Schwierigkeiten 167-173
Hermeneutik 190f
Herrschaft 14f, 176, 267
Hesse, Hermann 50
Hineinphantasieren 177
Holl, H.G. 109
Hycner, Richard 18, 30, 90f, 141

Identifikation 44
Identifikation/Disidentifikation 44, 80, 188
Identität 83, 113
Identitätsneurose 49
Identitätsprobleme 113
Illich, Ivan 55
»Individualistische Leistungskultur« 171f, 210
Individuum 52f, 59
Individuum, Kollektiv, Person 50ff
Inspektor Columbo 180
Integration, und Eigenwilligkeit 225f
Intentionalität 72
Interdependenz 272
Interesse,
   akzeptierendes 29
   desinteressiertes 156
   des Klienten 156
   personales 31
Interessenorientierung 272
Interpretation 86

empathische 191
und Wahrnehmung 63f
Introjektion 151
Intuition 73, 82, 178, 192
Isolation 32, 52f, 67, 82, 119, 130, 177, 194, 213, 236, 267f
   Angst vor 81, 119, 130

Johnson, Stephen 44, 228
Jung, Carl Gustav

Kälin, Karl 207
Kappert, Detlef 59f, 105
Keen, Sam 41, 50, 60
Keeney, Bradford 15
Kepner, James 152
Klient, Anliegen des 165f
Kohn, Alfie 121
Kompetenz
   der Erkenntnisweise 79ff
   eigene 169
   menschliche 29f
Konfluenz 88f, 151
Konfrontation 213
Konkurrenz 83
Konsens, und Eigensinn 68ff
Kontaktzyklus 17, 251
Kontextbewußtsein 268
Kontextuelle Therapie
Kopp, Sheldon B. 137f, 160f, 247
Krasner, Barbara 111, 199, 202
kreative Möglichkeiten 13
Krisen 49

Landauer, Gustav 55
Lebensausschnitt 194f
Lebensmuster 199ff
Lernbereitschaft 161ff

Lernmöglichkeiten 126f
Lernperspektiven 232f
Lewin, Kurt 114
Lieberman, Norman 226
Lowen, Alexander 58f, 177, 198
Loyalitätskonflikte 203

Macht 14f, 86,
Machtbewußtheit 267, 273
Machtdynamiken 15f
Maske 56f, 93
Maslow, Abraham 56
Maturana, Humberto 212, 239
Maurin, Peter 55
May, Rollo 10, 18, 35ff, 41ff, 72, 129, 139, 150, 162, 167, 176, 190
Meier, Georg 115
Mentoren-Beziehung 248f
Mitverantwortung und Bewußtseinserweiterung 185-191
Mollenhauer, Klaus 113, 190
Montessori, Maria 55
Moreno, Jakob L. 147
Müri, Peter 207
Mullen, Peter F. 159, 261
Muster 193-215
   das verbindet 223
   existentielle 213f
   generationsübergreifende 201-204
   Lebensmuster 167, 199ff
Muster-Suche 215ff

Narzißmus 53, 83
Neugier 162
Nevis, Edwin C. 10, 17, 159, 173, 180, 188, 225f, 254f, 257
Neill, A. S. 55

Neugier 124 f
Nicht-Bestätigung 175
Non-dits 166f, 196
Normalität 20f
Normen 54f

Objektbeziehungstheorie 228
Organisationsberatung 152
Orientierung 9, 152,
Orientierungsphase 155-163, 166
Osherson, Samuel 210

Pagès, Max 207
Parentifizierung 203
Parteilichkeit, vielseitige 217f
Pathologien 47f
  existentielle 49
Pendeln
  zwischen Außen-/Innenwahrnehmung 92f
  zwischen Perspektiven 78ff, 87ff, 119f
  zwischen Polaritäten 33, 81, 119f
Perls, Fritz 10, 17, 56, 83, 88, 99, 117, 137, 233, 241
Perls, Laura 10, 17, 56, 140, 145, 154, 254f
Person 59, 93, 110ff, 121, 160, 166
  Entdeckung der 55ff
  Individuum, Kollektiv 50ff
Persona 56
personal(e,r)
  Bereich 48f, 98
  Ebene 20f
  Entwicklung 47ff
  Identität 121
  Selbstverständnis 47ff
Personalismus 55

personalistisches Selbstverständnis 33
personare 56, 93
Perspektiven, Wechsel der 189f
Persönlichkeitsentwicklung 14, 17, 185ff
Pestalozzi, Johann Heinrich 55
Petzold, Hilarion 114, 150f, 243, 261
Phasenmodelle 149-237
Platon 35ff
Polarität(en)
  Akzeptieren von 119f
  im Erkenntnisprozeß 32f, 71f, 82f
  Transzendierung von 120
Pole
  Erfahren-Reflektieren 80
  Erhalten-Zerstören 38, 80
  Erleben-Erinnern 80
  Fühlen-Denken 80
  Handeln- Geschehenlassen 80
  Identifikation-Disidentifikation 80
  Pendeln zwischen 33
  Wahrnehmen- Interpretieren 80
Polster, Erving u. Miriam 10, 199f
Portele, Heik 10, 15, 114, 135, 145, 160, 212, 239
Portmann, Adolf 58
Potentiale 14
  kreative 14
präpersonal(e,r)
  Aspekte der Persönlichkeit 260f
  Bereich 48, 98
  Phase 22
  Störungen 159
  Präsenz 265

Problem
  Definition 182
  unbewältigtes 22
Problemformulierung 184
Problemlösung 152, 185ff
Projektion 151
Pühl, Harald 167, 207

Rahm, Dorothea 150f, 241, 243, 245, 261
Rechtien, Wolfgang 245
Reflexivität 271
Regel-/Rollen-Geist 48f
Reich, Wilhelm 56, 198
Resümee 152ff, 225-237
Retroflektion 151
Riemann, Fritz 261
Roedel, Bernd 181, 199
Rogers, Carl 69, 128
Rolf, Ida 56
Rolle 141, 147
Rollenverständnis 266
Rost, Wolfgang 101, 139
Roszak, Theodore 18, 41, 51ff, 59
Rothenberg, Albert 191, 222
Rousseau, Jean-Jacques 55
Rückmeldung 156
Rumpf, Horst 170, 218

Satie, Erik 179
Scham
  existentielle 101f, 131f
  neurotische 101
Scherr, Albert 204
Schlegel, Friedrich Wilhelm 35
Schönig, Wolfgang 47
Schwierigkeiten, und Hemmnisse 167-173

Selbstausdruck 58ff
  Bedürfnis nach 57
  neurotische Formen des 58
Selbstdarstellung 272
Selbsteinschätzung 265
Selbstentdeckung 53, 60
  Recht auf 51f, 57f
Selbstmord 46
Selbsttranszendenz 268
Selbstverständnis, personales 77f
Selbstwertgefühl 60
Selbstwertschätzung 265
Sex, und Eros 37f
Sherlock Holmes 180
Sich-Einlassen 165f, 172f
Siems, Martin 222
Sinnfindung 9
Sinnlosigkeit
  Angst vor 119
Sinnorientierung 13
Sinnperspektive 268
Sokrates 35f, 41
Sorge 41ff, 267
  und Autonomie 43ff
  und Eros 18, 35ff, 102, 146
Sorgen 226-229
Sreckovic, Anna und Milan 10
Staemmler, Frank-M. 241
Standort, Aufspüren des 157ff
Standortbestimmung 157f, 161
Stein, Gertrude 117
Steiner, Claude 15
Stillstand, und Entwicklung 275f
Störungen 14, 49f
Subjekt-Objekt-Spaltungen 30
Sufi 86
Suzuki, Daisetz-Teitaro
Synergie 163

Thoreau, Henry David 55
Tod 82, 214
  Angst vor 81, 119
Tolstoi, Leo 55
transformative Lernprozesse 17, 38
transpersonaler Bereich 98

Übergegensätzlichkeit 268
Umfassung 89
Uneindeutigkeit 82
Unterstützung 273
Ursache-Wirkungszusammenhänge 30

Varela, F. 212, 239
Verändern-Wollen 29
Verantwortung 267
  Angst vor 119
  Übernahme von 219ff
Verhaltensänderung 14
Vertrag, zur Beratung 135ff
Vertrauen 266, 272f
Vertrauensbildung 246ff
vielseitige Parteilichkeit 217f

Wahrnehmen 84f
  und Interpretieren 32, 63f
  und Interpretieren (Vermischung von) 168f
Wahrnehmungsfähigkeit 142, 166
Walsh, Roger 50
Wandel, Dynamik des 38
Watts, Allan 52
Watzlawick, Paul 114
Wechselbeziehungen
  zur Umwelt 13
  zwischen Personen und Gruppen 15

Weisbach, Christain-Rainer 245
Whitman, Walt 55
Widersprüchlichkeit 60f
Widerstand 172f
Wilber, Ken 17f, 47ff 61, 98, 191, 259, 261
Wille 129f
Wirklichkeit, Rekonstruktion der 178-184
Würde 265
Wu-wei 135, 174

Yalom, Irvin 10, 18, 30, 80f, 130, 138, 147, 211, 235

Zeitrhythmus 178f
Zen 39
Zentrierung, und Durchlässigkeit 92f
Zeuge
  innerer 219
  mitfühlender 188f

Reinhard Fuhr / Martina Gremmler-Fuhr

Faszination Lernen
Transformative Lernprozesse im Grenzbereich von Pädagogik und Psychotherapie

Lernen ist eine faszinierende Lebensaufgabe, sofern diese Fähigkeit des Menschen nicht nur genutzt wird, um sich Kenntnisse und Fertigkeiten anzueignen, Probleme zu lösen und Gewohnheiten zu verändern.
In diesem Buch werden Lernprozesse, die Wandel im Organismus-Umwelt-Feld auslösen — also transformative Lernprozesse — theoretisch und empirisch untersucht. Die Gestalttherapie von Perls / Hefferline / Goodman, die transpersonale Psychologie Ken Wilbers und die Bewußtseinsbildung Paulo Freires werden ebenso wie die holistische Selbstorganisationstheorie Gregory Batesons und Erich Jantschs zur Entwicklung eines eigenständigen Konzepts transformativen Lernens herangezogen. An vielen Beispielen aus der Aus- und Weiterbildung, Beratung und Supervision wird aufgezeigt, wie kontaktvolle und sinnhafte Lernprozesse initiiert und unterstützt werden können.
Das Buch richtet sich an Pädagogen, Berater, Therapeuten, Supervisoren, Gruppentrainer, Dozenten und an alle, die an faszinierenden Lern- und Wandlungsprozessen interessiert sind.

Die Autoren:
Dr. Reinhard Fuhr
Studium in Anglistik, Geographie, Philosophie und Pädagogik. Staatsexamen für das Höhere Lehramt. Dozent in Lahore / Pakistan, Gymnasiallehrer, Didaktischer Leiter eines Gesamtschulversuchs. Seit 1975 Dozent am Pädagogischen Seminar der Universität Göttingen für den Studienschwerpunkt Beratung und für die Lehrerausbildung. Promotion in Pädagogik (Didaktik der Weiterbildung). Aus- und Weiterbildung in Gestaltpsychotherapie und Gestaltpädagogik.

Martina Gremmler-Fuhr
Studium in Biologie, Anthropologie, Germanistik und Pädagogik. Magisterdiplom in Pädagogik (Studienschwerpunkt Beratung). Mehrjährige Mitarbeit an Forschungs- und Praxisprojekten zum Thema »Bewußtseinsprozesse und Lernen« am Pädagogischen Seminar der Universität Göttingen. Weiterbildung in Personalentwicklung und Organisationsberatung.

Maurice Friedman

Der Heilende Dialog in der Psychotherapie

»Ich empfehle dieses Buch all jenen, deren Anliegen die zwischenmenschliche Begegnung ist ...« Lyman C. Wynne

Maurice Friedmans besonderes Anliegen in diesem Buch ist, der Art und Weise nachzugehen, wie Heilung durch Begegnung im psychotherapeutischen Dialog zustande kommt. Jede Form von Therapie lebt in größerem oder geringerem Maß von der Begegnung zwischen Therapeut / in und Klient / in, aber nur wenige Theorien haben die Begegnung — das was sich »dazwischen« ereignet — als zentrale und nicht als untergeordnete Quelle der Heilung begriffen. Der Autor zeigt auf, welch weitreichenden Einfluß Martin Bubers Konzepte des Dialogs, der Bestätigung und der Grundwörter Ich-Du und Ich-Es auf verschiedene Psychotherapieschulen ausübten. Friedman stellt eine Reihe bedeutender Psychotherapeuten / innen vor und setzt sie mit den Grundannahmen ihrer Schulen in Bezug, insofern als sie sich unmittelbar auf das Heilen durch Begegnung und Bestätigung auswirken.

Zum Autor:
Maurice Friedman lehrt seit über 30 Jahren an mehreren Universitäten der USA Philosophie, Religion, Psychologie und zeitgenössische Literatur. Er ist Autor mehrerer Bücher wie: »Martin Buber - The Life of Dialogue« (1960), »Martin Buber's Life and Work« Vol. I, II + III (1982—84), »The Confirmation of Otherness« (1983), »Revealing and Observing the Human« (1984) und hat mehr als 150 Aufsätze zum Existentialismus, zur Philosophie und Psychologie geschrieben.

Sheldon Cashdan

Sie sind ein Teil von mir

— Objektbeziehung und Psychotherapie —
aus dem Amerikanischen von Thea Brandt

»Eine der bedeutendsten Entwicklungen in der Geschichte der Psychotherapie ist der interpersonale Ansatz, der die Konflikte und Probleme der Patienten als Störungen ihrer zwischenmenschlichen Beziehung betrachtet und der die Beziehung zwischen Patient/in und Therapeut/in in den Mittelpunkt des therapeutischen Bemühens stellt.
Cashdan ist einer der wegweisenden Autoren, der ausgehend von der Objekt-Beziehungs-Theorie diese Perspektive ernst nimmt. Dies erfordert insbesondere eine Neuformulierung der Konzepte der Übertragung und Gegenübertragung — eine Aufgabe, die Cashdan mit außergewöhnlichem Können und Brillanz löst.
Seine Analyse der projektiven Identifikationen (jenseits des anachronistischen Jargons) ist besonders wertvoll. Dieses in einem klaren Stil geschriebene Buch bietet dem Leser auch exzellente Beispiele aus der psychotherapeutischen Arbeit des Autors.«
                                                            Hans H. Strupp

»Diese klare und engagierte Darstellung der Methode der Objekt-Beziehungs-Therapie Sheldon Cashdan's hebt sich eindeutig von früheren Arbeiten zu diesem Thema ab, die dadurch enttäuschten, daß sie im Gegensatz zu diesem Buch nur unwesentlich zur Veränderung der traditionellen psychoanalytischen Methoden beitrugen. Cashdan's kreatives und stimulierendes Buch stellt eine exzellente und aufklärende Version der Objekt-Beziehungs-Therapie dar.«
                                                            Donald J. Kiesler

Zum Autor:
Sheldon Cashdan, Ph.D., ist Professor für Psychologie an der University of Massachusetts in Amherst. Weitere Werke sind z.B. »Interactional Psychotherapy« und »Abnormal Psychology«.

Richard Hycner

Zwischen Menschen
— Ansätze zu einer Dialogischen Psychotherapie —
aus dem Amerikanischen von Irmgard Hölscher

Richard Hycner formuliert in diesem Buch Grundzüge einer *Dialogischen Psychotherapie*, die er nicht als eine isolierte Schule betrachtet, sondern als einen integrativen Ansatz, der vor allem in Arbeiten von Martin Buber, Hans Trüb, Carl Rogers, Rollo May, Laura Perls, Erving und Miriam Polster, I. Boszormenyi-Nagy, Irvin Yalom und Maurice Friedman seine Wurzeln findet. Dies ist kein »Kochbuch«, in welchem therapeutische Strategien und Techniken angeboten werden, um so mehr ein Versuch, die Prozesse zu beschreiben, die sich in der therapeutischen Beziehung, dem »Dazwischen« zweier oder mehrerer Menschen als heilendem Faktor ereignen.

»Dieses Buch ist eine faszinierende Darstellung der Dialogischen Psychotherapie. Es wird gewiß bei Therapeuten, Angehörigen der helfenden Berufe und anderen Interessierten auf ein großes Echo stoßen, denn Richard Hycners Arbeit ist eine wegweisende Leistung, in der Denken, Fühlen und Handeln, Theorie und Praxis, Wissenschaft, Beruf und Leben voll integriert sind.«
Maurice Friedman

Zum Autor:
Dr. Richard Hycner ist Klinischer Psychologe in privater Praxis in Salona Beach, Kalifornien und Co-Leiter des Institute for Dialogical Psychotherapy in San Diego. Er ist Dekan der Professional School of Psychological Studies, wo er Gestalttherapie und Existenzialtherapie lehrt. Dr. Hycner ist Verfasser mehrerer Aufsätze im Bereich der Klinischen Psychologie und Phänomenologie und Co-Herausgeber des Journal for Dialogical Psychotherapy.

John Keith Wood

Menschliches Dasein als Miteinandersein
— Gruppenarbeit nach personenzentrierten Ansätzen —
aus dem Amerikanischen von Brigitte Stein

Das Buch von John K. Wood bringt einen Überblick über Erfahrungen und Auffassungen in der personenzentrierten Arbeit von Zweiergruppen und von Kleingruppen, wie sie neuerdings in den USA und in Brasilien vorliegen. Völlig neu für die europäischen Leser dürfte der dritte Hauptteil des Buches sein, in dem sie mit den sog. »Communities for Learning« bekanntgemacht werden. Es handelt sich hier um Großgruppen von 40-800 Mitgliedern bei nur 4-5 »Veranstaltern«, so daß in der Interaktion dieser Gemeinschaften die Mitglieder zu höchster Eigeninitiative aufgerufen sind.
Der Verfasser, über viele Jahre enger Mitarbeiter von Carl Rogers, zählt zu den wenigen Pionieren dieser großen Lerngemeinschaften voller Wagnisse und unerwarteter Ergebnisse.
»Es gibt wenige, die so viel zum personenzentrierten Ansatz zu sagen hätten wie John K. Wood.«
Carl R. Rogers

Zum Autor:

Dr. John Keith Wood hat zuerst Physik und Mathematik studiert, bevor er bei Jack R. Gibb an der Union Graduate School in Psychologie promovierte. Als enger Mitarbeiter von Carl R. Rogers und ehemaliger Leiter des Center for Studies of the Person hat er einen wichtigen Beitrag zur Entwicklung des personenzentrierten Ansatzes geleistet. Außer zahlreichen Artikeln zum personenzentrierten Ansatz (Klientenzentrierte Psychotherapie) veröffentlichte er *Vestigio de Espanto* und *Em Busca de Vida*. Gegenwärtig lehrt John K. Wood Klinische Psychologie an der Pontificia Universidade Catolica Campinas, Brasil.

Albert Rothenberg

Kreativität in der Psychotherapie

aus dem Amerikanischen von Thea Brandt

»Sicherlich eines der wichtigsten Psychotherapiebücher dieses Jahrzehnts ... Fundamentale Aspekte kreativer Prozesse, die Ergebnisse therapeutischer Behandlung fördern können, werden hier beleuchtet. Metapher, Paradoxe, Fehler, Ironie und Humor können alle erfolgreich benutzt werden, um Kreativität, Einsicht, emotionales Wachstum und Freiheitsempfinden zu unterstützen. Das Buch ist ein Vergnügen zu lesen.«

Prof. Robert N. Emde, M.D.

Zum Autor:

Dr. Albert Rothenberg ist Leiter des Forschungscenters Austen Riggs Center und Professor für Klinische Psychiatrie an der Harvard University Medical School. Sein früheres Buch *The Emerging Goddess* wurde als das beste Buch der Verhaltenswissenschaften im Jahre 1979 von *Psychology Today* gewählt.